AF495170

LE NOUVEAU NEGOCIANT

CONTENANT LES REDUCTIONS TOVTES FAITES.

DES MESVRES, POIDS, ET MONNOYES DE FRANCE,

REDUITES

AVX MESVRES, POIDS, ET MONNOYES DE DIVERSES VILLES ET PAIS.

CONSERNANT LE COMMERCE,

SOIT

POUR LES MESURES	Des Corps étendus, à mesurer les étoffes, &c. Des Corps liquides, à mesurer les liqueurs, &c. Des Corps ronds, -- à mesurer les grains, &c.
POUR LES POIDS	Du Marc, & de ses parties. De Table, parties & differences.
POUR LES MONNOYES pour faire les Changes	D'Angleterre, de Hollande, de Flandres, de Brabant, de Zelande.

Le tout par une tres belle Methode & Correspondance, qui n'a pas encore été pratiquée; contenu en 75. Tables, au moyen desquelles l'on trouve les Reductions toutes faites, *pourvû que l'on sçache l'Addition, & mêmes sans la sçavoir.*

Ensemble les Instructions pour faire les Reductions par Regle, l'Explication des termes les plus usités en matiere du Change, & les Instructions necessaires à ce sujet.

Pour faire les Changes de Hollande, & de France en Espagne, Portugal, Hambourg, Francfort, Venise, Rome & Brabant, &c.

Comme aussi les *Excomptes* ou *Rabats*, s'y trouvent tous faits en 4. Tables, tres necessaires aux Banquiers & Marchands.

Composé par S. RICARD, *Marchand resident à Bordeaux.*

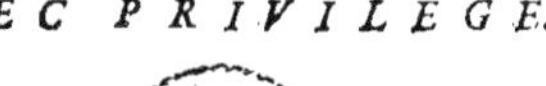

A BORDEAUX.

Chez SIMON BOE', Marchand Libraire, ruë St. James, prés du Marché.

M. DC. LXXXVI.

AVEC PRIVILEGE.

PREFACE.

J'Ay crû qu'en qualité de Marchand j'étois plus propre à traiter des affaires du Commerce, que ne pourroit être un jurisconsulte; & cette raison jointe au desir que j'ay eu de tout temps de faire part à mes amis (& à ceux qui desirent s'instruire dans les affaires du Commerce, de ce que je puis avoir aprins) m'a obligé de composer en Tables les Reductions des Mesures, Poids & Monnoyes, tant de celles du Royaume que des Païs étrangers, pour trouver au moyen d'icelles les choses toutes faites, comme on les souhaite naturellement & particulierement, lors qu'elles sont fort justes & assurées.

J'ay entreprins cét Ouvrage sur les Exemples de divers Auteurs, qui ont voulu traiter de semblables matieres, mais je ne sçache pas qu'aucun en aye composé des Tables de la maniere que j'ay fait, ni instruit qu'en partie de ce qu'il est necessaire de sçavoir.

Il y a un an que je fis graver une planche, contenant la Carte pour les Changes de France en Angleterre, Hollande, Flandres, Brabant & Zelande, & desdits Païs en France, qui se distribuë journellement, laquelle ayant été mal gravée, cela auroit donné occasion à quelques uns de mes amis, de me soliciter à reduire lesdites Reductions en Tables, pour y être plus intelligibles, & plus étenduës, en les faisant imprimer, à quoy j'ay travaillé avec une tres grande application, & une exactitude tres singuliere.

Je ne me suis pas contanté de donner les Reductions toutes faites, pour les Mesures & Poids de Paris, reduits aux Mesures & Poids des principales Villes du Royaume, & Païs étrangers, & par correspondance les Mesures & Poids des principales Villes du Royaume, & pais etrangers, reduits en ceux de Paris, donnant à ce sujet toutes les Instructions necessaires, & le moyen de les faire par la Regle de Trois, ou autrement, comme il se verra cy-aprés.

Outre cela, ja'y encore voulu donner les Reductions des Monnoyes, *pour faire les Changes avec des Tarifs, pour faire voir les valeurs des* Monnoyes, *tant en* France, Angleterre, Hollande, Flandres, Brabant & Zelande, *suivant le cours du Change, qui se trouve tantôt haut, & tantôt bas, & connoître par ce moyen les profits ou pertes, qui se peuvent faire de* France *ausdits Païs, & d'iceux en* France.

I'ay divisé cét Ouvrage en II. *Chapitres & voyés, en abregé tout ce qu'il contient.*

Des Mesures pour les Corps étendus.

IE fais voir (au Chapitre Premier) qu'elles Mesures sont necessaires au Commerce, combien de Pieds, Pouces & Lignes Geometriques, contient l'Aune de Paris en longeur, & en combien de parties elle se divise, & des differences d'icelle, sur laquelle on peut regler toute sorte d'autres Mesures.

Et pour avoir connoissance des Tables des Reductions *de l'Aune de Paris, reduite aux mesures des principales Villes du Royaume, & des Païs étrangers, & par correspondance celles des principales Villes du Royaume, & des Païs étrangers, a l'Aune de Paris, j'en donne les Instructions à la page qui precede les Tables; & ensuite desquelles, j'enseigne le moyen de faire lesdites Reductions par la Regle de Trois, quoy qu'elle puisse causer des grandes erreurs, par le moindre défaut d'Arithmetique, qui est la raison pour laquelle j'ay voulu donner tout fait, ce qu'il faudroit faire avec beaucoup de soin & de peine, ayant calculé lesdites Tables auec toute l'exactitude possible.*

Ie fais voir encore quel rapport il y a des Mesures des Corps étendus, *les unes aux autres, & les moyen de les trouver par Regle, & en la Table que j'en donne à cét effet.*

Des Mesures pour les Corps Liquides.

Dans le Chapitre II. *je traite des Mesures pour les Corps liquides, comme de celles dont on se sert pour les Eaux de Vie, qu'on nomme*

Verje, Verle *ou* Velte, *qui se trouvent differentes en divers lieux, comme aussi des Vaisseaux à contenir les Vins, Vinaigres, Huiles, & semblables liqueurs.*

Des Mesures Rondes.

Dans le Chapitre III. *je traite de la Mesure Ronde servant à mesurer le Bled & autres Grains, & je donne une Table ou Tarif des mesures de diverses Villes & lieux, reduites aux mesures de Paris & Bordeaux, sur lesquelles on peut reduire toutes les mesures du Royaume, en sçachant la mesure du lieu le plus proche, duquel on veut reduire la mesure, le tout par ordre Alphabetique, pour trouver facilement le lieu que l'on desire, pourvû qu'il soit mentionné dans ladite Table, laquelle est d'un tres grand secours, & tres necessaire aux Marchands de Bled, & aux Boulangers.*

Des Poids.

J*E montre au Chapitre* IV. *de combien de sortes de Poids l'on se sert dans le Commerce, & en fais voir la difference, donnant le moyen pour avoir connoissance des* Tables des Reductions de la livre de Paris, *aux Poids des principales Villes du Royaume, & des Païs étrangers, & par correspondance de ceux des principales Villes du Royaume, & des Païs étrangers, au Poids de Paris; ensuite je donne lesdites Reductions toutes faites, en 4. Tables, & outre icelles les Instructions pour les faire par Regle, & finalement qu'el rapport doivent avoir les Poids, les uns aux autres, & comme l'on y doit proceder ayant composé une Table pour le rapport d'iceux.*

Du Change.

J*E traite au Chapitre* V. *du* Change *qui se fait dans les Païs étrangers, & quelles correspondances sont necessaires à iceluy.*

Dans le Chapitre VI. *j'explique les termes les plus usités, en fait du Change.*

Je donne au Chapitre VII. *des formulaires de quelques Lettres de*

Change valeur en deniers comptans, avec les Instructions necessaires au sujet d'icelles.

On peut voir au Chapitre VIII. *les Instructions necessaires à l'égard des* Reductions des Monnoyes ou Change de France en Angleterre, *& par correspondance* d'Angleterre en France, *avec la Table des Tarifs, pour avoir connoissance des profits ou pertes que l'on peut faire, selon que le Change se trouve haut ou bas, & de qu'elle maniere se doivent faire les Reductions, lorsque l'on ne sçait pas le cours du prix du Change.*

J'enseigne dans le même Chapitre, ce que l'on doit pratiquer pour trouver les Reductions ou Changes *tous faits, aux 24. Tables du Change de* France en Angleterre, *&* d'Angleterre en France, *& ensuite je donne les Instructions pour faire les Regles pour lesdites Reductions, aprés quoy l'on trouve les Changes tous faits de* France en Angleterre & d'Angleterre en France, *contenuës en 24. Tables, comme j'ay déja dit.*

Le Chapitre IX. *contient les Instructions des Reductions des monnoyes ou* Change de France en Hollande, Flandres, Brabant & Zelande, *& par contre desdits Païs en* France, *avec la Table des Tarifs, pour avoir connoissance des profits ou pertes, que l'on peut faire selon que le Change se trouve haut ou bas, & de qu'elle maniere se doivent faire les Reductions, lorsque l'on ne sçait pas le cours du prix du Change, ensuite de quoy je fais voir de quelle maniere l'on doit agir pour trouver les* Reductions ou Changes tous faits, *aux 36. Tables,* du Change de France en Hollande, Flandres, Brabant & Zelande, *& desdits Païs en* France, *& enfin l'on trouvera les Changes tous faits de* France *ausdits Païs, & d'iceux en* France, *contenus ausdites Tables comme j'ay déja dit.*

Je fais voir au Chapitre X. *de qu'elle maniere se font les traites ou remises de* Hollande, Anvers, *& des principales Villes de* France *sur les Royaumes, & Païs étrangers, & des correspondances au sujet du Change, comme pour le Change qui se fait de* Hollande, *sur* l'Angleterre, *sur* l'Espagne, Portugal, Hambourg, Francfort, Venise, *& sur le* Brabant, *& pareillement des traites & remises, qui se peu-*

vent faire de France, *sur lesdits Royaumes & Païs, & mêmes sur* Rome.

Et en dernieur lieu, j'enseigne au Chapitre XI. *la maniere de faire l'Excompte ou Rabat, tant pour le Change ou* Agio de Banque, *que pour l'Interêt, & de leur difference, avec les Instructions pour faire l'un & l'autre par Regle, le moyen de les trouver tous faits, & ce que l'on doit pratiquer à l'égard du Change ou Agio.*

Je ne doute point que les Banquiers, Marchands & Negocians, *ne soient bien-aise de trouver tout fait, ce qu'il faudroit qu'ils fissent avec beaucoup de peine & de soin, pour si intelligens qu'ils puissent être, étant naturel à un chacun de souhaiter les choses faites pourveu qu'elles soient faciles utiles & assurées.*

Or ils trouveront en ce livre l'un & l'autre, au moyen des Reductions toutes faites, *que je donne en* 75. *Tables par une tres belle correspondance, & par une methode que je n'ay point encores veuë, lesquelles j'ay calculées avec toute l'exactitude possible, de sorte que l'on doit être assuré, qu'il n'y a point des fautes en icelles.*

Et comme les Ouvrages modernes sont ordinairement plus amples que les anciens, par la facilité qu'il y a d'y ajouter; ce que d'autres peuvent avoir omis de dire, ou de faire, j'espere que l'on trouvera dans celuy-cy tout ce que l'on peut souhaiter sur ce qu'il traite, & cela étant que j'auray l'aprobation des bons & sages Banquiers, Marchands & Negocians, *& de ceux qui sont capables d'en juger, comme je l'ay euë au sujet de la* Carte des Changes, *dont j'ay déja parlé, que si ceux qui trouvent à redire à toutes choses par une humeur critique, peuvent mieux faire je m'en consoleray, & les* Banquiers, Marchands & Negocians *leur en seront obligés du moins j'auray l'avantage d'avoir composé lesdites* Reductions *d'une maniere fort commode, & qui n'a pas encore été pratiquée.*

PRIVILEGE DU ROY.

LOUIS PAR LA GRACE DE DIEU ROY DE FRANCE ET DE NAVARRE : A nos amez & feaux Conseillers les Gens tenans nos Cours de Parlement, Maîtres des Requêtes ordinaires de nôtre Hôtel, grand Conseil, Bailifs, Senéchaux, Prevôts, leurs Lieutenans, & à tous autres nos Justiciers & Officiers qu'il appartiendra. SALUT nôtre bien-amé SIMON BOE', *Marchand Libraire de nôtre Ville de Bordeaux*, Nous a tres-humblement fait remontrer qu'il lui auroit été mis entre les mains un manuscrit, fait par le Sieur Ricard, Marchand de nôtredite Ville de Bordeaux, *Intitulé le Nouveau Negociant contenant les Reductions toutes faites* des Mesures, Poids, & Monnoyes de diverses Villes & Païs concernant le Commerce, lequel l'exposant desireroit Imprimer étant tres-utile au public & principalement pour tous les Marchands & Negocians. A CES CAUSES voulant favorablement traiter ledit Exposant, Nous lui avons permis & accordé permettons & accordons par ces presentes d'imprimer ou de faire imprimer, vendre & debiter, en tous les lieux de nôtre Royaume ledit manuscrit en telle marge & Caractere, & autant de fois que bon lui semblera durant le temps de quinze années consecutives à compter du jour qu'il sera achevé d'imprimer pour la premiere fois en vertu des presentes, pendant lequel temps nous faisons tres-expresses défenses à tous Imprimeurs, Libraires & autres, de faire imprimer vendre & distribuer ledit manuscrit, sous pretexte d'augmentation, correction, changement de titre, fausses marques, ou autrement en quelque maniere que ce soit, n'y mêmes d'en faire des Extraits ou abregés : & à tous Marchands Etrangers d'en apporter ny distribuer en ce Royaume d'autres Impressions que de celles, qui auront été faites du consentement de l'Exposant à peine de mil livres d'amende payable par chacun des contrevenans, & applicable un tiers à nous, un tiers à l'Hôpital de nôtredite Ville de Bordeaux, & l autre tiers à l'Exposant, ou à ceux qui auront droit de lui, de confiscation des Exemplaires contrefaits, & de tous dépens, dommages & interêts, à condition qu'il sera mis deux Exemplaires dudit manuscrit dans nôtre Bibliotequè publique, un en celle du Cabinet de nos livres en nôtre Château du Louvre, & un en celle de nôtre tres cher & feal le Sieur Boucherat, Chevalier, Chancelier de France, avant que de l'exposer en vente, *à la charge aussi que l'impression en sera faite dans le Royaume*, & non ailleurs; & que ledit manuscrit sera imprimé sur de beau & bon papier & de belle impression. SI VOUS MANDONS & enjoignons que du contenu en icelles vous fassiés joüir pleinement & paisiblement l'Exposant, ou ceux qui auront droit de lui sans souffrir qu'il leur soit fait aucun empêchement. Voulons qu'en mettant au commencement ou à la fin dudit manuscrit imprimé un Extrait des presentes elles soient tenuës, pour bien & deuëment signifiées. MANDONS au premier nôtre Huissier ou Sergent sur ce requis de faire pour l'execution des presentes tous Exploits, saisies & Actes necessaires sans demander autre permission. Nonobstant toutes oppositions, Clameur, de Haro, Chartre, Normande, & Lettres à ce contraires. *Pourveu toutes fois qu'aucun autre Libraire n'ait commencé à* imprimer ledit manuscrit avant l'obtention des presentes, auquel cas elles demeureront nulles. CAR TEL EST NÔTRE PLAISIR. DONNE' à Paris le 29. jour de Fevrier l'an de grace mil six cens quatre-vingt-six. Et de nôtre Regne le quarante trois.

Par le Roy en son Conseil.
PERET.

Registré sur le livre de la Communauté des Libraires & Imprimeurs de Paris, le 23. Fevrier 1686. suivant l'Arrêt du Parlement du 8. Avril 1653. & celui du Conseil privé du Roi, du 27. Fevrier 1665.

C. ANGOT, Syndic.

Achevé d'imprimer pour la premiere fois, le 1. Avril 1686.

CHAPITRE

CHAPITRE PREMIER.

REDUCTIONS DES MESURES, & Poids qui servent au Commerce, & de leurs differences.

Soit à l'égard de celles de France, que des Païs Etrangers.

Contenuës en 11. Tables.

Au moyen desquelles & de l'Addition, l'on trouve les Reductions des Mesures & Poids toutes faites sans les avoir aprins, avec les instructions pour faire lesdites Reductions par Regles, pour ceux qui ne les ont pas pratiquées.

IL est tres-important (comme j'ay dit dans la Preface) que les Marchands & Negocians, ayent connoissance des Mesures & Poids qui servent au Commerce; afin de pouvoir se regler sur les longueurs, largeurs, pesanteurs, & contenances d'icelles, pour les achats, ou ventes des Marchandises, sans quoy ce seroit entreprendre temerairement le Commerce, qui conduiroit à une fin malheureuse.

l'Ethimologie du mot de *Mesure* ne signifie autre chose, qu'une certaine quantité connuë, laquelle étant appliquée aux choses, nous montre combien de fois elle y est comprise ou qu'elles parties, elles en contiennent étant plus petites, à laquelle à l'égard du Commerce l'on donne divers noms; comme *je* m'en vay faire voir.

DES MESURES POUR LES CORPS ETENDUS.

LA Mesure de laquelle l'on *se sert à Paris*, *Roüen*, *Lion*, *la Rochelle*, *Nantes*, & en cette Ville de *Bordeaux*, *& autres principales Villes du Royaume*, comme aussi en *Hollande*, *Flandres*, *Brabant & Allemagne*, s'appelle *Aune*, qui sert à mesurer les Marchandises qui ont des corps étendus, comme les Draperies, & autres ouvrages de Laine, les Etoffes de Soye, Toilles, Rubans, & choses sembla- Aune.

blables, lesquelles *Aunes* ne sont pas égales en longueur par tout le Royaume, ni dans les Païs étrangers, comme l'on verra par la suite de cét Ouvrage.

De la Cane. En Provence, Avignon, Nîmes, Montpelier, Tolose, Carcassonne, Castres, Alby, Montauban, & autres Villes, du Bas & Haut-Languedoc, aussi bien qu'en quelques unes de la Guienne, & mêmes à Naples & à Genes, on l'appelle *Cane*, qui se trouve aussi inégale en longeur suivant les lieux.

De la Verge. En Angleterre, & à Seville, en Espagne, on l'appelle *Verge*, de sorte que (comme j'ay déja dit) la Mesure est nommée differamment selon les lieux, c'est pourquoy (afin d'abreger) je ne nommeray pas davantage de sortes des Mesures, le reservant aux Instructions generales que je donneray cy-aprés aux pages 10, 11, 12, 13, 14. & 15.

DES MESURES POUR LES CORPS PESANS, & LIQUIDES.

Du Poids. Mesure se prend aussi pour signifier la quantité ou pesanteur de quelque Marchandise, ou autre chose à laquelle à c'est égard l'on doit donner le nom de *Poids*, *que l'on nomme aussi differamment selon les lieux, comme Quintal, Poids de cent livres, Poids de la Romaine, Livres, Marcs, Onces*, &c.

Des Mesures pour les Corps liquides. *Si l'on en veut mesurer les Vaisseaux*, à contenir les *Eaux de Vie, Vins, Vinaigres, Huilles, Miel & semblables liqueurs, pour lors elle porte* le nom de *Tonneau*; *Muid, Pipe, Queuë, Poinçon, Barrique*, &c.

De la Verje à Mesurer les Eaux de Vie. L'on a accoûtumé de se servir ordinairement pour mesurer la contenance des Vaisseaux ausquels l'on met les Eaux de Vie, d'une Mesure que l'on appelle *Verje*, *Velte*, *Verle*, &c. suivant les lieux.

S'il faut mesurer le Bled & toute sorte de Grains, & mêmes le Sel la Mesure s'appelle, *Muid*, *Septier*, *Mine*, *Minot*, *Boisseau*, &c.

Que l'on doit reduire toutes les Mesures à l'Aune de Paris. Je vay traiter à present par ordre, de toutes les Mesures & Poids; & à cét effet je commenceray par la Mesure des Corps étendus, de laquelle l'on se sert à Paris, (que l'on appelle *Aune* comme j'ay déja dit) sur laquelle l'on doit regler toutes celles du Royaume, & des Païs étrangers; Veu que ladite Ville est fort considerable, non seulement parce que c'est la Capitale du Royaume; mais aussi à cause du grand Commerce qu'il s'y fait, puisque la plus grande partie des Marchandises qui se fabriquent dans les Manufactures de diverses Provinces, & mêmes dans les Païs étrangers, y sont envoyées pour y être venduës, qui ensuite sont repanduës par tout le Royaume, & Païs étrangers.

l'Aune de Paris, sur laquelle l'on doit regler les Mesures des principales Villes du Royaume, & Païs étrangers, contient 3. pieds, 7. pouces 8. lignes en longueur, & se divise communement en parties, dont;

Difference des parties de l'Aune, & sa longueur.

La Premiere, est $\frac{1}{2}$ $\frac{1}{4}$ $\frac{1}{8}$ $\frac{1}{16}$ & $\frac{1}{32}$.
La Seconde, est $\frac{1}{3}$ $\frac{1}{6}$ $\frac{1}{12}$ & $\frac{1}{24}$.

Que si l'on veut sçavoir les differences de l'Aune, elles sont comme il s'ensuit

La Difference	de $\frac{1}{12}$ . .	A $\frac{1}{16}$ . .	est $\frac{1}{48}$
	de $\frac{1}{6}$ . .	A $\frac{1}{8}$ . .	est $\frac{1}{24}$
	de $\frac{1}{3}$ . .	A $\frac{1}{4}$ . .	est $\frac{1}{12}$.

Si l'on veut encore sçavoir, les differences d'autres parties.

Celle	de $\frac{11}{12}$ . .	A $\frac{7}{8}$ . .	est $\frac{1}{24}$
	de $\frac{5}{6}$ . .	A $\frac{3}{4}$ . .	est $\frac{1}{12}$
	de $\frac{2}{3}$ . .	A $\frac{1}{2}$ . .	est $\frac{1}{6}$
	de $\frac{1}{2}$ . .	A $\frac{1}{3}$ . .	est $\frac{1}{6}$.

Explication des parties de l'Aune.

Pour expliquer aux moins intelligens les differences des parties de l'Aune cy-dessus expecifiées, il faut considerer en premier lieu, que si l'Aune étoit divisée en 48. parties, que $\frac{1}{12}$ en vaudroit 4. parties, & $\frac{1}{16}$ n'en vaudroit que 3. l'un étant contenu 4. fois en 48. & l'autre n'y étant que 3. & ainsi pour rendre égal $\frac{1}{16}$. à $\frac{1}{12}$. Il faut y adjoûter la difference qui est $\frac{1}{48}$. puisque $\frac{1}{16}$ vaut $\frac{3}{48}$. lesquels joints avec les 48. de la difference, font $\frac{4}{48}$. qui font même chose que $\frac{1}{12}$. car 4. fois 12. font 48. l'on pratiquera la même chose à l'égard des autres parties.

Que les Marchands & Negocians, doivent sçavoir les differences des Mesures d'un Païs à l'autre.

Il n'est pas seulement necessaire aux Marchands & Negocians, de sçavoir les differences des parties de l'Aune, il faut qu'ils sçachent aussi celles des Mesures des principales Villes du Royaume, & des Païs étrangers, soit en celle de Paris, ou en celle du lieu de leur residence, pour se regler sur les Achats ou Ventes qu'ils pourroient faire, afin de ne se tromper pas en l'un ou en l'autre, & *pour leur faciliter les choses j'ay voulu, en composer* 4. *Tables des Reductions de l'Aune de Paris, aux Mesures des principales Villes du Royaume, & Païs étrangers*, & par contre les Mesures desdites Villes & Païs, reduites à l'Aune de Paris.

MOYEN

Pour avoir connoissance des Tables des Reductions de l'Aune de Paris, reduite aux Mesures des principales Villes du Royaume, & Païs étrangers.

POur trouver les Aunes de Paris reduites aux Mesures des principales Villes du Royaume, & Païs étrangers, procedés y en la maniere suivante.

Supposés vouloir reduire 1520. Aunes de Paris, en Aunes de Hollande, qui sont moindres que celles de Paris, comme l'on peut voir aux Tables desdites Reductions, & par les Regles qui sont à la page 11. & à cét effet.

Regardés à la Table qui est à la page *6*. à laquelle vous trouverés du côté gauche le Nombre des Aunes de Paris, depuis 1000. jusques à 1. afin qu'en additionnant divers Nombres, l'on trouve telle Reduction que l'on voudra; ainsi cherchés à ladite Table. Premierement, le Nombre de

1000 Aunes de Paris, qui donneront 1750 Aunes en Hollande.
500 875
20 35

Ainsi 1520 Aunes de Paris, donneront 2660 Aunes en Hollande.

La Reduction de la page 5. sert de preuve, à celle cy-dessus.

L'on peut pratiquer la même chose, pour toutes autres Reductions, ausquelles l'on devra agir par l'Addition.

Que si les Nombres que l'on veut reduire sont justes, comme 1000. 900. ou 800. & semblables, il n'est pas besoin pour lors de se servir de l'Addition, parce que pourvû que l'on suive le long de la ligne (du Nombre que l'on veut reduire) jusques au rencontre de la Colomne de la Mesure de laquelle l'on veut faire la Reduction de l'une en l'autre, l'on trouve la Reduction toute faite.

Il faut observer que pour ne trouver ausdites Tables que des fractions familieres & connuës, j'ay augmenté quelque Nombres des Mesures, de quelque petite partie en des endroits, & d'iminué en d'autres, pour faire trouver les Nombres justes, ce qui sera par avis.

MOYEN

Pour avoir connoissance des Tables des Reductions des Mesures des principales Villes du Royaume, & des Païs étrangers, reduites à l'Aune de Paris.

POur trouver les Mesures des principales Villes du Royaume, & des Païs étrangers, reduites à l'Aune de Paris, procedés y en la maniere suivante.

Supposés vouloir reduire 2660. Aunes de Hollande, en Aunes de Paris, & pour cét effet.

Regardés à la Table, qui est à la page 7. à laquelle vous trouverés côté gauche des Nombres depuis 1000. jusques à 1. en diminuant de 100. à 100. de 10. à 10. & de 1. à 1. (lesquels peuvent servir pour telle Mesure que l'on veut, c'est à dire de celles contenuës ausdites Tables) ainsi cherchés à ladite Table des Nombres qui puissent composer 2660. Aunes; comme

1000 qui sont comme Aun. de Holl. & aurés $571\frac{1}{2}$ Aun. de Par.
1000 . . . . $571\frac{1}{2}$
600 . . . . $342\frac{3}{4}$
60 . . . . $34\frac{1}{4}$

Ainsi 2660 Aunes de Hollande, donneront . . 1520. Aun. de Par.

La Reduction de la page 4. sert de preuve à celle cy-dessus.

L'on peut pratiquer la même chose pour toutes autres Reductions ausquelles il faudra agir par l'Addition.

Par avis, lorsque l'on ne trouve pas aux Tables des Reductions des Nombres si grands qu'il les faut, pour trouver ce que l on desire; il faut le mettre autant des fois qu'il en sera necessaire, comme j'ay fait cy-dessus.

Que si les Nombres que l'on veut reduire se trouvent justes, comme 1000. 900. 800. & semblables; il n'est pas de besoin pour lors d'agir par l'Addition, car suivant la ligne des Nombres, jusques au dessous directement de ceux que l'on veut reduire, l'on trouve les Aunes de Paris que l'on doit avoir.

Remarqués que pour ne trouver ausdites Tables que des fractions familieres & connuës, j'ay augmenté quelque Nombre des Mesures de quelque petite partie, par la raison alleguée au bas de la page cy-côtre.

Aunes de Paris.	*Aunes de Hollande.*	*Aunes de Fland. & Allem.*	*Aunes de Troye.*	*Canes de Provence, Avignon, Languedoc.*	*Canes de Tolose, & Haut-Languedoc.*	*Canes de Naples.*	*Verges d'Angleterre.*	*Verges de Seville.*
1000	1750	$1714\frac{1}{4}$	1500	600	$666\frac{2}{3}$	$531\frac{1}{4}$	$1285\frac{1}{2}$	$1411\frac{3}{4}$
900	1575	$1542\frac{3}{4}$	1350	540	600	$478\frac{1}{8}$	1175	$1270\frac{1}{2}$
800	1400	$1371\frac{1}{2}$	1200	480	$533\frac{1}{3}$	425	$1028\frac{1}{2}$	$1129\frac{1}{3}$
700	1225	1200	1050	420	$466\frac{2}{3}$	$371\frac{7}{8}$	900	$988\frac{1}{4}$
600	1050	$1028\frac{1}{2}$	900	360	400	$318\frac{3}{4}$	$771\frac{1}{3}$	847
500	875	857	750	300	$333\frac{1}{3}$	$265\frac{5}{8}$	$642\frac{3}{4}$	$705\frac{3}{4}$
400	700	$685\frac{2}{3}$	600	240	$266\frac{2}{3}$	$212\frac{1}{2}$	$514\frac{1}{4}$	$564\frac{2}{3}$
300	525	$514\frac{1}{4}$	450	180	200	$159\frac{3}{8}$	$385\frac{1}{2}$	$423\frac{1}{2}$
200	350	$342\frac{3}{4}$	300	120	$133\frac{1}{3}$	$106\frac{1}{4}$	257	$282\frac{1}{3}$
100	175	$171\frac{3}{7}$	150	60	$66\frac{2}{3}$	$53\frac{1}{8}$	$128\frac{4}{7}$	$141\frac{3}{17}$
90	$157\frac{1}{2}$	$154\frac{1}{4}$	135	54	60	$47\frac{3}{4}$	$115\frac{1}{2}$	127
80	140	137	120	48	$53\frac{1}{3}$	$42\frac{1}{2}$	$102\frac{3}{4}$	$112\frac{3}{4}$
70	$122\frac{1}{2}$	120	105	42	$46\frac{2}{3}$	$37\frac{3}{16}$	90	$98\frac{1}{2}$
60	105	$103\frac{3}{4}$	90	36	40	$31\frac{7}{8}$	77	$84\frac{2}{3}$
50	$87\frac{1}{2}$	$85\frac{2}{3}$	75	30	$33\frac{1}{3}$	$26\frac{1}{2}$	$64\frac{1}{4}$	$70\frac{1}{2}$
40	70	$68\frac{1}{2}$	60	24	$26\frac{2}{3}$	$21\frac{1}{4}$	$51\frac{1}{2}$	$56\frac{1}{4}$
30	$52\frac{1}{2}$	$51\frac{1}{2}$	45	18	20	$15\frac{3}{4}$	$38\frac{1}{4}$	$42\frac{1}{3}$
20	35	$34\frac{1}{4}$	30	12	$13\frac{1}{3}$	$10\frac{5}{8}$	$25\frac{1}{2}$	$28\frac{1}{4}$
10	$17\frac{1}{2}$	17	15	6	$6\frac{2}{3}$	$5\frac{1}{4}$	$12\frac{3}{4}$	14
9	$15\frac{3}{4}$	$15\frac{1}{3}$	$13\frac{1}{2}$	$5\frac{1}{2}$	6	$4\frac{3}{4}$	$11\frac{1}{2}$	$12\frac{2}{3}$
8	14	$13\frac{2}{3}$	12	$4\frac{2}{3}$	$5\frac{1}{3}$	$4\frac{1}{4}$	$10\frac{1}{4}$	$11\frac{1}{4}$
7	$12\frac{1}{4}$	12	$10\frac{1}{2}$	$4\frac{1}{4}$	$4\frac{2}{3}$	$3\frac{3}{4}$	9	$9\frac{3}{4}$
6	$10\frac{1}{2}$	$10\frac{1}{4}$	9	$3\frac{1}{2}$	4	3	$7\frac{1}{2}$	$8\frac{1}{2}$
5	$8\frac{3}{4}$	$8\frac{1}{2}$	$7\frac{1}{2}$	3	$3\frac{1}{3}$	$2\frac{2}{3}$	$6\frac{1}{2}$	7
4	7	$6\frac{3}{4}$	6	$2\frac{1}{2}$	$2\frac{2}{3}$	$2\frac{1}{8}$	5	$5\frac{1}{2}$
3	$5\frac{1}{4}$	$5\frac{1}{4}$	$4\frac{1}{2}$	$1\frac{3}{4}$	2	$1\frac{1}{2}$	$3\frac{1}{4}$	$4\frac{1}{4}$
2	$3\frac{1}{2}$	$3\frac{1}{2}$	3	$1\frac{1}{4}$	$1\frac{1}{3}$	$1\frac{1}{16}$	$2\frac{1}{2}$	$2\frac{3}{4}$
1	$1\frac{3}{4}$	$1\frac{5}{7}$	$1\frac{1}{2}$	$\frac{3}{5}$	$\frac{2}{3}$	$\frac{17}{32}$	$1\frac{2}{7}$	$1\frac{7}{17}$

Les Nombres contenus en chaque Colomne, ſont des Meſures étrangeres, & du Royaume; & l'Inſtruction de la Table ſe trouve à la page 4.

Nombre des Mesures	Aunes de Hollande.	Aunes de Flandres, & Allem.	Aunes de Troye.	Canes de Provence, & Languedoc.	Canes de Tolose, &c.	Canes de Naples.	Verges d'Angleterre.	Verges de Seville.
1000	$571\frac{1}{2}$A.	$583\frac{1}{3}$A.	$666\frac{2}{3}$A.	$1666\frac{2}{3}$A.	1500 A.	$1882\frac{1}{3}$A.	$777\frac{3}{4}$A.	$708\frac{1}{3}$A.
900	$514\frac{1}{4}$A.	525 A.	600 A.	1500 A.	1350 A.	1694 A.	700 A.	$637\frac{1}{2}$A.
800	457 A.	$466\frac{2}{3}$A.	$533\frac{1}{3}$A.	$1333\frac{1}{3}$A.	1200 A.	$1505\frac{3}{4}$A.	$622\frac{1}{4}$A.	$566\frac{2}{3}$A.
700	400 A.	$408\frac{1}{3}$A.	$466\frac{2}{3}$A.	$1166\frac{2}{3}$A.	1050 A.	$1317\frac{2}{3}$A.	$544\frac{1}{2}$A.	$495\frac{5}{6}$A.
600	$342\frac{3}{4}$A.	350 A.	400 A.	1000 A.	900 A.	$1129\frac{1}{2}$A.	$466\frac{2}{3}$A.	425 A.
500	$285\frac{1}{4}$A.	$291\frac{2}{3}$A.	$333\frac{1}{3}$A.	$833\frac{1}{3}$A.	750 A.	$941\frac{3}{17}$A.	$388\frac{8}{9}$A.	$354\frac{1}{6}$A.
400	$228\frac{1}{2}$A.	$233\frac{1}{3}$A.	$266\frac{2}{3}$A.	$666\frac{2}{3}$A.	600 A.	753 A.	$311\frac{1}{6}$A.	$283\frac{1}{3}$A.
300	$171\frac{1}{3}$A.	175 A.	200 A.	500 A.	450 A.	$564\frac{3}{4}$A.	$233\frac{1}{3}$A.	$212\frac{1}{2}$A.
200	$114\frac{1}{4}$A.	$116\frac{2}{3}$A.	$133\frac{1}{3}$A.	$333\frac{1}{3}$A.	300 A.	$376\frac{1}{2}$A.	$155\frac{1}{2}$A.	$141\frac{2}{3}$A.
100	$57\frac{1}{7}$A.	$58\frac{1}{3}$A.	$66\frac{2}{3}$A.	$166\frac{2}{3}$A.	150 A.	$188\frac{4}{17}$A.	$77\frac{7}{9}$A.	$70\frac{5}{6}$A.
90	$51\frac{1}{3}$A.	$52\frac{1}{2}$A.	60 A.	150 A.	135 A.	$169\frac{7}{17}$A.	70 A.	$63\frac{3}{4}$A.
80	$45\frac{2}{3}$A.	$46\frac{2}{3}$A.	$55\frac{1}{3}$A.	$133\frac{1}{3}$A.	120 A.	$150\frac{1}{2}$A.	$62\frac{1}{4}$A.	$56\frac{2}{3}$A.
70	40 A.	$40\frac{3}{4}$A.	$46\frac{2}{3}$A.	$116\frac{2}{3}$A.	105 A.	$131\frac{1}{4}$A.	$54\frac{1}{2}$A.	$49\frac{1}{2}$A.
60	$34\frac{1}{4}$A.	35 A.	40 A.	100 A.	90 A.	113 A.	$46\frac{2}{3}$A.	$42\frac{1}{2}$A.
50	$28\frac{1}{2}$A.	$29\frac{1}{6}$A.	$33\frac{1}{3}$A.	$83\frac{1}{3}$A.	75 A.	$94\frac{2}{17}$A.	$38\frac{8}{9}$A.	$35\frac{1}{2}$A.
40	$22\frac{3}{4}$A.	$23\frac{1}{3}$A.	$26\frac{2}{3}$A.	$66\frac{2}{3}$A.	60 A.	$75\frac{1}{4}$A.	31 A.	$28\frac{1}{3}$A.
30	17 A.	$17\frac{1}{2}$A.	20 A.	50 A.	45 A.	$56\frac{1}{2}$A.	$23\frac{1}{2}$A.	$21\frac{1}{4}$A.
20	$11\frac{1}{3}$A.	$11\frac{2}{3}$A.	$13\frac{1}{3}$A.	$33\frac{1}{3}$A.	30 A.	$37\frac{1}{3}$A.	$15\frac{1}{2}$A.	14 A.
10	$5\frac{2}{3}$A.	$5\frac{5}{6}$A.	$6\frac{2}{3}$A.	$16\frac{2}{3}$A.	15 A.	$18\frac{1}{2}$A.	$7\frac{7}{9}$A.	7 A.
9	5 A.	$5\frac{1}{4}$A.	6 A.	15 A.	$13\frac{1}{2}$A.	$16\frac{3}{4}$A.	7 A.	$6\frac{3}{8}$A.
8	$4\frac{1}{2}$A.	$4\frac{2}{3}$A.	$5\frac{1}{3}$A.	$13\frac{1}{3}$A.	12 A.	15 A.	$6\frac{1}{4}$A.	$5\frac{2}{3}$A.
7	4 A.	4 A.	$4\frac{2}{3}$A.	$11\frac{2}{3}$A.	$10\frac{1}{2}$A.	13 A.	$5\frac{1}{2}$A.	5 A.
6	$3\frac{1}{7}$A.	$3\frac{1}{2}$A.	4 A.	10 A.	9 A.	$11\frac{1}{4}$A.	$4\frac{2}{3}$A.	$4\frac{1}{4}$A.
5	$2\frac{3}{4}$A.	$2\frac{3}{4}$A.	$3\frac{1}{3}$A.	$8\frac{1}{3}$A.	$7\frac{1}{2}$A.	$9\frac{1}{2}$A.	$3\frac{3}{4}$A.	$3\frac{1}{2}$A.
4	$2\frac{1}{4}$A.	$2\frac{1}{3}$A.	$2\frac{2}{3}$A.	$6\frac{2}{3}$A.	6 A.	$7\frac{1}{2}$A.	3 A.	$2\frac{5}{6}$A.
3	$1\frac{3}{4}$A.	$1\frac{3}{4}$A.	2 A.	5 A.	$4\frac{1}{2}$A.	$5\frac{2}{3}$A.	$2\frac{1}{3}$A.	$2\frac{1}{8}$A.
2	1 A.	$1\frac{1}{6}$A.	$1\frac{1}{3}$A.	$3\frac{1}{3}$A.	3 A.	$3\frac{3}{4}$A.	$1\frac{1}{2}$A.	$1\frac{7}{12}$A.
1	$\frac{4}{7}$A.	$\frac{7}{12}$A.	$\frac{2}{3}$A.	$1\frac{2}{3}$A.	$1\frac{1}{2}$A.	$1\frac{15}{17}$A.	$\frac{7}{9}$A.	$\frac{17}{24}$A.

Les Nombres contenus en chaque Colomne, sont des Aunes de Paris, notées A. *l'Instruction de cette Table se trouve à la page 5.*

Aunes de Paris.	*Barres de Castille.*	*Barres de Valence.*	*Barres de Venise Boulougne, Mantoue.*	*Brasses de Bergame.*	*Brasses de Luques & Ras de Piemont.*	*Brasses de Florence.*	*Palmes de Genes.*	*Pics de Constantinople.*
1000	1400	1300	1875	1800	2000	2040	4800	1800
900	1260	1170	$1687\frac{1}{2}$	1620	1800	1836	4320	1620
800	1120	1040	1500	1440	1600	$1632\frac{1}{2}$	3840	1440
700	980	910	$1312\frac{1}{2}$	1260	1400	$1428\frac{1}{2}$	3360	1260
600	840	780	1125	1080	1200	$1224\frac{1}{2}$	2880	1080
500	700	650	$937\frac{1}{2}$	900	1000	$1020\frac{1}{3}$	2400	900
400	560	520	750	720	800	$816\frac{1}{4}$	1920	720
300	420	390	$562\frac{1}{2}$	540	600	612	1440	540
200	280	260	375	360	400	408	960	360
100	140	130	$187\frac{1}{2}$	180	200	204	480	180
90	126	117	$168\frac{3}{4}$	162	180	$183\frac{2}{3}$	432	162
80	112	104	150	144	160	$163\frac{1}{4}$	384	144
70	98	91	$131\frac{1}{4}$	126	140	$142\frac{3}{4}$	336	126
60	84	78	$112\frac{1}{2}$	108	120	$122\frac{1}{3}$	288	108
50	70	65	$93\frac{3}{4}$	90	100	102	240	90
40	56	52	75	72	80	$81\frac{1}{2}$	192	72
30	42	39	$56\frac{1}{4}$	54	60	$61\frac{1}{6}$	144	54
20	28	26	$37\frac{1}{2}$	36	40	$40\frac{3}{4}$	96	36
10	14	13	$18\frac{3}{4}$	18	20	$20\frac{1}{2}$	48	18
9	$12\frac{1}{2}$	$11\frac{3}{4}$	$16\frac{7}{8}$	16	18	$18\frac{1}{3}$	43	16
8	11	$10\frac{1}{4}$	15	$14\frac{1}{4}$	16	$16\frac{1}{3}$	$38\frac{1}{4}$	$14\frac{1}{4}$
7	$9\frac{3}{4}$	9	$13\frac{1}{8}$	$12\frac{1}{2}$	14	$14\frac{1}{4}$	$33\frac{1}{2}$	$12\frac{1}{2}$
6	$8\frac{1}{3}$	$7\frac{3}{4}$	$11\frac{1}{4}$	$10\frac{3}{4}$	12	$12\frac{1}{4}$	$28\frac{3}{4}$	$10\frac{3}{4}$
5	7	$6\frac{1}{2}$	$9\frac{3}{8}$	9	10	$10\frac{1}{4}$	24	9
4	$5\frac{1}{2}$	$5\frac{1}{4}$	$7\frac{1}{2}$	7	8	8	19	7
3	$4\frac{1}{5}$	$3\frac{3}{4}$	$5\frac{5}{8}$	$5\frac{1}{4}$	6	6	$14\frac{1}{4}$	$5\frac{1}{4}$
2	$2\frac{3}{4}$	$2\frac{1}{2}$	$3\frac{3}{4}$	$3\frac{1}{2}$	4	4	$9\frac{1}{2}$	$3\frac{1}{2}$
1	$1\frac{2}{5}$	$1\frac{3}{10}$	$1\frac{7}{8}$	$1\frac{4}{5}$	2	2	$4\frac{4}{5}$	$1\frac{4}{5}$

Les Nombres contenus en chaque Colomne, sont des Mesures étrangeres ; l'Instruction de cette Table se trouve à la page 4.

Nombre

Nombre des Mesures	Barres de Castille.	Barres de Valence.	Barres de Venise Bouloug. Mantoue.	Brasses de Bergame.	Brasses de Luques & Ras de Piemont.	Brasses de Florence.	Palmes de Genes.	Pics de Constantinople.
1000	$714\frac{1}{4}$ A.	$769\frac{1}{4}$ A.	$533\frac{1}{3}$ A.	$555\frac{1}{2}$ A.	500 A.	490 A.	$208\frac{1}{3}$ A.	$555\frac{1}{2}$ A.
900	$642\frac{3}{4}$ A.	$692\frac{1}{4}$ A.	480 A.	500 A.	450 A.	441 A.	$187\frac{1}{2}$ A.	500 A.
800	$571\frac{1}{3}$ A.	$615\frac{1}{3}$ A.	426 A.	$444\frac{1}{2}$ A.	400 A.	392 A.	$166\frac{2}{3}$ A.	$444\frac{1}{2}$ A.
700	500 A.	$538\frac{1}{3}$ A.	$373\frac{1}{3}$ A.	389 A.	350 A.	343 A.	$145\frac{3}{4}$ A.	389 A.
600	$428\frac{1}{2}$ A.	$461\frac{1}{2}$ A.	320 A.	$333\frac{1}{2}$ A.	300 A.	294 A.	125 A.	$333\frac{1}{2}$ A.
500	357 A.	$384\frac{1}{2}$ A.	$226\frac{1}{3}$ A.	$277\frac{3}{4}$ A.	250 A.	245 A.	104 A.	$277\frac{3}{4}$ A.
400	$285\frac{3}{4}$ A.	$307\frac{2}{3}$ A.	$213\frac{1}{3}$ A.	$222\frac{1}{4}$ A.	200 A.	196 A.	$83\frac{1}{3}$ A.	$222\frac{1}{4}$ A.
300	$214\frac{1}{4}$ A.	$230\frac{2}{3}$ A.	160 A.	$166\frac{2}{3}$ A.	150 A.	147 A.	$62\frac{1}{2}$ A.	$166\frac{2}{3}$ A.
200	$142\frac{4}{5}$ A.	$153\frac{3}{4}$ A.	$106\frac{2}{3}$ A.	111 A.	100 A.	98 A.	$41\frac{2}{3}$ A.	111 A.
100	$71\frac{3}{7}$ A.	$76\frac{12}{13}$ A.	$53\frac{1}{3}$ A.	$55\frac{1}{2}$ A.	50 A.	49 A.	$20\frac{5}{6}$ A.	$55\frac{1}{2}$ A.
90	$64\frac{1}{4}$ A.	$69\frac{1}{4}$ A.	48 A.	50 A.	45 A.	44 A.	$18\frac{3}{4}$ A.	50 A.
80	51 A.	$61\frac{1}{2}$ A.	$42\frac{2}{3}$ A.	$44\frac{1}{2}$ A.	40 A.	39 A.	$16\frac{2}{3}$ A.	$44\frac{1}{2}$ A.
70	50 A.	$53\frac{2}{3}$ A.	$37\frac{1}{3}$ A.	39 A.	35 A.	$34\frac{1}{4}$ A.	$14\frac{1}{2}$ A.	39 A.
60	$42\frac{3}{4}$ A.	$46\frac{1}{2}$ A.	32 A.	$33\frac{1}{3}$ A.	30 A.	$29\frac{1}{4}$ A.	$12\frac{1}{2}$ A.	$33\frac{1}{3}$ A.
50	$35\frac{2}{3}$ A.	$38\frac{2}{3}$ A.	$26\frac{2}{3}$ A.	$27\frac{3}{4}$ A.	25 A.	$24\frac{1}{2}$ A.	$10\frac{1}{2}$ A.	$27\frac{3}{4}$ A.
40	$28\frac{1}{2}$ A.	$30\frac{1}{3}$ A.	$21\frac{1}{3}$ A.	$22\frac{1}{4}$ A.	20 A.	$19\frac{1}{2}$ A.	$8\frac{1}{3}$ A.	$22\frac{1}{4}$ A.
30	$21\frac{1}{3}$ A.	23 A.	16 A.	$16\frac{2}{3}$ A.	15 A.	$14\frac{1}{2}$ A.	$6\frac{1}{4}$ A.	$16\frac{2}{3}$ A.
20	$14\frac{1}{4}$ A.	$15\frac{1}{3}$ A.	$10\frac{2}{3}$ A.	11 A.	10 A.	$9\frac{3}{4}$ A.	4 A.	11 A.
10	7 A.	$7\frac{2}{3}$ A.	$5\frac{1}{3}$ A.	$5\frac{1}{2}$ A.	5 A.	$4\frac{3}{4}$ A.	2 A.	$5\frac{1}{2}$ A.
9	$6\frac{1}{3}$ A.	$6\frac{3}{4}$ A.	$4\frac{3}{4}$ A.	5 A.	$4\frac{1}{2}$ A.	$4\frac{1}{4}$ A.	$1\frac{3}{4}$ A.	5 A.
8	$5\frac{2}{3}$ A.	6 A.	4 A.	$4\frac{1}{2}$ A.	4 A.	$3\frac{3}{4}$ A.	$1\frac{2}{3}$ A.	$4\frac{1}{2}$ A.
7	5 A.	$5\frac{1}{3}$ A.	$3\frac{2}{3}$ A.	4 A.	$3\frac{1}{2}$ A.	$3\frac{1}{2}$ A.	$1\frac{1}{2}$ A.	4 A.
6	$4\frac{1}{4}$ A.	$4\frac{1}{2}$ A.	$3\frac{1}{3}$ A.	$3\frac{1}{3}$ A.	3 A.	$2\frac{3}{4}$ A.	$1\frac{3}{4}$ A.	$3\frac{1}{3}$ A.
5	$3\frac{1}{2}$ A.	$3\frac{2}{3}$ A.	$2\frac{2}{3}$ A.	$2\frac{3}{4}$ A.	$2\frac{1}{2}$ A.	$2\frac{1}{2}$ A.	1 A.	$2\frac{3}{4}$ A.
4	$2\frac{3}{4}$ A.	3 A.	2 A.	$2\frac{1}{4}$ A.	2 A.	$1\frac{3}{4}$ A.	$\frac{3}{4}$ A.	$2\frac{1}{4}$ A.
3	2 A.	$2\frac{1}{4}$ A.	$1\frac{2}{3}$ A.	$1\frac{2}{3}$ A.	$1\frac{1}{2}$ A.	$1\frac{1}{2}$ A.	[illegible] A.	$1\frac{2}{3}$ A.
2	$1\frac{1}{3}$ A.	$1\frac{1}{2}$ A.	1 A.	1 A.	1 A.	1 A.	$\frac{1}{2}$ A.	1 A.
1	$\frac{5}{7}$ A.	$\frac{10}{13}$ A.	$\frac{8}{15}$ A.	$\frac{5}{9}$ A.	$\frac{1}{2}$ A.	[illegible] A.	[illegible] A.	[illegible] A.

Les Nombres contenus en chaque Colonne, sont des Aunes de Paris, notées d'un A. L'Instruction de cette Table, se trouve à la page 5.

INSTRUCTIONS GENERALES

Pour reduire par REGLE *l'Aune de Paris, aux Mesures des principales Villes du Royaume, & Païs Etrangers, afin d'avoir connoissance du plus au moins & du moins au plus, en reduisant lesdites Mesures à l'Aune de Paris.*

QUoy que l'Arithmetique contienne en elle-même de tres-beaux Secrets, & que l'on puisse au moyen d'icelle faire par REGLE, telles reductions que l'on peut souhaiter, nonobstant cela elle ne reste pas de se trouver par fois obscure, de lasser le jugement, & de fatiguer la memoire, par la diversité des Regles que l'on est obligé de faire pour certaines reductions, d'autant plus que le moindre défaut d'Arithmetique peut causer des erreurs, & préjudices considerables.

C'est ce qui m'a donné sujet de composer en Tables les *Reductions toutes faites*, calculées avec toute l'exactitude possible, pour que l'on puisse trouver en icelles tout fait, ce qu'il faudroit faire avec peine, & risque de mettre quelque chiffre de plus ou de moins, n'ayant pourtant pas voulu rester d'instruire les moins intelligens de quelle maniere ils en doivent faire les reductions au moyen de la Regle de trois, vulgairement appellée regle de proportion, composée de trois Nombres, qui en produisent un quatriéme que l'on ne connoît pas; Enfin l'on connoîtra au moyen d'icelle la difference du plus au moins, & du moins au plus, dont les Regles pourront servir de preuve pour lesdites Tables, en y procedant comme je m'en vay l'enseigner.

Que les Mesures ne sont pas égales par tout. L'Aune de Lion plus courte que celle de Paris.

Il faut sçavoir en premier lieu, que les Aunes, Canes, Verges, & autres Mesures, ne sont pas par tout égales en longueur (comme j'ay dit à la page 1.) car quoy que l'on rende l'Aune de Paris, égale à celle de Lion: Cependant cette derniere se trouve plus courte que celle de Paris, d'une Aune sur 100. Aunes, ce qui n'est pas considerable sur une telle quantité, c'est pourquoy il faut la tenir pour Mesure de Paris, aussi bien que les Aunes de Rouën, la Rochelle, Nantes, & celle de cette Ville de Bordeaux.

Des Aunes de Flandres, Brabant & Allemagne.

Quant aux Aunes de Flandres, Brabant, & Allemagne, elles se trouvent aussi differentes en longueur en divers lieux: mais comme d'ordinaire l'on prend le tout pour la plus grande partie, l'on doit comprendre les mesures particulieres, pour les Mesures generales;

Il en est de même des Canes, Verjes & des autres Mesures, desquelles il est necessaire de sçavoir les veritables longueurs pour pouvoir faire des reductions justes, c'est ce que j'ay recherché autant qu'il ma été possible.

Je ne puis pas faire voir icy les excedans des Mesures qui se donnent en divers lieux, parce que si je le faisois je grossirois ce volume plus que je n'ay dessein de faire : cela s'apprend assés par la pratique ; venons a faire les Regles ou Reductions.

Regles pour reduire les Mesures du plus au moins, & du moins au plus.

DE L'AUNE DE PARIS.

100. Aunes de Paris sont égales a 100. Aunes de Rouën, Lion, la Rochelle, Nantes & Bordeaux, c'est pourquoy elles ne seront pas mises dans les Tables, puisque celles de Paris les contiendront.

DE L'AUNE DE HOLLANDE.

l'Aune de Hollande ne fait que $\frac{4}{7}$ de l'Aune de Paris, & celle de Paris, fait 1 Aune $\frac{3}{4}$ de celle de Hollande ; Et

Pour reduire par REGLE.

De l'Aune de Hollande.

Dittes

Si 4. Aunes de Paris, font 7. Aunes de Hollande, combien &c.

Ou bien

Si 7. Aunes de Hollande, font 4. Aunes de Paris, combien &c.

DE L'AUNE DE FLANDRES & ALLEMAGNE, &c.

Les Aunes de Flandres, Allemagne, & Brabant, (quoy que differentes en quelques Villes) contiennent $\frac{7}{12}$ de l'Aune de Paris, & l'Aune de Paris, fait 1. Aune $\frac{5}{7}$ de celle desdits Païs ; Et

Pour reduire par REGLE.

Dittes

Si 7. Aunes de Paris, font 12. Aunes de Flandres & Allemagne, combien &c.

Ou bien

Si 12. Aunes de Flandres & Allemagne, font 7. Aunes de Paris, combien &c.

DE L'AUNE DE TROYE.

L'Aune de Troye ne contient que 1. Aune $\frac{1}{2}$ de celle de Paris, & celle de Paris, fait $\frac{2}{3}$ de l'Aune de Troye ; Et

Pour reduire par REGLE.

Dittes

Si *6*. Aunes de Paris, font *9*. Aunes de Troye, combien &c.

Des Aunes de Troye.

Ou bien

Si *9*. Aunes de Troye, font *6*. Aunes de Paris, combien &c.

DES CANES DE PROVENCE, AVIGNON, ET BAS LANGUEDOC.

La Cane contient 6. p. 1. p. 4. l.

Les Canes de Provence, Avignon, Nismes, Montpelier, & Villes du Bas Languedoc, sont composées de 8. pans, (ou empans) qui ont *6*. pieds 1. pouce 4. lignes en longueur : elles contiennent 1. Aune $\frac{2}{3}$ de Paris, & l'Aune de Paris ne fait que $\frac{3}{5}$ de ladite Cane.

Quoy que communement l'on fasse les Canes desdites Provinces & Villes égales, cependant il faut sçavoir, que les Canes d'Avignon & Nismes, sont un peu differentes de celle de Montpelier, mais cela est peu considerable, ce qui sera par avis.

Pour les reduire par REGLE.

Dittes

Si 5. Aunes de Paris, font 3. Canes de Provence, A. &c. combien &c.

Des Canes de P. A. L.

Ou bien

Si 3. Canes de Provence, A. &c. font 5. Aunes de Paris, combien &c.

DES CANES DE TOLOSE, ALBY, CASTRES, MONTAUBAN, &c.

La Cane contient 5. p. 6. p.

Les Canes de Tolose, Alby, Castres, Montauban, & autres Villes du haut Languedoc, & en quelques unes de la Guyenne, sont aussi composées de 8. pans (ou empans) qui ont 5. pieds *6*. pouces en longueur, plus courtes que celles de Provence &c. de 7. pouces 4. lignes : elles contiennent 1. Aune $\frac{1}{2}$ de Paris, & 1. Aune de Paris fait $\frac{2}{3}$ de Cane.

Quoy que l'on fasse communement les susdites Canes égales, neanmoins il se trouve quelque petite difference entre celle de Montauban, & celle de Tolose, cette derniere étant un peu moindre.

Pour reduire par REGLE.

Dittes

Si 3. Aunes de Paris, font 2. Canes de Tolose, &c. combien &c.

Des Canes de T. A. C. &c.

Ou bien

Si 2. Canes de Tolose, &c. font 3. Aunes de Paris, combien &c.

DES CANES DE NAPLES.

La Cane de Naples contient une Aune quinze dix-ſeptiémes de Paris, & 1. Aune de Paris fait 17. trente deuxiémes de Canes; Et De la Cane de Naples.

Pour reduire par REGLE.

Dittes

Si 32. Aunes font 17. Canes, combien tant d'Aunes.

Ou bien

Si 17. Canes font 32. Aunes, combien tant de Canes.

DES VERGES D'ANGLETERRE.

La Verge d'Angleterre contient ſept neuviémes d'Aune de Paris, & l'Aune de Paris, fait 1. Verge 2. ſeptiémes; Et Des Verges d'Angleterre.

Pour reduire par REGLE.

Dittes

Si 7. Aunes de Paris font 9. Verges, combien tant d'Aunes.

Ou bien

Si 9. Verges d'Angleterre font 7. Aunes, combien tant de Verges.

DES VERGES DE SEVILLE.

La Verge de Seville contient 17. vingt-quatriémes de l'Aune de Paris, & l'Aune de Paris ne contient que 1. Verge 7. dix-ſeptiémes; Et Des Verges de Seville.

Pour reduire par REGLE.

Dittes

Si 17. Aunes de Paris, font 24. Verges, combien tant d'Aunes.

Ou bien

Si 24. Verges de Seville, font 17. Aunes de Paris, combien &c.

DES BARRES DE CASTILLE.

La Barre de Caſtille en Eſpagne, contient 5. ſeptiémes de l'Aune de Paris, & 1. Aune de Paris, fait 1. Barre 2. cinquiémes; Et Des Barres de Caſtille.

Pour reduire par Regle.

Dittes

Si 5. Aunes de Paris, font 7. Barres, combien tant d'Aunes.

Ou bien

Si 7. Barres de Caſtille, font 5. Aunes, combien tant de Barres.

DES BARRES DE VALENCE.

Des Barres de Valence.

La Barre de Valence en Espagne, contient 10. treiziémes d'Aune de Paris, & l Aune de Paris, fait 1. Barre, 1. dixiéme; Et

Pour reduire par REGLE.

Dittes

Si 10. Aunes de Paris, font 13. Barres, combien tant d'Aunes.

Ou bien

Si 13. Barres de Valence, font 10. Aunes, combien tant de Barres.

DES BRASSES DE VENISE, &c.

Des Brasses de Venise, &c.

Les Brasses de Venise, Boulogne, Modene & Mantoue, contiennent 8. quinziémes de l Aune de Paris, & l Aune de Paris, fait 1. Brasse 7. huitiémes; Et

Pour reduire par REGLE.

Dittes

Si 8. Aunes font 15. Brasses, combien tant d'Aunes.

Ou bien

Si 15. Brasses font 8. Aunes, combien tant de Brasses.

De la Brasse de Bergame.

La Brasse de Bergame, fait 5. neuviémes d'Aune de Paris, & il faut 1. Brasse 4. cinquiémes, pour faire l Aune de Paris; Et

Pour reduire par REGLE.

Dittes

Si 5. Aunes font 9. Brasses, combien tant d'Aunes.

Ou bien

Si 9. Brasses font 5. Aunes, combien tant de Brasses.

DES BRASSES DE LUQUES, ET RAS DE PIEDMONT.

Les Brasses de Luques & Ras de Piedmont.

Les Brasses de Luques, & Ras de Piedmont, font d'égale longueur & contiennent chacune demy Aune de Paris, & l'Aune de Paris fait 2. Brasses ou 2. Ras, & pour en faire la Regle il faut dire.

Pour reduire par REGLE.

Dittes

Si 1. Aune de Paris, fait 2. Brasses ou 2. Ras, combien &c.

Ou bien

Si 2 Brasses ou 2. Ras, font 1. Aune de Paris, combien &c.

DES BRASSES DE FLORENCE.

La Brasse de Florence, contient un peu moins, que de demy Aune de Paris; Et

Des Brasses de Florence.

Pour reduire par REGLE.

Dittes

Si 49. Aunes de Paris, font 100. Brasses, combien tant d'Aunes, &c.

Ou bien

Si 100. Brasses font 49. Aunes de Paris, combien &c.

DES PALMES DE GENES.

Les Palmes de Genes contiennent $\frac{5}{24}$ d'Aune de Paris, & pour faire une Aune, il faut $\frac{4}{5}$. Et

Des Palmes de Genes.

Pour reduire par REGLE.

Dittes

Si 5. Aunes de Paris, font 24. Palmes; combien &c.

Ou bien

Si 24. Palmes de Genes font 5. Aunes; combien &c.

Il faut sçavoir qu'à Genes l'on se sert aussi des Canes, & qu'il faut 9. Palmes à la Cane, qui contient $\frac{8}{15}$ de l'Aune de Paris; Et l'Aune de Paris fait 1. Cane $\frac{7}{8}$. à Genes.

DES PICQS DE CONSTANTINOPLE.

Les Picqs de Constantinople (& en Turquie) ne contiennent que $\frac{5}{9}$. de l'Aune de Paris; & il faut 1. Picq $\frac{4}{5}$. pour faire l'Aune de Paris; Et

Pour reduire par REGLE.

Dittes

Si 5. Aunes de Paris, font 9. Picqs, combien tant d'Aunes.

Ou bien

Si 9. Picqs font 5. Aunes, combien tant de Picqs.

Outre les Mesures sus mentionnées, il y en a une infinité d'autres desquelles la connoissance s'acquiert par la pratique du Commerce, desquelles l'on pourra faire une plus exacte recherche des Mesures.

Les Aunes de Paris, Roüen, Lion, la Rochelle, Nantes, Bordeaux, & diverses autres sont égales entr'elles : s'il y a de la difference elle est peu considerable, comme de l'Aune de Lion, qui se trouve d'une Aune sur 100. Aunes moindre que celle de Paris.	Aunes de Paris.	Aunes de Hollande.	Aunes de Fland. & Allem.	Aunes de Troye.	Canes de Proven. Avign. Lang.	Canes de Tolose, Alby, Lang.	Canes de Naples.	Verges d'Angleterre.	Verges de Seville.	Barres de Castille.	Barres de Valence.	Barres de Venise, &c.	Brasses de Bergame.	Brasses de Luques &c.	Brasses de Florence.	Palmes de Genes.	Pics de Constantinople.
100. Aunes de Paris . . . . font égales A.	100	175	171 3/7	150	60	66 2/7	53 1/3	128 1/7	141 3/17	140	130	187 1/2	180	200	204	480	180
100. Aunes de Hollande . . . . . . font égales A.	57 1/7	100	98	85 5/7	34 2/7	38	30 1/3	73 1/2	80 1/2	80	74 2/7	107 1/7	103	114 2/7	116 4/7	274 2/7	103
100. Aunes de Flandres & Allemagne . font égales A.	58 1/7	102	100	87 1/2	35	39	30 3/4	75	82 1/7	81 2/3	76	109 1/7	105	116 4/7	119	280	105
100. Aunes de Troye . . . . . . font égales A.	66 2/3	116 2/3	114 2/7	100	40	44 4/9	35 1/3	85 1/3	94 2/17	93 1/3	86 2/3	125	120	133 1/3	136	320	120
100. Canes de Provence, Avignon, & Bas-Languedoc A.	166 2/3	291 2/3	286	250	100	111 1/9	88 1/2	214 2/7	235 1/4	233 1/3	216 2/3	312 1/2	300	333 1/3	340	800	300
100. Canes de Tolose, Alby, & Haut-Languedoc . A.	150	262 1/2	257	225	90	100	79 2/3	192 1/2	211 11/17	210	195	281 1/4	270	300	306 1/2	720	270
100. Canes de Naples . . . . . . font égales A.	18[illegible]	329	325	282 6/17	113	125 1/2	100	242	265 1/4	163 1/2	244 1/3	352 1/4	338 6/7	376 4/7	384 1/2	903 1/7	339
100. Verges d'Angleterre . . . . . font égales A.	77 7/9	136 1/9	133 1/7	116 2/3	46 2/3	52	41 1/3	100	109 1/3	109	101 1/9	145 5/6	140	155 5/9	158 2/3	373 1/3	140
100. Verges de Seville . . . . . . font égales A.	70 5/8	124	121 1/2	106	42 1/2	47	37 1/2	91	100	99	92 7/11	132 1/4	127 1/2	141 2/3	144 1/2	340	127 1/2
100. Barres de Castille . . . . . . font égales A.	71 3/7	125	122 4/7	107 1/7	43	47 1/7	38	92	101	100	92 6/7	134	128 4/7	142 6/7	145 5/7	343	128 4/7
100. Barres de Valence . . . . . font égales A.	76 11/17	134 2/3	132	115 2/3	46	51 1/4	41	99	108 2/9	107 3/4	100	14[illegible] 1/4	138 6/7	154	157	369 3/4	139 6/11
100. Barres de Venise, Boulougne, Mantoüe, font égales A.	53 1/3	93 1/3	91 1/2	80	32	35 5/9	28 4/7	68 2/7	75 1/4	74 2/3	69 1/3	100	96	106 2/3	108 1/4	256	96
100. Brasses de Bergame . . . . . font égales A.	55 1/2	97 7/9	95 5/9	83 1/3	33 1/3	37	29 1/2	71 1/3	78 1/3	78	72 4/9	104 1/6	100	111	113 1/3	266 2/3	100
100. Brasses de Luques ou Ras de Piemont, font égales A.	50	87 1/2	85 1/4	75	30	33 1/3	26 1/2	64 2/7	70 1/2	70	65	93 1/4	90	100	102	240	90
100. Brasses de Florence . . . . . font égales A.	49	85 3/4	84	73 1/2	29 1/4	32 2/3	26	63 2/17	69	68 2/3	63 1/2	91 7/8	88 1/7	98	100	235 1/3	88 1/3
100. Palmes de Genes . . . . . . font égales A.	20 5/6	36 2/3	35 5/7	31 1/4	12 1/2	14	11	26 1/4	29 1/3	29 1/6	27	39 1/2	37 1/2	41 1/7	[illegible]	100	37 1/2
100. Picqs de Constantinople . . . . font égales A.	55 1/2	97 7/9	95 5/9	83 1/3	33 1/3	37	29 1/2	71 1/3	78 1/3	78	72 4/9	104 1/6	100	111	113	266 2/3	100

Au moyen de cette Table du Rapport ou correspondance que les Mesures doivent avoir entr'elles, l'on peut voir clairement. Par Exemple : *que* 100. *Aunes de Paris font* 175. *Aunes en Hollande, & que* 100. *Aunes de Hollande, ne font que* 57. *Aunes* 1/7 *de celle de Paris ; & ainsi à l'égard du rapport de toutes les autres Mesures mentionnées en cette Table, ce qui se trouve facilement en suivant le long de la ligne, jusques au rencontre de la Colomne des Mesures que l'on desire reduire ; comme si l'on veut encore sçavoir combien font* 100. *Verges d'Angleterre en Canes de Provence, Avignon, & Bas-Languedoc, suivés la ligne des* 100. *Verges d'Angleterre, jusques au rencontre de la Colomne des Canes desdites Provinces ; & trouverés que les* 100. *Verges d'Angleterre, font* 46. *Canes* 2/3 *en Provence, Avignon & Bas-Languedoc ; & ainsi de toutes autres.*

C

CHAPITRE II.

DES MESURES DES CORPS LIQUIDES.

LES MESURES DES CORPS LIQUIDES SE trouvent presque par tout le Royaume (mêmes dans les Païs étrangers) differentes, aussi bien que celles des Corps étendus, desquelles je viens de donner des Tables, pour trouver les Reductions toutes faites, & le moyen de les faire par la Regle de Trois : je ne donneray point des Tables à l'égard desdites Mesures des Corps Liquides ; comme j'ay fait au sujet desdites Mesures des Corps étendus, mais seulement les Instructions suivantes avec toute la briéveté qu'il me sera possible.

DES EAUX DE VIE.

De la Verje pour les Eaux de vie.

J'ay dit à la page 2. que la Mesure de laquelle l'on se sert a mesurer les Eaux de Vies, s'appelle *Verje, Velte, Verle, &c.* que l'on nomme diversement suivant les lieux.

De la longueur, forme, & de quelle maniere l'on s'en sert.

Cette sorte de Mesure est presque de la longueur d'une Aune, faite de Balaine ou de fer, graduée d'un bout à l'autre, laquelle (pour sçavoir la contenance du Vaisseau qui contient l'Eau de Vie) l'on met dans le Vaisseau, la faisant entrer par la Bonde, jusques au bas de la circonference d'iceluy: & suivant qu'elle s'y trouve enfoncée, elle marque, plus ou moins de Verjes dans le Vaisseau qui la contient.

Les Eaux de vie, se mettent ordinairement dans des grosses pipes que l'on appelle *Pieces*, qui contiennent plus ou moins les unes que les autres, suivant les Mesures des lieux ; Il y en a de 50. jusques a 80. *Verjes, Veltes, ou Verles*, cependant l'on reduit leur contenû en Bariques, que l'on compte ; Etre

Mesures differentes pour l'Eau de Vie.

A la Rochelle, Isle de Rhé & Païs d'Aunis, de 27. Veltes ou Verles.

A Nantes, & divers lieux de Bretaigne, de 29. Veltes.

A Bordeaux, & en diverses Villes de Guyenne, de 32. Verjes.

A Amsterdam, & en diverses Villes de Hollande, de 30. Verjes ou Virtils.

A Londres, & en diverses Villes d'Angleterre, l'on ne parle point de Verjes, mais de Tonneaux, qu'ils font de 252. Pots, qu'ils appellent *Gallons*.

Les Pieces que l'on vend en cette Ville de Bordeaux, contiennent d'ordinaire 50. 55. & 60. Verjes, & l'on compte (comme je viens de dire) 32. Verjes pour une Barique : tout ce qui est au dessus de 50. Verjes à la piece, s'appellé *Excés*, & l'on en fait payer les droits à raison de 9. sols la Verje, outre le droit que les 50. Verjes payent.

Excés.

Ceux qui vendent les Eaux de vies, ne les mettent que rarement dans des Bariques, la raison en est, que 2. Bariques coûteroient plus qu'une pipe (ou Piece) tant pour l'achapt, que pour la Voiture; ce qui en augmenteroit le prix, ce n'est pas que bien souvent ceux qui les achetent n'en fassent mettre dans des Bariques, des tierssons ou quarts de Barils, soit pour porter dans les Païs du Nord, ou aux Isles de l'Amerique, pour y être plus commodement venduës, à des personnes qui n'ayant pas moyen d'en acheter des pieces, en peuvent acheter des Bariques ou des Barils.

Raison pour laquelle l'on ne mét que rarement l'Eau de vie dans des Bariques.

Quelques-uns font faire des pieces qui contiennent de 80. jusques à 100. Verjes, tant pour épargner sur la valeur de la piece, que sur la Voiture, pour laquelle une grosse piece qui en contiendra presque deux, ne payera pas guiere davantage qu'une piece ordinaire.

Pourquoy l'on fait mettre l'Eau de Vie en des grosses pieces.

Les Eaux de vie de Nantes & Coignac (& Païs circonvoisins) sont estimées meilleures que ne le sont celles de la Rochelle, l'Isle de Ré, & Bordeaux, à cause qu'elles se trouvent plus douces; il s'en fait de fortes que l'on appelle de trois cinquiémes : aussi se vendent-elles deux tiers plus que les ordinaires ; Elles augmentent, ou diminuent de prix ; suivant la rareté ou abondance, ou la demande qui en est faite des Païs étrangers : le prix des communes, est depuis 30. jusques à 80. ou 100. liv. les 27. 29. ou 32. Verjes ou Veltes, & ne montent que rarement au delà de 100. livres, ny ne diminuent pas plus bas que de 30. celles de trois cinquiémes, se vendent comme j'ay déja dit, deux tiers de plus que les communes, & si les communes valent 60. livres les 32. Verjes; celles des $\frac{3}{5}$. en vaudront cent, & le reste à proportion.

Les Eaux de vie de Nantes & Coignac, sont estimées meilleures que celles des autres lieux. & la raison; qu'il se fait de Eaux de vie fortes que l'on appelle de 3 quints qui se vendent à proportion des autres.

Ce que contient 1. Verje à Bordeaux, & de combien de pots est composée la Barique.

Il faut 3. pots ½. moins un demy verre d'Eau de vie à la Verje, ou 110. pots mesure de Bordeaux, pour faire 32. Verjes dont la Barique est composée, comme j'ay déja dit.

De quelle maniere se fait la vente des Eaux de vie en Hollande, & à quelle Mesure.

La vente des Eaux de vie se fait en Hollande par livres de gros, chaque livre de gros valant 6. florins, qui font 7. liv. 4. sols de nôtre monnoye de France, & l'on ne compte que 30. Verjes ou *Virtils* pour la Barique, la Verje contenant 6. mingles, qui sont 12. pintes, qui pesent 18. livres poids d'Amsterdam, de sorte que les 30. Verjes, ou *Virtils*, contiennent 90. pintes pesant 540. liv. ou environ : je ne diray point de quelle maniere la vente s'en fait ailleurs, parce que la pratique du Commerce l'apprendra assés.

Quoy que j'aye cy-devant dit à la page 18. que je ne donnerois point des Instructions pour faire par Regles de Reductions des Mesures des Corps Liquides; Neanmoins j'ay jugé être de mon devoir d'en donner pour l'Eau de vie tant seulement, pour sçavoir combien monteroit une ou diverses pieces que l'on auroit achetées ou venduës; & pour y proceder par Regle de 3. Il faut dire,

Si 27. 29. ou 32. Verjes coûtent par exemple 60. livres Tournois ; combien coûteront tant de Verjes.

La Reduction pour la Mesure de Bordeaux, se fait en la maniere suivante.

Regle pour trouver ce que monte une ou diverses pieces Eau de vie.

Supposés avoir acheté 10. pieces Eau de vie, contenant 550. Verjes, à raison de 48. livres les 32. Verjes.

Multipliés les	550. Verjes.
Par le prix, qui est	48. liv. les 32. Verjes.
	4400
	2200
Tout ce produit, est	26400. fois 7. deniers ½.
Prenés la ½. des 26400. & aurés .	13200. fois 15. deniers.
Prenés encore le ¼. des 13200. est .	3300. fois 5. sols.

En dern. lieu, prenés le ¼. de 3300. qui est 825. l. pour les 550. Verjes.

* Pour faire avec plus de briéveté la Reduction que je viens de donner, prenés le huitiéme des 26400. qui sera 3300. desquels ôtés le quart, & aurés 825. livres pour les 550. Verjes. Regle plus briéve que la cy contre.

Ceux qui seront desireux de voir ce que M. Savary dit dans son parfait Negociant, (page 49. de la deuxiéme partie) & M. Irson dans la Methode pour bien dresser toutes sortes de comptes, (page 44. & 70. du Journal) trouveront que les Mesures qu'ils donnent pour les Verjages des Eaux de vie, sont differentes de celles que je donne (qui sont les veritables) & ledit Irson se contrarie ausdites deux pages; ce qui sera par avis. Que M. Savary & Irson se sont trompés sur la Mesure.

DES VINS, VINAIGRES, &c.

Les Mesures, ou Vaisseaux qui contiennent les vins, sont des *Muids, Tonneaux, Pipes, Bariques, Poinçons, Queuës & demy Queuës*, &c. que l'on nomme differamment suivant les lieux. Mesures pour les Vins.

La Mesure de Paris s'appelle *Muid*, contenant 150. quartes, ou 300. pintes Marc & Lie, & 280. pintes vin clair.

La quarte . . .	contient	2. pintes.
La pinte	contient	2. chopines.
La chopine . . .	contient	2. demy septiers.

Ceux desquels l'on se sert à Bordeaux, la Rochelle, Isle de Rhé, & divers autres lieux, sont des Bariques, dont les 4. font un Tonneau.

La Barique de Bordeaux doit contenir 110. pots Marc & Lie, & 100. pots vin clair.

Les Vinaigres, Huilles, Miel & autres Liqueurs, sont mises dans des semblables Vaisseaux suivant les lieux, les uns se vendent au poids, & les autres à la Mesure.

Le Tonneau contient 3. Muids de Paris.

Par Tonneau (en terme de Navigation) l'on entend 2000. liv. pesant, à cause que la Barique du vin pese ordinairement 500. liv. Et lors qu'on dit qu'un Navire est du port de tant de Tonneaux, cela signifie qu'il est du port de tant de fois 2000. liv. pesant.

En Angleterre, Hollande, & Païs du Nord, ils appellent Last, ce que nous appellons Tonneau en terme de Marine, mais le Last est de 4000. liv. pesant.

CHAPITRE III.

DE LA MESURE RONDE
POUR MESURER LES GRAINS.

APrés avoir traité des Mesures des Vaisseaux qui contiennent les Marchandises Liquides, je veux traiter des Mesures rondes desquelles l'on se sert a mesurer toute sorte de Grains, & mêmes le Sel, lesquelles Mesures sont presque differentes par tout le Royaume, soit en grandeur & en maniere de Mesure, (aussi bien que celles des Païs étrangers) car il y a des lieux; comme à Paris que l'on compte par *Muids*, composés de 12. *Septiers*, & le Septier de 12. *Boisseaux*, & en d'autres par *Lest*, *Tonneaux*, *Pipes*, *Septiers*, *Cartieres*, *Razieres*, *Sacs*, *Boisseaux*, &c.

Toutes ces sortes de Mesures ne m'ayant peu permettre d'en composer des Tables, (comme celles que j'ay placées aux pages *6*. 7. 8. & *9*. à l'égard des Mesures des Corps étendus) j'en ay fait le Tarif placé cy-contre, lequel j'ay mis par ordre Alphabetique, pour pouvoir trouver par ce moyen la Mesure du lieu que l'on voudra (pourveu qu'il soit couché audit Tarif) reduite aux Mesures de Paris & Bordeaux.

Le *Muid* de Paris . .	contient	. . . 12 *Septiers*.
Le *Septier*		. . . 12 *Boisseaux*.

Les autres Mesures sont moindres, desquelles je ne feray pas mention.

Le *Septier* doit peser 244. à 248. liv. lors que le Bled est bon.

Le *Boisseau* de Bordeaux, se divise en $\frac{1}{2}$ $\frac{1}{4}$ $\frac{1}{8}$ & *16*. & doit peser 122. à 124. liv. lors que le Bled est bon.

Quant aux autres Mesures desquelles je ne fais point mention icy, elles contiennent plus ou moins les unes que les autres, comme l'on verra par ladite Table des *Tarifs*, au moyen de laquelle l'on connoîtra de la contenance de chaque sorte de Mesure : ce qui est fort necessaire aux Marchands de Grains, & aux Boulangers, pour faire leur compte, soit pour les Grains qu'ils peuvent faire venir d'une Ville, ou Païs, autre que celuy de leur residence, ou pour ceux qu'ils y pourroient envoyer.

	Noms des Villes & Païs.	*Diverſes Meſures.*	*Meſures de Paris.*	*Meſures de Bord.*
A.	ABbeville . .	100 Septiers	100 Septiers	200 Boiſſeaux.
	Agen . .	100 Sacs .	$106\frac{1}{2}$ Sept.	113 Boiſſ.
	Alby	100 Septiers	75 Sept.	150 Boiſſ.
	Amſt. 1. Laſt. 54. Bois.	100 Boiſſeaux	25 Sept.	50 Boiſſ.
	Angleterre . . .	100 Barils .	125 Sept.	250 Boiſſ.
	Angleterre . . .	1 Tonneau	$9\frac{1}{2}$ Sept.	19 Boiſſ.
	Audierne . . .	1 Tonneau	$9\frac{1}{2}$ Sept.	19 Boiſſ.
	Auray	100 Boiſſeaux	25 Sept.	50 Boiſſ.
B.	BEaumont . .	100 Sacs .	50 Septiers	100 Boiſſeaux.
	Beauvais . .	1 Tonneau	$12\frac{1}{2}$ Sept.	25 Boiſſ.
	Bergerac	1 Pipe .	$3\frac{1}{2}$ Sept.	7 Boiſſ.
	Blaye	100 Cartieres	62 Sept.	124 Boiſſ.
	Bordeaux . . .	100 Boiſſeaux	50 Sept.	100 Boiſſ.
	Bouret	100 Sacs .	70 Sept.	1[illegible]0 Boiſſ.
	Breau	100 Cartieres	70 Sept.	1[illegible]0 Boiſſ.
	Breſt	1 Tonneau	1·0 Sept.	20 Boiſſ.
C.	CAdillac . . .	100 Sacs .	108 Septiers	116 Boiſſeaux.
	Caors . . .	100 Cartes .	48 Sept.	96 Boiſſ.
	Canville	100 Sacs .	60 Sept.	120 Boiſſ.
	Caſtel aloux . . .	100 Sacs .	54 Sept.	106 Boiſſ.
	Caſtelmauron . .	1 Pipe .	$3\frac{3}{8}$ Sept.	$6\frac{3}{4}$ Boiſſ.
	Caſtelnau, de Medoc.	100 Cartieres	$63\frac{1}{2}$ Sept.	127 Boiſſ.
	Caſtelnau, de Perigort.	100 Sacs .	50 Sept.	100 Boiſſ.
	Caſtelſarazin . . .	100 Sacs .	67 Sept.	134 Boiſſ.
	Caſtres	100 Ceſtiers	75 Sept.	150 Boiſſ.
	Caude Coſte . . .	100 Sacs .	5 $8\frac{1}{2}$ Sept.	117 Boiſſ.
	Cleyrac	100 Sacs .	56 Septiers	112 Boiſſeaux.
	Condom	100 Sacs .	48 Sept.	96 Boiſſ.
	Concarneau . . .	1 Tonneau	9 Sept.	18 Boiſſ.
	Creon	100 Sacs .	$62\frac{1}{2}$ Sept.	125 Boiſſ.
D.	DAntzic . . .	1 Leſt .	20 Septiers	40 Boiſſeaux.
	Dunkerque .	100 Razieres	102 Sept.	204 Boiſſ.

	Noms des Villes & Pais.	*Diverses Mesures.*	*Mesures de Paris.*	*Mesures de Bord.*
	Dunes	100 Sacs .	58 Septiers.	116 Boisseaux.
E.	Guillon . .	100 Sacs .	48 Septiers.	96 Boisseaux.
	Esperfacq . .	100 Sacs .	50 Sept.	100 Boiss.
	Estaffort	100 Boisseaux	56 Sept.	112 Boiss.
F.	Lessingues . .	100 Boisseaux	50 Sept.	100 Boisseaux.
	Fronsac . . .	100 Sacs .	66½ Sept.	133 Boiss.
	Fronton	100 Sacs .	67 Sept.	134 Boiss.
G.	Aillac . . .	100 Septiers	86½ Sept.	173 Boisseaux.
	Gensac . . .	100 Sacs .	68½ Sept.	137 Boiss.
	Gimond	100 Sacs .	99 Sept.	198 Boiss.
	Grenade	100 Sacs .	64 Sept.	128 Boiss.
	Grisolles	100 Sacs .	64 Sept.	128 Boiss.
H.	Ennebon . . .	1 Lest . .	9½ Sept.	25 Boiss.
	Holl. voyés Amst.	1 Tonneau	19 Sept.	38 Boiss.
L.	Aguere . . .	100 Sacs .	54 Sept.	100 Boisseaux.
	La Magistere .	100 Sacs .	56 Sept.	112 Boiss.
	Lanian	1 Tonneau	10 Sept.	20 Boiss.
	La Reolle	100 Sacs .	62½ Sept.	125 Boiss.
	La Roche de Rion .	1 Tonneau	9 Sept.	18 Boiss.
	Lavaur	100 Sacs .	75 Sept.	150 Boiss.
	Layrac	100 Sacs .	60 Sept.	120 Boiss.
	Le Mas d'Agenois .	100 Sacs .	52½ Sept.	105 Boiss.
	Le Mas de Verdun .	100 Sacs .	67 Sept.	134 Boiss.
	Les Adrieux . . ,	1 Tonneau	9 Sept.	18 Boiss.
	Lespare	100 Sacs .	67 Sept.	134 Boiss.
	Leytoure	100 Sacs .	58½ Sept.	117 Boiss.
	Libourne	100 Sacs .	56 Sept.	112 Boiss.
	Limeul	1 Pipe .	3¾ Sept.	7½ Boiss.
	L'Isle d'Albigeois .	100 Sept. .	87 Sept.	174 Boiss.
	L'Isle Dieu	1 Tonneau	10 Sept.	20 Boiss.

M. Marans

	Noms des Villes & Païs.	*Diverses Mesures.*	*Mesures de Paris.*	*Mesures de Bord.*
M.	MArans . . .	1 Tonneau	9 Septiers	18 Boisseaux.
	Marmande .	100 Sacs .	54 Sept.	108 Boiss.
	Mas d'Agenois . .	100 Sacs .	$52\frac{1}{2}$ Sept.	105 Boiss.
	Mas de Verdun . .	100 Sacs .	67 Sept.	134 Boiss.
	Mirambeau . . .	100 Boisseaux	58 Sept.	116 Boiss.
	Mirandoux . . .	100 Boisseaux	58 Sept.	116 Boiss.
	Moissac	100 Sacs .	$62\frac{1}{2}$ Sept.	125 Boiss.
	Moncassin	100 Sacs .	54 Sept.	108 Boiss.
	Montauban . . .	100 Septiers	140 Sept.	280 Boiss.
	Montauban . . .	100 Sacs .	70 Sept.	140 Boiss.
	Montendre . . .	100 Boisseaux	62 Sept.	124 Boiss.
	Morlais	1 Tonneau	9 Sept.	18 Boiss.
N.	NAntes . . .	1 Tonneau	9 Sept.	18 Boiss.
	Narmoutier. Isle	1 Tonneau	$9\frac{1}{2}$ Sept.	19 Boiss.
	Narbonne . . .	100 Sacs .	96 Sept.	192 Boiss.
	Negrepelice	100 Septiers	158 Sept.	316 Boiss.
	Negrepelice	100 Sacs .	79 Sept.	158 Boiss.
	Nerac	100 Sacs .	57 Sept.	105 Boiss.
P.	PAin d'Avoine .	1 Tonneau	9 Sept.	18 Boisseaux.
	Paris . . .	1 Muid .	12 Sept.	24 Boiss.
	Paris	100 Septiers	100 Sept.	200 Boiss.
	Pons	100 Cartieres	$68\frac{1}{2}$ Sept.	137 Boiss.
	Puymirol . . .	100 Sacs .	57 Sept.	114 Boiss.
	Pont-l'Abbé . . .	1 Tonneau	$9\frac{1}{2}$ Sept.	19 Boiss.
	Port Louïs	1 Tonneau	$12\frac{1}{2}$ Sept.	25 Boiss.
Q.	QUiberon . .	1 Tonneau	$9\frac{1}{2}$ Sept.	19 Boiss.
	Quinpercorentin	1 Tonneau	$9\frac{1}{2}$ Sept.	19 Boiss.
	Quinperlay	1 Tonneau	$12\frac{1}{2}$ Sept.	25 Boiss.
R.	RAbastens . .	100 Septiers	$96\frac{1}{2}$ Sept.	193 Boiss.
	Realmont . .	100 Sept. .	83 Sept.	166 Boiss.
	Realvile	100 Sept. .	158 Sept.	316 Boiss.

	Noms des Villes & Païs.	*Diverses Mesures.*	*Mesures de Paris.*	*Mesures de Bord.*
	Realvile . . .	100 Sacs .	75 Sept.	150 Boisseaux.
	Ribeyrac . . .	100 Sacs .	Sept.	Boiss.
	Redon	1 Tonneau	$10\frac{1}{2}$ Sept.	21 Boiss.
	Rouën	1 Marc .	$14\frac{1}{2}$ Sept.	29 Boiss.
	Royan	100 Cartieres	$68\frac{1}{2}$ Sept.	137 Boiss.
S.	SAint Brieu . .	1 Tonneau	10 Sept.	20 Boiss.
	Saint Cadou .	1 Tonneau	$9\frac{1}{2}$ Sept.	19 Boiss.
	Saint Gilles . . .	1 Tonneau	$10\frac{1}{2}$ Sept.	21 Boiss.
	Sainte Livrade . .	100 Sacs .	53 Sept.	106 Boiss.
	Saint Malo . . .	1 Tonneau	9 Sept.	18 Boiss.
T.	TAlemont . .	100 Sacs .	60 Sept.	120 Boiss.
	Tolose . . .	100 Cestiers	59 Sept.	118 Boiss.
	Tonneins . . .	100 Sacs .	49 Sept.	98 Boiss.
	Tournon . . .	100 Sacs .	48 Sept.	96 Boiss.
V.	VAlence, en Agénois	100 Sacs .	$62\frac{1}{2}$ Sept.	125 Boiss.
	Vanes, en Bretaigne	1 Tonneau	10 Sept.	20 Boiss.
	Verdun	100 Sacs .	67 Sept.	134 Boiss.
	Villemur . . .	100 Sacs .	64 Sept.	128 Boiss.
	Villeneuve, d'Agenois	100 Boisseaux	53 Sept.	106 Boiss.

Au moyen de la Regle de Trois, l'on peut avoir le rapport de la Mesure d'un lieu, à celuy d'un autre, considerant que le Septier de Paris, fait deux Boisseaux de Bordeaux, & les deux Boisseaux de Bordeaux font le Septier de Paris, & ainsi des autres.

CHAPITRE IV.

DES POIDS QUI SERVENT AU COMMERCE, ET DE LEUR DIFFERENCE.

LE Poids n'eſt autre choſe qu'une Meſure, par laquelle on examine quel rapport il y a des choſes peſantes, les unes aux autres.

En France nous avons de trois ſortes de *Poids*, pour peſer toute ſorte de Marchandiſes & denrées qui s'achetent, ou ſe vendent au poids, l'un que nous appellons *Poids de Marc*, l'autre *Poids de Table*, l'un & l'autre ſervant pour peſer aux Balances; & le troiſiéme s'appelle *Poids de la Romaine*, inventée par les Romains; comme je diray cy-aprés.

On appelle *Poids de Marc*, celuy qui eſt aſſés connû par toute l'Europe, duquel les Orphevres ſe ſervent pour peſer l'Or, l'Argent, les Perles & les Pierreries; Composé : ſçavoir

La Livre	de	2. Marcs ou 16. onces.
Le Marc	de	. . . 8. onces.
L'once	de	. . . 8. gros.
Le Gros	de	72. Grains, ou 3. deniers.
Le Denier	de	. . . 24. grains.

Le grain peſe environ un grain de Bled.

Le *Poids de Table*, eſt celuy duquel on ſe ſert en Provence & Languedoc; (& en diverſes autres Provinces) qui differe du Poids de Marc de 18. 20. ou 25. pour cent, étant plus leger, ce n'eſt pas que la livre contienne moins d'onces, comme M[rs.] Savary & Barreme ont voulu dire dans leurs Ouvrages, lors qu'ils ont dit que les livres de Provence, Avignon, Montpelier, Toloſe, &c. ne ſont compoſées que de 13. onces à la livre) car elle en contient 16. auſſi bien que la livre du Poids de Marc : la difference qui eſt entr'elles, n'eſt pas en nombre, mais en peſanteur, qui fait que les 12. 13. & 14. en-

Que la livre du Poids de Table eſt compoſée de 16. onces à la livre auſſi bien que celle du Poids de Marc.

ces, pesent autant que les 16. de Provence, Avignon, Montpellier, & Tolose, &c.

Les Poids de Tolose & Marseille sont differens l'un de l'autre.

Les mêmes Auteurs n'ont pas aussi fait difference entre le Poids de Marseille, & celuy de Tolose, qui different l'un de l'autre de 5. liv. 4. onces (quelque chose de plus ou de moins) par cent, car cent livres du Poids de Tolose, doivent faire 105. liv. 4. onces, (ou environ) à Marseille, & les 100. livres de Marseille ne doivent faire que 95. livres 8. onces, à Tolose (ou environ.)

Erreurs sur les Poids de Marseille & de la Rochelle.

M. Barreme dans son Tarif ou comptes faits, M. Legendre dans son Arithmetique en sa perfection, & M. Pourrat de Lion, dans son Bilan ou Science des comptes doubles, (& quelques autres Auteurs) se sont grandement trompés, lors qu'ils ont dit que les Poids de Marseille, & celuy de la Rochelle sont égaux en pesanteur, ce qui n'est pas sous leur support, car ils different l'un de l'autre de 24. liv. 8. onces, ou environ sur cent livres : je m'étonne que tout ces Auteurs ayent commis une même erreur; Il y a apparence qu'ils ont voulû suivre les traces l'un de l'autre.

Revenant à traiter du *Poids de Table*, (comme on le nomme en Provence & Languedoc) je diray qu'il se divise en Poids de quintal, & en Poids de cent livres, laquelle difference plusieurs personnes ne font pas, ce qui peut causer des erreurs & préjudices considerables, c'est pourquoy j'en veux donner l'éclaircissement necessaire, en la page cy-contre.

DE LA DIFFERENCE DU POIDS du Quintal, à celuy de cent livres (suivant les lieux) & du Poids de la Romaine.

EN diverses Villes du Royaume, on nomme le Poids de cent livres *Quintal*: mais en d'autres on fait difference entre l'un & l'autre, comme à Rouën, Tolose, & en diverses Villes du Haut-Languedoc.

Qu'il faut faire difference entre le Poids du Quintal, au poids de 100. livres.

Par le *Quintal* l'on entend le poids qui est composé de 104. livres, dont le demy quintal fait 52. livres, le quarteron 26. livres, le demy quarteron 13. livres, mais au dessous de ce poids on pese avec le poids ordinaire, soit du *Poids de Marc*, ou du *Poids de Table*.

Dans les lieux où l'on fait difference entre le *Quintal* & le poids de 100. livres, il faut se bien expliquer lors qu'on achete, ou qu'on vend quelque Marchandise, afin d'éviter les contestations qui pourroient survenir pour ne s'être pas bien expliqué, l'un entendant par le le *Poids du Quintal*, 104. livres, & l'autre rien que 100.

Il faut noter que quoy que le *Quintal de Tolose*, ne soit composé que de 104. livres, que nonobstant ces 4. livres au dessus des 100. l'on ne reste pas de donner encore 1. livre par dessus, que l'on appelle *Casude*, mais parce que cela ne se pratique pas par tout le Royaume, je n'en diray pas autre chose.

Casude.

Le troisiéme *Poids*, est celuy de la *Romaine*, ou *Peson*, qui (comme j'ay déja dit) a été inventée par les Romains, assés commode au commerce par la facilité qu'il y a de la transporter là où on veut, & d'en peser des fardeaux fort pesans; mais aussi le poids d'icelle n'est pas si juste, comme celuy des Balances, & il s'y commet beaucoup d'abus, c'est pourquoy elles devroient être abolies, l'on s'en sert en diverses Provinces du Royaume, & même en Angleterre.

De la Romaine.

MOYEN

Pour avoir connoissance des Tables des Reductions du Poids de Paris, reduit aux Poids des principales Villes du Royaume, & des Païs étrangers.

POur trouver le poids de Paris, reduit aux poids des principales Villes du Royaume & des Païs étrangers, aux deux Tables placées aux pages 33. & 34. Il faut y agir en la maniere suivante, & l'on trouvera les Reductions (d'un poids à l'autre) toutes faites au moyen de l'Addition (& sans icelle) comme je m'en vay faire voir.

Supposés vouloir reduire 1520. livres du poids de Paris, au poids de Londres.

Regardés à la Table de la page 34. à laquelle vous trouverés en marge le nombre des livres du poids de Paris, depuis 1000. jusques a 1. en diminuant de 100. a 100. de 10. a 10. & de 1. a 1. afin qu'en Additionnant divers nombres ensemble, l'on trouve telle Reduction que l'on voudra; Ainsi cherchés à ladite Table les nombres de

1000. liv. du poids de Paris, qui donnerõt	1095. l.	— onc. à Lond.
500. liv.	547. l.	8 onc.
20. liv.	21. l.	15 onc.

Ainsi 1520. liv. du poids de Paris, donneront 1664. l. 7 onc. à Lond.

La Reduction de la page 31. prouve la cy-dessus.

On peut pratiquer la même methode, pour toutes autres Reductions: où il sera de besoin d'agir par l'Addition.

Que si les nombres que l'on veut reduire sont justes, comme 1000. 900. ou 800. & semblables nombres, il n'est pas de besoin de se servir pour lors de l'Addition, parce que suivant le long de la ligne, jusque au rencontre de la Colomne du poids que l'on veut reduire, on trouve la *Reduction toute faite.*

Il faut observer que quoy que 100. livres du poids de Paris, fassent certain nombre de livres & onces du poids des autres Villes, & pareillement, que 100. livres desdites Villes, fassent certain nombre des livres & onces du poids de Paris, que la chose n'est pas si juste qu'il n'y ait quelque difference de plus ou de moins, sur un grand nombre, ce qui n'est pas considerable sur un petit: ce qui sera par avis.

MOYEN

Pour avoir connoissance des Tables des Reductions des Poids des principales Villes du Royaume, & Païs étrangers, au Poids de Paris.

POur trouver les poids des principales Villes du Royaume & Païs étrangers, reduits au poids de Paris, aux deux Tables placées aux pages 33. & 35. il faut y agir en la maniere cy-dessus, & l'on trouvera telles Reductions que l'on voudra : toutes faites au moyen de l'Addition, (& sans icelle) comme je m'en vay faire voir.

Supposés vouloir reduire 1664. livres, 4. onces du poids de Londres, au poids de Paris.

Regardés à la Table de la page 35. à laquelle trouverés en marge, des nombres depuis 1000. jusques a 1. en diminuant de 100. a 100. de 10. a 10. & de 1. a 1. afin qu'en additionnant divers nombres ensemble, l'on trouve telle Reduction que l'on voudra : ainsi cherchés à ladite Table ; Premierement le Nombre de

1000.l. qui donn. dans la Colomne du poids de Lond.	913.l. 4.on.	à Paris.
600.l.	547. - 15.on.	
60.l.	54. - 13.on.	
4.l. 7.onc.	4.	
Ainsi 1664.l. 7.onc. du Poids de Londres, donneront	1520.l. à Paris.	

La Reduction de la page 30. prouve la cy-dessus.

On peut pratiquer la même methode pour toutes autres Reductions, où il sera besoin d'agir par l'Addition, considerant que les nombres qui sont en marge des pages 33. & 35. peuvent servir pour tel poids que l'on voudra reduire, de ceux qui sont contenus ausdites Tables.

Que si les nombres que l'on veut reduire sont justes, comme 1000. 900. ou 800. & semblables, il n'est pas besoin pour lors d'agir par l'Addition, parce que l'on trouve en suivant le long de la ligne, la *Reduction toute faite*, directement au dessous du poids que l'on veut reduire, qui est noté au haut de chaque Colomne.

On pourra observer la même chose, a l'égard de ce que j'ay dit au bas de la page cy-contre.

Poids de Paris	*Poids de Rouen.*	*Poids de Lion.*	*Poids de Marseille.*	*Poids de Bordeaux.*	*Poids de la Rochelle.*	*Poids de Nantes.*	*Poids de Tolose.*	*Poids de Geneve.*
Livres.	Liv. onc.	Liv. onc.	Liv. onc.	Liv. onc.	Liv. onc.	Liv. onc.	Liv. onc.	Liv. onc.
1000	962. 8	1162.12	1235.	1000.	990.	990.	1180.	890.
900	866. 4	1046. 8	1111. 8	900.	891.	891.	1062.	801.
800	770.	930. 4	988.	800.	792.	792.	944.	712.
700	673.12	814.	864. 8	700.	693.	693.	826.	623.
600	577. 8	697.10	741.	600.	594.	594.	708.	534.
500	481. 4	581. 6	617. 8	500.	495.	495.	590.	445.
400	385.	465. 2	494.	400.	396.	396.	472.	376.
300	288.12	348.12	370. 8	300.	297.	297.	354.	267.
200	192. 8	232. 8	247.	200.	198.	198.	236.	178.
100	96. 4	116. 4	123. 8	100.	99.	99.	118.	89.
90	86.10	104.10	111. 4	90.	89.	89.	106. 3	80. 2
80	77.	93.	99.	80.	79.	79.	94. 6	74. 4
70	67. 6	81. 6	86. 8	70.	69. 4	69. 4	82.10	62. 5
60	57.12	69.12	74.	60.	59. 7	59. 7	70.13	53. 6
50	48. 2	58. 2	61.12	50.	49. 8	49. 8	59.	44. 8
40	38. 8	46. 8	49. 8	40.	39. 9	39. 9	47. 3	35.10
30	28.14	34.14	37.	30.	29.12	29.12	35. 6	26.11
20	19. 4	23. 4	24.12	20.	19.12	19.12	23.10	17.13
10	9.10	11.10	12. 4	10.	9.15	9.15	11.13	8.14
9	8.11	10. 8	11.10	9.	9.	9.	10.10	8. 3
8	7.11	9. 4	9.13	8.	8.	8.	9. 8	7. 4
7	6.12	8. 3	8.10	7.	7.	7.	7. 4	6. 2
6	5.12	6.15	7. 5	6.	6.	6.	7. 2	5. 2
5	4.13	5.13	6. 2	5.	5.	5.	5.14	4. 7
4	3.14	4.11	4.15	4.	4.	4.	4.11	3.12
3	2.14	3. 7	3.10	3.	3.	3.	3. 9	2.13
2	1.15	2. 6	2. 7	2.	2.	2.	2. 5	1.10
1	0.15	1. 2	1. 3	1.	1.	1.	1. 3	0.11

Par avis : *les nombres qui se trouvent dans les Colomnes, separés par des points, denotent les* livres & onces ; *que je n'ay peu mettre du long, comme j'ay fait à la Colomne du poids de Paris, qui est du côté gauche : & là où il ny a que des nombres sans separation, ce ne sont que des livres sans onces.*

Nombre

Nombre des Poids.	*Poids de Rouen, reduit A. C. D. P.*	*Poids de Lion, reduit A.C.D.P.*	*Poids de Marseille, reduit A. C. D. P.*	*Poids de Bordeaux, reduit A.C.D.P.*	*Poids de la Rochelle, reduit A. C. D. P.*	*Poids de Nantes, reduit A. C. D. P.*	*Poids de Tolose, reduit A. C. D. P.*	*Poids de Geneve, reduit A. C. D. P.*
Livres.	Liv. onc.	Liv. onc.	Liv. onc.	Liv. onc.	Liv. onc.	Liv. onc.	Liv onc.	Liv. onc.
1000	1039.	860.	810.	1000.	1010.	1010.	847. 8	1123. 8
900	935.	774.	729.	900.	909.	909.	762.12	1011.
800	831. 4	668.	648.	800.	808.	808.	678.	898.12
700	727. 4	602.	567.	700.	707.	707.	593. 4	786. 4
600	623. 8	516.	486.	600.	606.	606.	508. 4	674. 2
500	519. 8	430.	405.	500.	505.	505.	428.12	561.12
400	415. 8	344.	324.	400.	404.	404.	339. 4	449. 6
300	311.12	258.	243.	300.	303.	303.	254. 4	337. 4
200	207.12	172.	162.	200.	202.	202.	169. 8	224.12
100	104.	86.	81.	100.	101.	101.	84.12	112. 6
90	93.12	77. 8	72.15	90.	91.	91.	76. 4	101. 2
80	83. 2	69.	64.13	80.	80.13	80.13	67.13	90.
70	72.12	60. 4	56.11	70.	70.12	70.12	59. 5	78.12
60	62. 4	51. 8	48. 9	60.	60.11	60.11	50.13	68. 8
50	52.	43.	40. 8	50.	50. 8	50. 8	42. 6	56. 3
40	41.12	34. 8	32. 7	40.	40. 7	40. 7	33.15	44.15
30	31. 2	25.12	24. 5	30.	30. 5	30. 5	25. 7	33.10
20	20.14	17. 4	16. 3	20.	20. 3	20. 3	16.15	22. 8
10	10. 4	8. 8	8. 1	10.	10. 1	10. 1	8. 8	11. 4
9	9. 6	7.12	7. 4	9.	9.	9.	7. 9	10. 2
8	8. 6	6.14	6. 7	8.	8.	8.	6.11	9. 0
7	7. 6	6. 0	5.10	7.	7.	7.	5.14	7.14
6	6. 6	5. 0	4.12	6.	6.	6.	5. 0	6.12
5	5. 3	4. 4	4. 0	5.	5.	5.	4. 3	5.10
4	4. 3	3. 8	3. 3	4.	4.	4.	3. 5	4. 8
3	3. 3	2. 8	2. 7	3.	3.	3.	2. 8	3. 6
2	2. 1	1.12	1.10	2.	2.	2.	1.10	2. 4
1	1. 0	0.14	0.13	1.	1.	1.	0.13	1. 2

Les Nombres contenus en chaque Colomne, sont des livres & onces du poids de Paris, notées au haut d'icelles par liv. onc. *& les nombres qui sont du côté gauche peuvent servir à reduire tel poids que l'on voudra, à celuy de Paris.*

Poids de Paris	*Poids de Londres.*	*Poids de Amster-dam.*	*Poids de Anvers.*	*Poids de Hambourg.*	*Poids de Lisbonne.*	*Poids de Venise.*	*Poids de Genes.*	*Poids de Naples.*
Livres.	Liv.onc.	Liv.onc.	Liv.onc.	Liv. onc.	Liv. onc.	Liv. onc.	Liv. onc.	Liv. onc.
1000	1095.	1000.	1050.	1020.	1280.	1818.	1613.	1695.
900	985. 8	900.	945.	918.	1152.	1636. 4	1451.11	1525. 8
800	876.	800.	840.	816.	1024.	1454. 3	1290. 7	1356.
700	766. 8	700.	725.	714.	896.	1272. 8	1129. 1	1186. 8
600	657.	600.	630.	612.	768.	1094. 4	967.13	1017.
500	547. 8	500.	525.	510.	640.	909.	806. 8	847. 8
400	438.	400.	420.	408.	512.	727. 4	645. 3	678.
300	328. 8	300.	315.	306.	384.	545. 8	483.15	508. 8
200	219.	200.	210.	204.	256.	363. 8	322. 9	339.
100	109. 8	100.	105.	102.	128.	181.12	161. 5	169. 8
90	98. 9	90.	94.8	91.13	115. 4	163. 9	145. 3	152. 9
80	87. 9	80.	84.	81.14	102. 7	155. 7	129. 1	135.10
70	76.11	70.	73.8	71. 6	89. 9	127. 3	112.15	118.10
60	65.11	60.	63.	61. 3	76.12	109. 1	96.13	101.11
50	54.12	50.	52.8	51.	64.	90.14	80.10	84.12
40	43.13	40.	42.	40.13	51. 4	72.11	64. 8	67.13
30	32.13	30.	31.8	30.10	38. 7	54. 9	48. 6	50.14
20	21.15	20.	21.	20. 6	25. 9	36. 5	32. 4	33.14
10	10.15	10.	10.8	10. 3	12.12	16. 3	16. 2	16.15
9	9.13	9.	9.7	9. 3	11. 8	16. 6	14. 8	15. 4
8	8. 2	8.	8.6	8. 3	10. 4	14. 9	12.14	13.13
7	7.10	7.	7.5	7. 3	8.14	12.11	11. 3	11.14
6	6. 9	6.	6.5	6. 3	7.10	10.14	9.11	10. 2
5	5. 8	5.	5.4	5. 2	6. 6	9. 2	8. 1	8. 8
4	4. 6	4.	4.3	4. 0	5. 2	7. 5	6. 7	6.13
3	3. 5	3.	3.3	3. 0	3.14	5. 8	4.13	5. 1
2	2. 3	2.	2.2	2. 0	2. 8	3.10	3. 4	3. 7
1	1. 2	1.	1.1	1. 0	1. 4	1.13	1.10	1.11

Par avis : *les nombres qui se trouvent dans les Colomnes separés par des points, denotent les* livres & onces, *que je n'ay peu mettre du long, comme j'ay fait à la Colomne du poids de Paris, qui est du côté gauche : & là où il n'y a que des nombres sans separation, ce ne sont que des* livres *sans* onces.

Table des Reductions des Poids étrangers, à celuy de Paris.

Nombre des Poids.	*Poids de Londres, reduit A. C. D. P.*	*Poids de Amsterdam, reduit A. C. D. P.*	*Poids de Anvers, reduit A. C. D. P.*	*Poids de Hambourg, reduit A. C. D. P.*	*Poids de Lisbonne, reduit A. C. D. P.*	*Poids de Venise, reduit A. C. D. P.*	*Poids de Genes, reduit A. C. D. P.*	*Poids de Naples, reduit A. C. D. P.*
Livres.	Liv. onc.	Liv. onc.	Liv. onc.	Liv. onc.	Liv. onc.	Liv. onc.	Liv. onc.	Liv. onc.
1000	931. 4	1000.	952. 8	980. 8	782.	550.	619. 8	590.
900	821.15	900.	857. 4	882. 7	703.13	495.	557. 9	531.
800	730. 9	800.	762.	784. 6	625. 9	440.	495.10	472.
700	639. 4	700.	666.12	666. 6	547. 6	375.	433.10	413.
600	547.15	600.	571. 8	588. 5	469. 3	330.	371.11	354.
500	456.10	500.	476. 4	490. 4	391.	275.	309.12	295.
400	365. 5	400.	381.	392. 3	312.13	220.	247.12	236.
300	274. 0	300.	285.12	294. 2	234.10	165.	185.14	177.
200	182.11	200.	190. 8	196. 2	156. 6	110.	123.14	118.
100	91. 5	100.	95. 4	98. 1	78. 3	55.	61.15	59.
90	82. 3	90.	85.12	88. 3	70. 6	49. 8	55.12	53. 2
80	73. 1	80.	76. 3	78. 6	62. 9	44.	51. 9	47. 4
70	63.15	70.	66.11	68.10	54.11	38. 8	44. 6	41. 4
60	54.13	60.	57. 2	58.13	47.	33.	37. 2	35. 6
50	45.10	50.	47.10	49.	39. 1	27. 8	31.	29. 8
40	36. 8	40.	38. 2	39. 3	31. 4	22.	24.13	23.10
30	27. 6	30.	28. 9	29. 6	23. 7	16. 8	18. 9	17.12
20	18. 4	20.	19. 1	19.10	15.10	11.	12. 7	11.12
10	9. 2	10.	9. 8	9.13	7.13	5. 8	6. 3	5.14
9	8. 4	9.	8. 9	8.13	7. 1	4.15	5. 9	5. 5
8	7. 5	8.	7. 9	7.14	6. 4	4. 6	4.15	4.12
7	6. 6	7.	6.11	6.14	5. 8	3.14	4. 6	4. 3
6	5. 7	6.	5.11	5.15	4.11	3. 5	3.11	3. 8
5	4. 9	5.	4.12	4.14	3.14	2.12	3. 1	2.15
4	3.11	4.	3.13	3.14	3. 2	2. 3	2. 8	2. 6
3	2.12	3.	2.13	2.15	2. 5	1.10	1.13	1.12
2	1.13	2.	1.15	1.15	1. 9	1. 2	1. 4	1. 3
1	14 on.	1 liv.	15 on.	1 liv.	12 on.	9 on.	10 on.	9 on.

Les nombres contenus en chaque Colomne separés par des points, sont des livres & onces, *notées au haut d'icelles par* liv. onc. *& les nombres qui sont du côté gauche, peuvent servir à reduire tel poids que l'on voudra à celuy de Paris.*

INSTRUCTIONS GENERALES

Pour reduire par REGLE le poids de Paris, aux poids des principales Villes du Royaume, & Païs étrangers, afin d'avoir connoissance du plus au moins, & du moins au plus, en reduisant lesdits poids à celuy de Paris.

QUoy qu'au moyen des 4. Tables que je viens de donner, l'on puisse avec beaucoup de soulagement, & de facilité trouver les Reductions toutes faites, je n'ay pas voulu rester d'instruire les moins intelligens, de quelle maniere ils en doivent faire les Reductions au moyen de l'Arithmetique, & par la Regle de proportion, vulgairement appellée REGLE DE TROIS, composée de trois nombres qui en produisent un quatriéme que l'on ne connoît pas, dont l'utilité est tres-grande dans toutes les operations, sans laquelle elles ne se pourroient faire qu'avec peine & embarras, mais aussi ce qu'il y a de dangereux est, que le moindre défaut d'Arithmetique peut causer des erreurs & préjudices considerables, & c'est ce qui m'a donné sujet d'en composer des *Tables ou Reductions toutes faites*, lesquelles étant exactement calculées, l'on trouve en icelles tout fait ce qu'il faudroit faire avec peine & risque de se manquer de quelque Chiffre : enfin l'on connoîtra au moyen de la Regle susdite, les differences du plus au moins, & du moins au plus, y procedant en la maniere suivante.

Regles pour reduire les poids du plus au moins, & du moins au plus.

DU POIDS DE PARIS.

100.liv. du poids de Paris, sont égales a 100.liv. d Amst. & Bordeaux.

DU POIDS DE ROUEN.

100.liv. du poids de Paris . .	font 96. liv. 4. onc. .	à Roüen.
100.liv. du poids de Roüen . .	font 100. liv. . . .	à Paris.

Pour reduire par REGLE.

Dittes

Si 100.l. de Paris, font 96.l.4.onc. à Roüen, combien tant de Paris.

Ou bien

Si 100.l. de Roüen, font 104.liv. à Paris, combien tant de Roüen.

Il faut sçavoir qu'à Roüen, l'on se sert de deux sortes de poids, l'un que l'on appelle de vicompte, qui donne 4. livres de benefice sur 100. livres de l'autre poids, qui est le poids de *Marc*, & c'est celuy que l'on appelle *Quintal*, comme j'ay déja dit à la page 29.

DU POIDS DE LION.

100. l. du poids de Paris, font 116. liv. 4. onc. à Lion, & un peu plus.
100. l. du poids de Lion, font 86. liv. —— à Paris.

Pour reduire par REGLE.

Dittes

Si 100. liv. de Paris, font 116. l. 4. onc. à Lion, combien tant de Paris.

Ou bien

Si 100. liv. de Lion, font 86. l. —— à Paris, combien tant à Lion.

On se sert à Lion de deux sortes de poids, l'un que l'on appelle poids de Ville, où se vendent & pesent toute sorte de Marchandises & denrées, dont la livre ne pese que 14. onces du poids de Marc, & l'autre est le poids auquel l'on pese la soye, qui ne contient que 15. onces, & pour reduire le poids de Ville au poids de soye.

Dittes

Si 100. liv. du poids de Ville, font 100. l. du poids de soye, comb. &c.

Ou bien

Si 100. liv. du poids de soye, font 108. liv. poids de Ville, comb. &c.

DU POIDS DE MARSEILLE.

100. liv. du poids de Paris, font 123. liv. 8. onc. à Marseille.
100. liv. du poids de Marseille, font 81. liv. —— à Paris.

Pour reduire par REGLE.

Dittes

Si 100. liv. de Paris, font 123. liv. 8. onc. à Marseille, comb. &c.

Ou bien

Si 100. liv. de Marseille, font 81. liv. —— à Paris, combien &c.

J'ay dit à la page 28. que M^rs. Legendre, Barreme, & Peurrat, se sont trompés, lors qu'ils ont dit que le poids de Marseille, & celuy de la Rochelle, étoient égaux entr'eux, ce qui n'a jamais été, étans differends l'un de l'autre de 24. liv. 8. onc. par cent, comme l'on peut voir à la Table, de la page 32. & à la Table du rapport des poids, page 41.

DU POIDS DE BORDEAUX.

100. liv. du poids de Paris, font égales a 100. liv. de Bordeaux, &c.

DU POIDS DE LA ROCHELLE, ET NANTES.

100. liv. du poids de Paris, —— font 99. liv. à la Rochelle, &c.
100. liv. du poids de la Rochelle, font 101. liv. à Paris.

Pour reduire par REGLE.

Dittes

Si 100. liv. de Paris, font 99. liv. à la Rochelle & Nantes, comb. &c.

Ou bien

Si 100. liv. de la Rochelle, &c. font 101. liv. à Paris, combien &c.

Les deux poids de la Rochelle & Nantes sont égaux entr'eux, c'est pourquoy je les ay voulu mettre tous deux ensemble.

J'ay dit à la page 28. que Mrs. Legendre, Barreme & Pourrat, se sont trompés, lorsqu'ils ont dit que le poids de la Rochelle, & celuy de Marseille étoient égaux, ce qui n'est point, étans differens l'un de l'autre de 24. liv. 8. onc. par cent, comme l'on peut voir à la Table de la page 32.

DU POIDS DE TOLOSE.

100. l. du poids de Paris, font 118. l. à Tolose, & Haut-Languedoc.
100. l. du poids de Tolose, font 84. l. 12. onc. à Paris.

Pour reduire par REGLE.

Dittes

Si 100. liv. de Paris, font 118. l. à Tolose, &c. comb. tant de Paris

Ou bien

Si 100. liv. de Tolose, &c. font 84. liv. 12. onc. comb. &c. à Tolose.

Par avis : le poids de Tolose est different de celuy d'Avignon & Montpelier, de 2. a 3. livres par cent, quoy que quelques Auteurs les ayent voulû faire égaux entr'eux; ce qui est dit à l'égard du poids de Paris, se doit aussi entendre pour le poids de Bordeaux & d'Amsterdam.

DU POIDS DE GENEVE.

100. liv. du poids de Paris, font 89. liv. —— à Geneve.
100. liv. du poids de Geneve, font 112. liv. 6. onc. à Paris.

Pour reduire par REGLE.

Dittes

Si 100. liv. de Paris, font 89. liv. à Geneve, combien &c.

Ou bien

Si 100. liv. de Geneve, font 112. liv. 6. on. à Paris. combien &c.

Lors qu'il y a des onces avec des livres, pour bien faire la Regle, il faut reduire les livres en onces, en multipliant par 16.

DU POIDS DE LONDRES.

100. liv. de Paris , font 109. liv. 8. onc. à Londres.
100. liv. de Londres , font 91. liv. 5. onc. à Paris , & un peu plus.

Pour reduire par REGLE.

Dittes

Si 100. liv. de Paris , font 109. liv. 8. onc. à Londres , comb. &c.

Ou bien

Si 100. liv. de Londres , font 91. liv. 5. onc. à Paris , combien , &c.

100. liv. de Londres , font 94. liv. à S. Malo , & les 100. liv. de S. Malo , font 106. liv. 5. onc. à Londres.

DU POIDS D'ANVERS.

100. liv. de Paris , font 105. liv. —— à Anvers.
100. liv. d'Anvers , font 95. liv. 4. onc. à Paris.

Pour reduire par REGLE.

Dittes

Si 100. liv. de Paris , font 105. liv. à Anvers , combien , &c.

Ou bien

Si 100. liv. d'Anvers , font 95. liv. 4. onc. à Paris , combien , &c.

DU POIDS D'AMSTERDAM.

100. liv. de Paris, font égales à 100. liv. d'Amsterd. & Bordeaux, &c.

DU POIDS DE HAMBOURG.

100. liv. de Paris , —— font 102. liv. —— à Hambourg.
100. liv. de Hambourg , font 98. liv. 1. onc. à Paris.

Pour reduire par REGLE.

Dittes

Si 100. liv. de Paris , font 102. liv. de Hambourg, combien , &c.

Ou bien

Si 100. liv. de Hambourg, font 98. liv. 1. onc. à Paris, combien, &c.

DU POIDS DE LISBONNE.

100. liv. de Paris, —— font 128. liv. —— à Lisbonne.
100. liv. de Lisbonne , font 78. liv. 3. onc. à Paris.

Pour reduire par REGLE.

Dittes

Si 100. liv. de Paris , font 128. liv. de Lisbonne , combien, &c.

Ou bien

Si 100. liv. de Lisbonne , font 78. liv. 3. onc. à Paris , combien, &c.

25. liv. de Paris , ---- font 32. liv. à Lisbonne, qui est une Arobe.
32. liv. de Lisbonne , font 25. liv. à Paris, qui valent une Arobe.

DU POIDS DE VENISE.

100. liv. de Paris, -- font 181. liv. 12. onc. à Venise, un peu moins.
100. liv. de Venise, font 55. liv. —— à Paris.

Pour reduire par REGLE.

Dittes

Si 100. liv. de Paris, font 181. liv. 12. onc. à Venise, combien, &c.

Ou bien

Si 100. liv. de Venise, font 55. liv. —— à Paris, combien, &c.

DU POIDS DE GENES.

100. liv. de Paris, --- font 161. liv. 5. onc. à Genes, un peu moins.
100. liv. de Genes, -- font 61. liv. 15. onc. à Paris, un peu moins.

Pour reduire par REGLE.

Dittes

Si 100. liv. de Paris, font 161. liv. 5. onc. à Genes, combien, &c.

Ou bien

Si 100. liv. de Genes, font 61. liv. 15. onc. à Paris, combien, &c.

DU POIDS DE NAPLES.

100. liv. de Paris, -- font 169. liv. 8. onc. à Naples.
100. liv. de Naples, font 59. liv. —— à Paris.

Pour reduire par REGLE.

Dittes

Si 100. liv. de Paris, font 169. liv. 8. onc. à Naples, combien &c.

Ou bien

Si 100. liv. de Naples, font 59. liv. —— à Paris, combien, &c.

Il faut observer que cette Reduction n'est pas si juste, que sur un grand nombre, l'on ne puisse trouver quelque chose de plus ou du moins; mais c'est la commune Reduction, & la plus juste que l'on puisse trouver.

Aprés avoir donné des Tables ou *Reductions toutes faites*, & le moyen de les faire par la Regle de Trois, j'ay voulu donner cy-contre, une Table du rapport & correspondance des poids des principales Villes de l'Europe, les uns aux autres, au moyen de laquelle l'on trouvera avec facilité, quel rapport il y a du poids d'une Ville à celuy d'une autre, comme l'on pourra juger par icelle.

Table

Je ne fais point mention en cette Table des poids des Villes de Bordeaux & Amsterdam, parce qu'ils sont égaux à celuy de Paris, ainsi lors que l'on voudra sçavoir le rapport du poids desdittes Villes; il faut se regler par la Colomne du poids de Paris, ce qui sera par avis.		*Poids de Paris.*	*Poids de Roüen.*	*Poids de Lion.*	*Poids de Marseille.*	*Poids de la Rochelle, & Nantes.*	*Poids de Tolose, & Languedoc.*	*Poids de Geneve.*	*Poids de Londres.*	*Poids d'Anvers.*	*Poids de Hambourg.*	*Poids de Lisbonne.*	*Poids de Venise.*	*Poids de Genes.*	*Poids de Naples.*
		Liv.onc.	Liv.onc.	Liv.onc.	Liv.onc.	Liv.onc.	Liv.onc.	Liv.onc.	Liv.onc.	Liv.onc.	Liv.onc.	Liv.onc.	Liv.onc.	Liv.onc.	Liv.onc.
100 livres du poids de Paris	font égales A.	100.	96. 4	116. 4	121. 8	99.	118.	89.	109. 8	105.	102.	128.	181.12	161. 5	169. 9
100 livres du poids de Roüen	font égales A.	104.	100.	120.1[illegible]	128. 6	103.	122.10	92.12	11[illegible].	109. 4	106.	133.	189.	167.12	176. 4
100 livres du poids de Lion	font égales A.	86.	82.12	100.	106. 5	85.	101. 8	79. 6	94. 2	90. 4	88.	110.	166. 4	138.12	145.12
100 livres du poids de Marseille	font égales A.	81.	78.	93.	100.	80.	95. 8	75.	88. 8	85.	82.12	103.8	157.	130. 8	137.
100 livres du poids de la Rochelle & Nantes . .	font égales A.	101.	97. 3	117. 6	124. 8	100.	119. 3	89.11	110.10	106.	103.	129.4	183. 8	163.	171.
100 livres de Tolose, & haut Languedoc . .	font égales A.	84.12	81. 8	98. 8	104. 4	83.12	100.	78. 8	93.	89. 4	86.12	108.8	164. 4	137.	14[illegible].
100 livres du poids de Geneve	font égales A.	112. 6	105.	130.	131.	108.12	129.	100.	123.	118.	115.	143.8	201. 8	181.	188.
100 livres du poids de Londres	font égales A.	91. 5	87. 8	105.12	111.12	90.	107. 4	81.	100.	95.12	92.12	116.8	165. 8	147.	154. 4
100 livres du poids d'Anvers	font égales A.	95. 4	91. 8	110. 4	117. 8	94.	111.12	84. 8	104.	100.	97.4	121.4	172.12	153. 4	161.
100 livres du poids de Hambourg	font égales A.	98. 1	94. 5	113.14	121.	97.	115.12	87. 6	106.11	102.14	100.	125.8	178. 2	158.	166. 4
100 livres du poids de Lisbonne	font égales A.	78. 3	75.	90.12	96. 8	77. 8	92. 4	69.12	85.	82.	79.12	100.	141.12	126.	132. 4
100 livres du poids de Venise	font égales A.	55.	53.	64.	6[illegible].14	54. 8	64.14	49.	60. 4	57.12	56. 2	70.6	100.	88.12	93. 4
100 livres du poids de Genes	font égales A.	61.15	59.12	72.	76. 8	61. 8	73.	55.	67.12	65.	63. 4	79.4	112.12	100.	105. 4
100 livres du poids de Naples	font égales A.	59.	57.	68. 8	71. 6	58. 8	69. 8	52.10	64. 8	62.	60. 4	75.8	107. 4	95. 4	100.

Au moyen de cette Table, l'on trouvera avec facilité quel rapport il y a du poids d'une Ville ou Païs, à celuy d'un autre; comme par Exemple, si l'on veut sçavoir, combien font 100. *liv. du poids de Paris à Londres, regardés du côte gauche où vous trouverés* 100. *liv. de Paris, & suivant le long de la ligne jusques au rencontre de la Colomne, en laquelle est noté le poids de Londres, vous trouveres* 109. 8. *c'est à dire, que les* 100. *liv. de Paris, font* 109. *liv.* 8. *onc. à Londres, & pratiquant la même maniere, vous trouverés que les* 100. *liv. de Londres, ne font que* 91. *livre* 5. *onces à Paris, & l'on faira ainsi pour tous autres poids contenus en cette Table.*

Comme les Colomnes sont étroites, je n'ay peu noter les livres & onces tout du long; c'est pourquoy je me suis contenté de noter au haut d'icelles, liv. onc. *qui signifient* livres *&* onces, *ainsi lors que l'on trouvera dans lesdites Colomnes des nombres separés par des points, cella denotera des* livres *&* onces; *& là ou il n'y aura que des nombres sans être separés, ce ne sera que des livres de* 16. *onces chaqu'une, cette Reduction ne peut pas être si juste, que sur un grand nombre l'on ne puisse trouver quelque chose de plus ou de moins, mais c'est la commune Reduction & la plus juste que l'on puisse trouver; à moins que de se servir d'un grand nombre de fractions, qui embarasseroit ceux qui ne les entendent pas.*

TABLE DU RAPPORT, ET CORRESPONDANCE DES POIDS

DES PRINCIPALES VILLES DE l'Europe, les uns aux autres.

CHAPITRE V.

DES CHANGES DE FRANCE, dans les Païs étrangers, & des correſpondances neceſſaires en iceluy, pratiqués reciproquement d'une place à l'autre.

AYant traité dans les Chapitres precedens, des Meſures pour les *Corps étendus*, pour les *Corps Liquides*, pour les *Meſures Rondes*, à meſurer les grains, & des poids qui ſervent au commerce; & donné des Tables pour en trouver les *Reductions toutes faites*, (ſans addition, & avec addition) & pour le rapport qu'il y a des unes aux autres, enſemble des Inſtructions generales pour faire par Regle leſdites Reductions, j'ay voulu traiter dans ce Chapitre, & dans les ſuivans, de ce qui concerne le commerce des Lettres de change; comme il ſe pratique en la plus grande partie des Villes de *France*, qui ſont conſiderables, par les Traites ou Remiſes qui ſe font journellement avec les Païs étrangers.

Des Changes qui ſe font directement de France en Angleterre, & d'Angleterre en France.

Avant de paſſer outre, j'ay eſtimé devoir dire que les *Traites*, & *Remiſes*, ſe font directement de *France* en *Angleterre*, & *d'Angleterre* en *France*, ſans qu'il ſoit neceſſaire d'avoir correſpondance avec d'autres Royaumes & Etats (comme je diray cy-aprés, que les peuples des autres Royaumes & Etats ſont obligés d'avoir) c'eſt pourquoy, je commenceray à traiter dans le Chapitre VIII. des *Changes* qui ſe font de *France* en *Angleterre*, & *d'Angleterre* en *France*, donnant à cét effet les *Reductions* ou *Changes tous faits*, en 24. Tables par une tres-belle invention, ſoit par addition, ou ſans addition, en telle ſorte que ceux qui n'auront jamais ſçeu ce que c'eſt que du *Change* ou *Reductions des Monnoyes* d'un Païs à l'autre, l'apprendront par le moyen deſdites Tables, auſſi bien que ceux qui l'ont pratiqué pendant tout le temps qu'il y a qu'ils ſont commerce; Enſuite deſdites Tables, je donne les Inſtructions generales pour faire les mêmes Reductions par la Regle de Trois, tant pour ſervir de preuve aux Reductions desdites Tables, qu'afin que les moins intelligens les sçachent faire; mais avant que de venir ausdites Tables, j'en donne une pour les Tarifs, par le moyen de laquelle l'on peut voir les profits, ou pertes qui se peuvent faire sur la monnoye d'un Païs à l'autre, suivant le cours du Change, ayant composé les unes & les autres Tables avec toute *l'Exactitude* possible : & s'il s'y trouve des fautes, l'on peut les imputer au défaut de l'Imprimeur & non au mien.

En second lieu, je traiteray dans le Chapitre IX. des changes qui se font journellement de *France* en *Hollande*, *Flandres*, *Brabant*, & *Zelande*, par une belle correspondance, donnant aussi à cét effet les *Reductions toutes faites* en 36. Tables, & outre cela une Table des Tarifs, & le moyen de faire les Reductions par la Regle de proportion vulgairement appellée Regle de Trois, le tout par les mêmes raisons alleguées au Chapitre precedent, que je ne repeteray pas, & que l'on pourra voir audit Chapitre, & aux Instruction generales, où je renvoye le Lecteur.

Des correspondances necessaires en fait des Changes.

Et comme la plus part des Villes de *France*, n'ont pas des correspondances directement dans les Royaumes & Etats étrangers, pour y faire les *Changes*, sans en avoir en quelque Ville du Royaume, ou Païs étranger, je n'ay pas voulu en composer des Tables, comme j'ay fait à l'égard des *Changes* de *France*, en *Angleterre*, *Hollande*, *Flandres*, *Brabant* & *Zelande*, & desdits Païs en *France*; cela nous étant inutile, me contentant de faire voir de quelle maniere l'on doit faire les Regles pour les Reductions de la Monnoye, comme pour le *Change* de *France*, en *Espagne*, *Portugal*, *Hambourg*, *Francfort*, *Venise* & *Rome*, qui sont les Royaumes, Etats & Republiques, avec lesquels (aprés l'Angleterre, la Hollande, Flandres, Brabant & Zelande) l'on negocie le plus en matiere du Change; mais cela ne se pratique pas directement (comme j'ay déja dit.) Il faut à cét effet, pour les Traites & Remises qui se font avec l'Espagne, Portugal, Hambourg, & Francfort, & autres Païs du Nord, que l'on aye correspondance à Amsterdam, où à Anvers; & pour Venise il en faut avoir à Lion: Que si l'on veut tirer, ou remettre des sommes en Italie, il faut aussi avoir correspondance audit Lion, qui a les siennes à *Genes*, *Milan*, *Boulougne*, *Florence*, *Rome*, & autres Villes *d'Italie*. Pour le Levant, on doit avoir correspondance à Marseille, qui a les siennes à *Smirne*, à

Qu'il faut avoir correspondance à Amsterdam & autres Villes.

Alep, & à *Constantinople*, & ceux là, en ont en *Perse*, & autres Etats de *l'Asie*.

J'ay aussi jugé à propos, être tres-necessaire d'instruire les moins intelligens en la connoissance des *Changes*, ou *Reductions* des *Monnoyes* d'un Païs a l'autre, pour connoître les profits ou pertes, qui se peuvent faire sur les Traites ou Remises qui se font journellement, & particulierement dans tous les lieux de l'Europe, où il y a *Place*, ou *Bource*, pour la commodité du Commerce, ce qui est tres-important que les Banquiers, Marchands & Negocians, sçachent pour les raisons sus alleguées.

Le *Change* de Paris, Lion, Roüen, Bordeaux, la Rochelle, Nantes, & autres bonnes Villes du Royaume, qui font un Commerce considerable, se regle ordinairement suivant le cours du Change de *Londres*, *Amsterdam*, ou *Anvers*, sur un écu de 60. sols tournois; lequel Change est tantôt à un prix, & tantôt à un autre, comme je feray voir cy-aprés.

Que le Change des principales Villes du Royaume, se regle sur le cours du Change de Londres, Amsterdam, & Anvers.

Comme la Ville d'Amsterdam (Capitale de la Hollande) est celle qui a plus de correspondances avec les Païs étrangers qu'aucune autre, je feray voir au Chapitre X. de quelle maniere les Changes se font de ladite Ville sur les Royaumes & Etats étrangers, afin que ceux qui font Commerce des Lettres de Change, puissent se regler sur iceux, pour les Reductions d'un Païs à l'autre.

CHAPITRE VI.

TERMES USITEZ EN FAIT du Change, & Explication d'iceux.

AVant que de traiter amplement des Changes de *France* en *Angleterre*, *Hollande*, *Flandres*, *Brabant* & *Zelande*, & desdits Païs en *France*, j'ay crû être necessaire d'expliquer les principaux termes desquels l'on a accoûtumé de se servir dans le Commerce, afin que les moins intelligens en puissent avoir connoissance : aprés quoy, je donneray des modelles de quelques Lettres de Change en Argent, & de ce qui les concerne, le tout avec autant de briéveté qu'il me sera possible.

Reduction. Je commenceray par le terme de *Reduction*, qui ne signifie autre chose, que l'évaluation d'une monnoye, à la valeur d'une autre qui luy est differente.

Change. *Change*, en matiere des Lettres de Change, ne signifie autre chose que de changer de l'Argent, qu'un Banquier, Marchand ou Negociant, a dans une Ville, & le donner à reçevoir à un autre qui y en a besoin, & qui ny en a point, pour pareille somme qu'il luy donne en échange dans la Ville de sa residence d'où la Lettre est tirée; cét échange leur est également avantageux, parce que celuy qui aura de l'Argent dans une Ville, sans cette commodité seroit obligé de le faire venir en espece par des Messagers, ou Rouliers, & celuy qui en auroit besoin dans la même Ville pour faire ses affaires, seroit aussi obligé de l'y faire voiturer du lieu de sa residence.

Origine du Change. Le mot de *Change* selon plusieurs anciens & modernes, prend son nom de son changement & de son inégalité, changeant & variant perpetuellement, selon l'abondance & la rareté de l'Argent, tantôt il est haut, & tantôt il est bas, quelquefois il y a à gagner, & quelquefois à perdre, & quelquefois il est au pair; c'est à dire qu'il ny a rien à perdre ny à profiter entre les Camboistes, ainsi c'est un changement continuël qui se rencontre dans le Commerce des Lettres de Change.

Il faut remarquer que la differente loy des especes d'un Païs à un autre, est ce qui fait la difference du *Change*, & selon qu'il se trouve haut ou bas. *Par exemple* : un Banquier, Marchand ou Negociant, veut remettre à Londres un écu monnoye de France valant 60. sols, ou 3. livres tournois, il n'y recevra que 56. deniers Sterlins, qui valent 46. sols, 8. deniers (supposé que le Change fût audit prix) parce qu'il varie toûjours, (comme j'ay dit cy-dessus,) & qu'il faut 72. deniers Sterlins pour faire un écu, qui sont 3. livres tournois, ainsi il perdra 13. sols 4. deniers sur un écu, qui est 23. livres 6. sols 8. deniers pour cent, pour le Change, la raison en est, que les especes sont plus basses en *Angleterre*, qu'en *France* : il en va de même pour les *Traites* & *Remises*, qui se font dans les autres Païs étrangers où l'Argent est plus bas qu'en France; Que si toutes les especes & monnoyes étoient à même loy dans tous les Etats de l'Europe qu'elles sont en France, le Change seroit au *Pair*, c'est à dire que l'on donneroit un écu, en une Ville de France, pour en reçevoir un autre de pareille valeur dans les places étrangeres, ainsi il n'y auroit profit, ny perte de part & d'autre, & tout le profit, ou toute la perte du Change se reduiroit selon l'abondance, ou la rareté de l'Argent qui se rencontreroit dans les lieux, ou se feroit les Traites & Remises.

La difference des monnoyes d'un Païs à l'autre, cause celle du change.

Raison pourquoy.

Ce que c'est que le Pair.

Traite ou *Traites*, se prend pour les Lettres de Change que les Banquiers, Marchands & Negocians, tirent sur leurs correspondans, pour *Payer* pour eux le contenu en une Lettre de Change, & c'est proprement un ordre pour *Payer*.

Traites.

Remise ou *Remises*, se prend pour les Lettres de Change que les Banquiers, Marchands & Negocians, remettent & envoyent à leurs correspondans pour *reçevoir* pour eux le contenu en une Lettre de Change, & c'est proprement un ordre pour *reçevoir*.

Remises.

Lettres de Change. C'est l'Instrument avec lequel se fait le Change; c'est pourquoy on l'appelle Lettre de Change, parce que l'on change l'Argent avec des lettres, & des lettres avec l Argent; ces sortes de lettres ne sont proprement que des Billets écrits en peu de

Par qui elles furent inventées. paroles & de substance, que la necessité aprit aux Juifs d'inventer, lors qu'ils furent chassés de France, sous les Regnes de plusieurs de nos Rois, & par ce moyen ils retirerent tous leurs effets pardevers eux.

Je donneray cy-aprés des formulaires de diverses sortes de Lettres de Change, valeur seulement en Argent, afin que les moins intelligens sçachent la maniere de les bien dresser.

Usance. *Usance* ou *Uso*, n'est que le temps de 30. jours, quoy que les mois ayent plus ou moins de jours, deux *Usances*, deux mois, & ainsi des autres, suivant l'Ordonnance du mois de Mars 1673. tit. 5. art. 5.

Usance d'Espagne & Portugal de 2. mois. Les Usances se content du jour de la date de la lettre, le jour échoit à certain jour, les Usances de France en Espagne & Portugal, sont de deux mois, & double Usance de quatre mois.

Acceptez. *Accepter* ou *Acceptation*, en matiere du Change, signifie l'engagement auquel on s'oblige de payer une Lettre de Change; voyés à la page 56. & 57.

Excompte. *Excompte*, est le rabais & la diminution convenuë à faire au Debiteur, s'il paye avant l'écheance.

Rechange. *Rechange*, c'est quand un porteur de Lettre de Change, n'étant pas payé de la somme portée par la Lettre de Change, emprunte de l'Argent, ou en prend au change de la Ville où il en devoit reçevoir; où il prend une Lettre de Change & sur protest, pour lequel emprunt il paye le Change, qui étant joint au premier fait deux Changes, & c'est proprement ce qu'on appelle *Change* & *Rechange*, que le Porteur a droit de repeter sur le Tireur; le premier par une espece de peine, & le second pour restitution, qui se doit sur le pied que l'Argent vaut sur la place dans le temps.

Change & Rechange.

Banque d'Amsterdam. *Banque* ou *Banco*, est une caisse perpetuelle & assurée; celle qui est établie à Amsterdam est un dépôt que les Banquiers, Marchands & Negocians, ont fait de leur Argent és mains des Bourguemestres; le fonds de laquelle est par fois de trois mille tonnes d'Or, chaque tonne d'Or étant estimée cent mille florins, ce que j'en dis est sur le rapport qui m'a été fait par le sieur Isaac Adam (qui a cy-devant tenu les livres de la Banque de lad. Ville, lequel fût envoyé (il y'a 10. ou 12. ans à Suratte par les interessés de la Compagnie Royalle de France, pour les Indes, où il a resté diverses années) qui ma dit, que du temps qu'il tenoit les livres de ladite Banque, que le fonds d'icelle étoit contenû en dix mille caisses ferrées, à chacune desquelles il y avoit trente mille florins, où personne ne touchoit que lors que la necessité de la Ville, ou des Etats de Hollande, en pouvoit avoir besoin.

De quel fonds est composée la Banque d'Amster. dam.

Il faut sçavoir que les Lettres de Change, (& les Marchandises qui s'achetent de la Compagnie des Indes Orientales en Hollande) se payent à Amsterdam en monnoye de Banque, qui vaut 3.4. ou 5. pour cent, plus que la monnoye de caisse, ou monnoye courante.

Les Lettres de Change se payent en monnoye de Banque, differente de celle de caisse.

Ceux qui n'ont pas d'Argent en Banque, lors qu'ils sont obligés de payer des Lettres de Change, ou des Marchandises achetées de ladite Compagnie, en peuvent acheter d'une personne qui y en a, suivant le cours qu'il vaut plus que la monnoye de caisse ou courante de 3. 4. ou 5. pour cent, (comme j'ay déja dit) & l'on appelle ce plus *Agio*, duquel je feray mention cy-aprés; mais il faut prendre garde de ne donner pas plus à reçevoir en Banque qu'il ny est deû, car l'on condamneroit à l'amende.

A Venise, on l'appelle *Banco del Giro*, ainsi appellée à cause des tours que l'Argent fait incessament en icelle, veu qu'il s'y fait (aussi bien qu'en celle d'Amsterdam) à tous momens des payemens en changeant seulement les parties de nom, de sorte que les sommes y roulent & changent de main sans sortir des coffres du Prince; c'est ainsi qu'ils appellent ordinairement la Republique, qui en demeure garant, & qui paye outre cela les appointemens des Officiers qui tiennent les livres.

Banco del Giro de Venise.

A Venise l'on entend par le Prince la Republique.

Si quelqu'un des interessés a besoin de son fond ou d'une partie, il y a toujours dans les coffres de la Banque du comptant tout prêt pour l'acquitter : mais comme on estime beaucoup plus ces sortes d'effets que l'Argent comptant, à cause de la commodité qu'il y a de le Negocier seurement sans rien debourcer, il se trouve des personnes toujours prêtes à y acheter des sommes à interêt, quoy que ce fond n'en

5. millions de Ducats, font 12. millions 500. mille

Livres en France sans comprendre ce que la monnoye de Banque faut plus que la monnoye de caisse.

produise aucun, & cella se fait a cause que ce fond étant fixé à cinq millions de Ducats, tout le monde n'est pas reçeu a y donner son Argent.

La seureté de ces Banques est inviolable & d'un admirable avantage pour le Commerce, & l'on juge ordinairement de la richesse des Banquiers, Marchands & Negocians, par les sommes qu'ils ont dans icelles : & ceux dont les familles ne sont pas tout à fait connuës, n'ont ordinairement de credit qu'autant qu'on leur voit de fond sur les livres de la Banque : l'administration d'icelles est si fidelle, que s'il se trouvoit quelque dissipation par la malversation des Officiers publics, les Republiques en doivent faire le remboursement de leurs propres deniers.

Banque de Hambourg & de Genes.

Je ne diray pas de quel fonds est composée la *Banque* de *Hambourg*, pour n'en être pas bien instruit, n'ayant trouvé personne du lieu qui me l'aye sçeu dire, seulement je sçay que la monnoye de Banque, vaut de *6.* 7. a 8. pour cent plus que la monnoye de caisse, je ne parle point aussi de la Banque de Genes, j'en traiteray dans mon autre Ouvrage.

Agio de Banque, (duquel terme l'on se sert à Amsterdam & à Hambourg) ne signifie autre chose que *Age*, ou *Change*, qui est le profit (ou interêt) que donne une monnoye plus qu'une autre, comme celle de *Banque* a celle de *Casse*, ce qui est important que les Banquiers, Marchands & Negocians sçachent, lesquels je renvoye au Chapitre XI.

Banquier.

Banquier, le mot de Banquier vient de ce qu'anciennement dans toute l'Italie le Change, & le Commerce d'Argent, se faisoit en place publique, & que ceux qui negocioient ces sortes d'affaires avoient des Bancqs, sur lesquels ils comptoient leur Argent, & écrivoient les Lettres & Billets de Change, c'est pourquoy ils étoient appellés Banquiers, & quand quelqu'un de ces Negocians d'Argent avoit fait mal ses affaires, & qu'il ne revenoit plus à la place faire le Commerce d'Argent, on disoit, le Bancq d'un tel est rompû, c'est la raison pour laquelle on les appelle Banqueroutiers.

Le

Le mot de Banquier est comprins sous le terme de Marchands ou Negocians : la raison en est, que le mot de Negociant renferme tous ceux qui traitent & font Commerce de Marchandise & d Argent, la Banque étant un Commerce d'Argent. Banquier est comprins sous le terme de Marchand & Negociant.

Marchand, c'est la personne qui Change & permute des Marchandises, les échanges & les Commerce ayant commencé par la Marchandise, la langue Françoise ne nous donne pas l Ethimologie du mot *Marchandise*, mais la Latine nous fournit le mot *Merx*, pour signifier l'espece, & *Mercatura*, pour signifier l'action. Marchand.

Negociant ou *Negoce* vient du mot Latin *Negocium*, *est quasi negans otium*, qui signifie la surveillance & vigilance qu'il faut toûjours avoir pour les affaires du Commerce, où il y a à veiller, & à travailler : l'un signifie l'espece, & l'autre l'action. Il faut noter comme j'ay déja dit cy-dessus, que le mot de *Negociant* renferme celuy de *Banquier*, & de *Marchand*. Negociant

Argent Courant ou *Monnoye Courante*, ou de *Caisse* ne signifie autre chose que l'Argent & la monnoye qui a cours, & duquel on se sert ordinairement dans les Royaumes & Etats, & qui vaut moins que la monnoye de *Banque*, par les raisons alleguées en traitant de l'*Agio* de Banque. Argent courant ou monnoye de caisse.

Agens de *Banque* & de *Change*, sont les entremeteurs publics du Commerce des Lettres, & Billets de Change, lesquels doivent justifier de ce qu'ils ont negocié ; leurs livres aussi bien que leurs personnes sont creüs en Justice, sans quoy les Banquiers Marchands & Negocians n'auroient à faire de leur entremise : il y a divers lieux où l'on ne s'en sert point, les Banquiers, Marchands & Negocians, faisant leurs Negociations sans eux. Agens de Banque & de Change qui sont aussi nommez Courretiers ; & leurs livres sont creus en Justice.

Leurs droits se payent également, par celuy qui donne une Lettre de Change ou Billet, & par celuy qui la reçoit, qui est d'ordinaire un huitiéme pour cent, c'est à dire le huitiéme de vingt sols qui est 2. sols 6. deniers pour cent livres. Les droits se payent par les 2. parties.

A Lion ils ont ordinairement quarante sols pour trois mille livres, en d'autres lieux, ils ont plus ou moins suivant les coûtumes des Païs : on les nomme en divers endroits *Courrettiers*, & en Provence *Sençal*.

Le Pair.

Le *Pair*, en terme de Change, signifie bailler une somme, pour une autre, qui vous doit être contée sans payer, ny reçevoir nul benefice, ou profit pour le Change d'icelle.

Protest.

Protest, est proprement l'Acte de sommation que les porteurs des Lettres de Change font à ceux sur qui elles sont tirées, d'accepter, ou de payer icelles, protestant en cas de refus de tous dépens, dommages & interêts, contre tous ceux qui ont interêt à la Lettre de Change, même de prendre d'Argent à Change s'il est necessaire.

Cét Acte se fait ordinairement, par un ou deux Notaires, même par un Huissier ou Sergent, avec deux records suivant l'Ordonnance du mois de Mars 1673. tit. 5. art. 8.

Protest faute d'acceptation & à suite faute de payement.

Il se fait des Protestations, faute d'acceptation, & à suite faute de payement; mais cette derniere ne se doit faire qu'apres les dix jours de faveur portés par la susdite Ordonnance tit. 5. art. 4. autrement l'on en court les risques.

Des dix jours de faveur, & pourquoy ils sont accordés.

Dix jours de faveur, est un temps que l'honnêteté des Banquiers, Marchands & Negocians a voulû introduire dans le Commerce des Lettres de Change, pour faciliter les affaires, & donner temps à ceux qui ont tiré les lettres de faire tenir des provisions, & à l'accepteur de les reçevoir pour l'acquittement d'icelles; ainsi comme j'ay dit cy-dessus, on n'est pas en droit de protester une Lettre de Change qu'aprés les dix jours de l'écheance.

Bource, Place ou Marché.

A la Rochelle on l'appelle le Canton.

Bource, *Place* & *Marché*, sont mots anonimes signifians même chose, & c'est aux Villes de grand Commerce, le lieu ou rendez-vous des Banquiers, Marchands, & Negocians, agens de Change & de Banque, Courrettiers & autres personnes, exerçans le Commerce, où ils se rendent à certaines heures du jour pour y travailler aux affaires du Commerce.

L'Origine & Ethimologie du mot de *Bource*, vient de Bruges en Flandres, où les Marchands s'assembloient en une place, au bout de laquelle, il y avoit une belle maison, bastie par une noble famille de la Bource, sur la porte de laquelle étoient representées trois Bources pour Armes, & à cause de cette maison & Armes, cette place prit le nom de Bource, & ensuite de semblables Places ont été appellées Bources, comme à Amsterdam, Anvers, Londres, &c.

Ethimologie du mot de Bource.

Bource, signifie aussi le lieu où s'administre la jurisdiction consulaire des Juges & Consuls de la Bource, établie par Charles IX. en l'Année 1563.

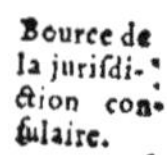

Bource de la jurisdiction consulaire.

CHAPITRE VII.

FORMULAIRES DE QUELQUES Lettres de Change valeur en deniers comptans, avec les Instructions necessaires au sujet d'icelles.

AYant expliqué au Chapitre precedent les termes les plus usités en fait du Change : je feray voir en ce Chapitre de quelle maniere les moins intelligens : doivent dresser les Lettres de Change valeur en deniers comptans tant seulement ; & ensuite les Instructions necessaires à ce sujet.

Premiere Lettre de Change a deux Vsances sur l'Angleterre.

A Bordeaux ce 4. Mars 1686. pour 1000. écus a 56. deniers Sterlins par écu.

A *Deux Vsances, il vous plaira payer (ou payés) par cette ma premiere Lettre de Change ; la seconde ne l'étant à* N. N. *ou ordre, mille écus, à cinquante-six deniers Sterlins par écu, valeur reçeuë, comptant de* N. N. *que passerés suivant l'avis de*

Vôtre tres-obeïssant Serviteur
N. N.

A MONSIEUR,
Monsieur N. N. Marchand à Londres.

Seconde Lettre.

A Bordeaux ce 4. Mars 1686. pour 1000. écus a 56. deniers Sterlins par écu.

A *Deux Vsances, il vous plaira payer (ou payés) par cette ma seconde Lettre de Change, ma premiere ne l'étant, à* N. N. *ou ordre mille écus, a cinquante-six deniers Sterlins par écu, valeur reçeuë, comptant de* N. N. *que passerés suivant l'avis de*

Vôtre tres-obeïssant Serviteur
N. N.

A MONSIEUR,
Monsieur N. N. Marchand à Londres.

Ce formulaire de premiere & seconde Lettre de Change, peut servir pour toutes autres sortes de Lettres de Change que l'on peut tirer sur les Païs étrangers, en changeant seulement les monnoyes, comme par Exemple.

Aux Lettres que l'on tire sur la Hollande, Flandres, Brabant & Zelande, on mettra par Exemple, (au lieu des deniers Sterlins que j'ay mis, en celles sur l'Angleterre) 1000. écus a 98. deniers de gros par écu, ou plus ou moins de deniers de gros, suivant le cours du Change.

Le Lettres se tirent sur la Hollande, F. B. & Z. par denier de gros.

Si l'on tire sur Hambourg (au lieu des deniers Sterlins) on mettra par Exemple 1000. écus a 47. sols lubs par écu, plus ou moins selon le cours du Change.

Et sur Hambourg par sols lubs.

On peut pratiquer la même chose à l'égard du Change qui se peut faire sur les autres Païs ; comme cy-aprés au Chap. X.

Il faut observer que lors que ceux d'Angleterre, Hollande, Flandres, Brabant, Zelande, Hambourg & autres, tirent sur nous, qu'ils forment les Lettres de Change dans les mêmes termes que les formules que j'ay donnés cy-dessus : la seule difference qu'il y a, c'est qu'au lieu que nous mettons de payer tant de deniers Sterlins, deniers de gros, ou sols lubs pour un écu, ils mettent, de payer tant d'écus de soixante sols piece, sans dire dans icelles à combien de deniers Sterlins, deniers de gros, ou sols lubs, ont été faites les Traites ou Remises.

Les Traites de ceux des Païs étrangers se font sur la France par écus de 60. sols.

Il faut que je die encore que la date de laquelle les Anglois, & les Hambourgeois, se servent en leurs Lettres, differe de 10. jours de la nôtre, à cause qu'ils suivent le Calendrier Julien, aussi bien qu'en toute l'Allemagne, & à Geneve, & en Suisse ; en France, nous suivons le Calendrier Gregorien, differens l'un de l'autre de dix jours : c'est la raison pour laquelle, ils mettent par Exemple $\frac{12}{22}$. Janvier, la date de dessus signifiant leur date, & celle de dessous la nôtre.

Du vieux & du nouveau Stille pour la date des Lettres d'Angleterre, & Hambourg &c.

J'ay dit cy-devant que l'Usance, est de 30. jours ; & double Usance de 60. ainsi je ne le repeteray pas : je diray seulement qu'il se tire des Lettres de Change à divers temps, comme à veüe, qui doivent

Lettres de Change, qui se payent a divers.

temps à veuë à jour fixé ou nommé.

être acquitées dés le moment qu'elles sont presentées : il s'en tire aussi, à 8. 10. ou 15. jours de veuë : & à jour *fixé*, ou *nommé*, l'on peut obliger d'accepter ces dernieres, & en refus les faire protester ; mais comme cela se pratique rarement dans les Païs étrangers, je ne m'étendray pas là-dessus.

Qu'il faut donner avis a ceux sur qui l'on tire des Traites qui sont faites sur sur eux.

Ceux qui tirent des Lettres de Change sur leurs correspondans, ne doivent pas manquer de leur donner avis des Traites faites sur eux, parce qu'étant porté par les Lettres de Change de les payer suivant l'avis qui leur en est donné;ils n'accepteroient pas les Lettres sans avoir cét avis. De sorte que les Lettres venant a être protesteés faute d'acceptation, les porteurs d'icelles retourneroient sur le tireur, qui seroit obligé de rendre, non seulement la somme reçeuë, mais encore le rechange de pareille somme qu'ils auroient prinse sur le lieu, où les Lettres seroient tirées, avec les frais du protest.

La raison pour laquelle il est important de prendre des secondes Lettres de Change, & davantage s'il est necessaire.

Il est important & pour une grande précaution, de prendre toûjours une seconde, (& mêmes une troisiéme & quatriéme) Lettre de Change de ceux qui les leur fournissent, & particulierement lors que les Lettres sont tirées pour les Païs étrangers, ausquels il faut les envoyer par terre, ou par mer, qui peuvent se perdre, ou être interceptées, ce qui causeroit le retardement du payement d'icelles sans cette assûrance ou précaution, toutes lesquelles n'étans que des coppies authentiques les unes des autres doivent être semblables, soit pour la date du jour, mois & année, que pour la somme & adresse, à la reserve que le tireur pour ne se porter pas du préjudice par la multiplicité d'icelles, doit mettre dans la seconde d'icelles, *payés par cette ma seconde*, troisiéme ou quatriéme) *Lettre de Change ma premiere ne l'étant*, &c. le payement d'une desquelles ayant été fait, les autres n'ont plus de vertu, & ne peuvent produire aucun effet, & celuy qui a acquité l'une ou l'autre d'icelles, peut être en repos, ayant sa quittance de toutes parts, par l'endossement de celle en vertu de laquelle il a payé.

Des differentes sortes des acceptations.

Quoy que j'aye expliqué à la page 48. le terme *d'Accepter*, je n'ay pas dit qu'il y a de differentes sortes d'acceptations, ce que je m'en vay éclaircir.

Premierement il y a l'acceptation pure & simple, qui est de payer la somme portée par la Lettre de Change, conformement à la lettre d'avis: & pour cét effet ceux qui les doivent payer, doivent mettre au bas d'icelles, dés qu'elles leur sont presentées, *Accepté*, sans autre chose, & se signer. La premiere pure & simple.

Que si la Lettre de Change porte de la payer à 8. 10. ou 15. jours de veuë, ou semblable temps, pour lors celuy sur qui elle est tirée doit mettre, *accepté le tel jour*, & à suite son seing, parce que le temps ne commence à courir que du jour de l'acceptation, au lieu que celles qui sont à Usance, ou à jour fixé, ou nommé, le temps se compte du lendemain qu'elles sont tirées jusques au lendemain de l'écheance d'icelles, suivant l'Ordonnance: ainsi il n'est pas necessaire de mettre en ces sortes de Lettres *accepté le tel jour*, parce que la Lettre regle le temps du payement. De quelle maniere, l'on doit coucher les acceptations au pied des Lettres de Change.

La seconde espece d'acceptation, est celle qui se fait avec restriction, soit pour le temps ou pour la somme, c'est à dire que si le porteur d'une Lettre de Change, par Exemple de 3000. livres souffroit que celuy sur lequel elle seroit tirée, ne l'acceptât que pour 2000. livres, il courroit risque de 1000. livres, à moins qu'il n'eût ordre de celuy qui la luy auroit remise, de le faire ainsi pour certaines raisons. Il en est de même à l'égard du temps, car si la Lettre par Exemple étoit payable a 15. jours de veuë, & que le porteur d'icelle consentit à l'acceptation, pour être payée en un mois, il en courroit les risques des 15. jours qu'il auroit donnés au delà du terme porté par la Lettre de Change. Il y a encore restriction pour ne payer pas en vertu de l'ordre & de l'avis; mais pour l'honneur du tireur de celuy qui en a donné la valeur, ou de quelqu'un de ceux qui ont mis des ordres, en tout ces cas, il faut un protest: cette acceptation s'appelle *sous-protest*, & peut être faite par le porteur de la Lettre de change, par celuy sur qui elle est tirée, & par tout autre étranger. La seconde avec restriction sous-protest.

La troisiéme acceptation est lors qu'une Lettre de Change est tirée pour compte de quelqu'un dont on n'a pas reçeu la provision, & que neanmoins il y a esperance de la reçevoir; en ce cas, celuy sur qui elle est tirée, qui se tient pour assuré de la solvabilité du tireur, accepte librement ou *sous-protest*; c'est a dire que de quelque maniere La troisiéme avec reserve de déclarer a l'écheance si le payement se fera librement ou sous protest.

que ce soit, il payera la Lettre de Change, mais il se reserve de declarer à l'écheance si ce sera *librement* où *sous-protest*, pour l'honneur du tireur.

La quatriéme acceptation sous-protest à cause de quelque difficulté.

La quatriéme acceptation est lors que celuy, sur qui la Lettre est tirée ne veut pas l'accepter suivant l'avis, pour quelque difficulté qu'il se trouvera avoir, soit avec le tireur, ou avec celuy pour le compte de qui elle est tirée, neanmoins il en a la provision entre ses mains, & pour lors il accepte sous-protest pour mettre à compte.

Ordre & ce qu'il opere.

Le mot *d'Ordre* qui se met au dos des Lettres de Change en facilite la Negociation, puisque par ce moyen l'on fait passer les Lettres de Change de main en main, & que l'on retire son Argent sans sortir de chés soy, & souvent elles s'acquittent sans mettre la main à la bourse, par des compensations des uns aux autres.

Quand celuy au profit duquel sont de telles Lettres de Change ne peut, ou ne veut pas en reçevoir luy-même l'Argent; il met au dos d'icelles, *mon ordre est que vous payiés à un tel*, ou bien *payés à un tel*, & semblables ordres: celuy qui est ainsi nommé, & d'autres ensuite peuvent mettre la même chose au profit d'autres personnes, de tels ordres étans de semblable nature que les Lettres de Change, & ont même force; mais il faut specifier dans ces ordres, de qui la valeur a été reçeuë.

Provision.

Provision signifie en terme du Change, le fonds destiné pour le payement de quelque Lettre de Change.

Avant de finir ce Chapitre, je veux instruire les moins intelligens de quelques observations qu'ils doivent faire lors qu'ils tirent des Lettres de Change.

Il faut qu'ils sçachent donc qu'il y a à present beaucoup de Banquiers, Marchands & Negocians, que lors qu'ils tirent des Lettres de Change, ne se servent pas du terme de *Monsieur* au commencement des Lettres, & ne mettent sinon à *Usance*, ou à deux *Usances*, (ou autre temps) *il vous plaira payer*, ou *vous payerés*, ou *payés*, &c.

Que

Que si l'on considere la personne sur laquelle l'on tire, on se peut servir du terme de *Monsieur il vous plaira payer*, & sur la fin de la Lettre de *Vôtre tres-obeïssant Serviteur*, & si les Traites sont faites sur des personnes qui sont égales ou inferieures, on mettra *Vôtre affectionné Serviteur*, ou *Vôtre tres-humble Serviteur*, quelques uns ne mettent ny l'un ny l'autre, & se contentent de mettre leur seing, aprés le mot d'avis qui finit la Lettre.

Aprés avoir traité assés amplement des Instructions necessaires au Commerce des Lettres de Change, je veux instruire dans le Chapitre suivant, de ce qui conserne les Changes qui se font journellement de *France* en *Angleterre*, & par contre *d'Angleterre* en *France*, par une belle correspondance, comme il se verra dans les Instructions que je donne audit Chapitre, soit pour trouver les Reductions ou Changes tous faits aux 24. Tables cy-aprés, que par le moyen des Instructions generales, pour faire lesdites Reductions ou Changes, ou par la Regle de Trois, pour servir de preuve aux Reductions desdites Tables, qui sont tres assûrées & justes, au lieu que le moindre défaut en agissant par ladite Regle de Trois, peut causer des préjudices considerables, comme j'ay déja dit.

CHAPITRE VIII.

REDUCTIONS DES MONNOYES

OU CHANGE DE FRANCE EN ANGLETERRE, ET PAR CONTRE D'ANGLETERRE EN FRANCE.

Contenuës en 24. Tables.

Au moyen desquelles & de l'Addition, l'on trouve les Reductions ou Changes tous faits, sans les avoir apris, en quelque état que le Change soit ou puisse être, ensemble une Table des Tarifs avec les Instructions pour faire les Reductions par Regle, pour ceux qui ne les ont pas pratiquées.

La difference loy des especes d'un Païs à l'autre, est l'origine du Change.

J'Ay fait voir au Chapitre VI. que la differente loy des especes qui se rencontrent d'un Païs à l'autre, causent l'origine du Change, duquel les Lettres de Change sont les Instrumens, ainsi je n'en diray pas autre chose, renvoyant le lecteur audit Chapitre.

Il faut sçavoir que le *Change* de *France* en *Angleterre*, & *d'Angleterre* en *France*, se fait toûjours sur le pied d'un écu de 60. sols tournois, que l'on donne en *France* pour reçevoir en *Angleterre* des deniers Sterlins, que l'on appelle *Penis*, pour avoir des écus en *France*, desquels l on reçoit une fois plus, & une autrefois moins, selon que le Change se trouve haut ou bas, ce qui cause que nos écus, ne s'employent en Angleterre en fait du Change, que pour 54. deniers, (ou *Penis*) Sterlins, d'autres fois depuis 54. à 60. deniers (ou *Penis*) Sterlins avec les huitiémes parties d'iceux.

Quoy qu'en *France*, outre les écus nous ayons diverses sortes de monnoyes & especes, soit d Or ou d'Argent, neanmoins pour faciliter le Change, l'on reduit le tout en écus de 60. sols, qui font trois livres tournois.

Les livres tournois sont composées de 20. sols, & le sol de 12. deniers.

En *Angleterre*, quoy qu'ils ayent aussi de diverses sortes d'especes de monnoyes d'Or ou d'Argent, en fait du Change, l'on reduit les monnoyes en deniers (ou *Penis*) Sterlins, desquels les 12. font le sol (ou *Schelling*) & 20. sols (ou 20. *Schellings*) font une livre Sterlin, qu'ils appellent en leur langue *Pound*, & pour faciliter le Change & trouver jusques a la moindre somme, on divise les deniers (ou *Penis*) Sterlins en huit parties, que nous appellons octaves ou huitiémes.

Comme les *Reductions* ou *Changes* de *France* en *Angleterre*, & *d'Angleterre* en *France*, roulent ordinairement depuis 54. jusques a 60. deniers Sterlins pour un écu, avec les huitiémes parties d'iceux, j'ay voulu en composer 24. Tables, sçavoir 12. pour le *Change* de *France* en *Angleterre*, qui sont du côté gauche, & 12. pour le *Change d'Angleterre* en *France* qui sont du côté droit, que l'on trouvera a suite de ses Instructions, le tout par une tres-belle correspondance, d'une maniere que je n'ay point veuë pratiquer au moyen desquelles & de l'Addition, (& sans icelle) comme je diray cy-aprés, on trouvera avec grande facilité les *Reductions* ou *Changes tous faits*, sans être obligé de les faire par Regle, qui bien souvent par le défaut d'un moindre Chiffre, peut causer des erreurs considerables, ce qui ne peut pas arriver en se servant desdites Tables, qui sont tres exactement calculées, ainsi l'on doit être assûré qu'il ny a point des fautes.

en icelles, a moins que l'Imprimeur ne les aye faites.

Il faut pourtant observer qu'à cause de quelques fractions qui se sont rencontrées en faisant les Reductions, je n'ay peu éviter de mettre quelque partie de denier tournois, ou denier Sterlin de plus ou de moins, aux produits qui étans joints avec divers autres, pourroient donner quelque denier de plus ou de moins, mais la chose étant de tres petite consequence, cela ne vaut pas la peine de s'y arrêter, mais quand aux sommes justes, comme 1000. ou 900. écus ou bien 500. ou 400. livres Sterlins, & semblables sommes justes, on trouve le produit sans nulle fraction, comme l'on peut voir ausdites Tables: on trouvera plus de justesse aux Tables des Reductions de *France* en *Angleterre*, qu'à celles *d'Angleterre* en *France*, à cause que chaque denier Sterlin ou huitiéme d'iceux, fait augmenter également d'un certain nombre, au lieu qu'à ces dernieres, les huitiémes font diminuer d'un nombre inégal, & les autres le font également, mais de quelle maniere que la chose soit, il est impossible de le faire avec plus de justesse que j'ay fait, a moins que de m'être servy d'un nombre infini des fractions, qui auroient donné du dégoût à ceux qui ne les entendent pas.

Je n'ay pas voulu faire les Tables desdites Reductions, d'un nombre moindre que de 54. deniers Sterlins pour un écu, attendu que l'on ne voit point que le Change vienne a être plus bas que dudit pris, auquel la monnoye de France, vaut moins que celle d'Angleterre, de 25. pour cent, c'est à dire que si on compte 100. livres tournois, à 33. écus $\frac{1}{3}$. en France lors que le Change est à 54. deniers Sterlins pour un écu, on ne recevra en Angleterre que 7. livres 10. sols Sterlins, qui vaudront même chose que 75. livres tournois, & pour le donner a entendre d'autre maniere, observés qu'audit pris, il faut payer en France 13. livres 6. sols 8. deniers tournois pour une livre Sterlin, (qui vaut 10. livres tournois au *Pair*, qui est a raison de 72. deniers Sterlins pour un écu) & pour preuve, multipliés les 13. livres 6. sols 8. deniers par les 7. livres 10. sols Sterlins, & vous aurés 100. livres tournois, comme l'on peut verifier à la Table des *Tarifs*, que l'on trouvera dans la suite de ce discours.

Je n'ay point aussi voulu composer lesdites Tables d'un nombre plus haut que de 60. deniers Sterlins pour un écu, auquel pris nous ne perdons que 16. livres 13. sols 4. deniers pour cent, c'est à dire que si on compte 100. livres tournois, ou 33. écus $\frac{1}{3}$. en France, le Change étant à 60. deniers Sterlins pour un écu, on ne recevra en Angleterre que 8. livres 6. sols 8. deniers Sterlins, qui vaudront autant que 83. livres 7. sols 8. deniers tournois, audit prix de 60. deniers; il faut payer en France 12. livres tournois pour une livre Sterlin, & pour preuve multipliés les 12. livres tournois par 8. livres 6. sols 8. deniers Sterlins, & aurés 100. livres tournois, & ainsi de tous autres.

Les deux differences du pris du Change, de 54. & 60. deniers Sterlins pour un écu, font voir clairement que tant plus il est haut, tant plus on profite en *France* & tant plus il est bas, tant plus on pert, & ceux d'*Angleterre* le contraire de nous.

Je pouvois augmenter lesdites Tables jusques a 72. deniers Sterlins, qui est le *Pair*, mais cela auroit été inutile parce qu'on ne voit point monter le Change si haut, auquel pris.

Pour	1. écu de 60. s. tournois on reçoit	6. s. Sterlins (ou 72. den.)
	10. livres . . tournois . . .	1. livre Sterlin.
	100. livres . . tournois . . .	10. livres Sterlins.

Cela s'appelle le *Pair*, puis qu'audit pris 10. livres tournois, valent autant qu'une livre Sterlin, & l'on ne doit compter les livres Sterlins, que pour 10. livres tournois, tout le surplus est Change ou benefice, comme les deux Exemples, cy-dessus mentionnés prouvent.

Pour donner mieux à connoître ce que l'on peut profiter ou perdre, sur les *Traites* ou *Remises* qui se peuvent faire de *France* en *Angleterre*, & d'*Angleterre* en *France*, j'ay jugé a propos d'en placer a suite de cecy une *Table des Tarifs*, au moyen de laquelle l'on verra avec facilité le profit ou perte que l'on peut faire, n'ayant pas voulû mettre en icelle des huitiémes des deniers Sterlins, afin d'abreger, mais comme il est facile d'augmenter ou diminuer, chacun le pourra faire lors qu'il en sera de besoin, considerant que les huit huitiémes valent un denier Sterlin, & les autres à proportion.

Il faut que l'on remarque à ladite Table des *Tarifs*, que chaque denier Sterlin d'augmentation fait valoir les écus 10. deniers de plus ou de moins.

Dans le cours ordinaire des affaires du Commerce, nos écus de France, ne s'employent en Angleterre qu'à raison de 54. sols tournois, que si quelqu'un desire d'en avoir pour de l'Argent d'Angleterre, & que l'on en prenne des Orphevres, qui sont les caissiers ordinaires des Marchands, ils ne les donnent pas a moins de 55. & 56. sols tournois, voulans y profiter 1. ou 2. sols par écu.

TABLE DES TARIFS.

ers Ster- ou cours HANGE.	*Valeur des deniers Sterlins en monnoye d'Angleterre.*	*Valeur en Angleterre des écus de 60 sols Tournois.*	*Livres Tournois qu'il faut donner en France pour 1. livre Sterlin.*	*La France pert, & l'Angleterre gaigne, par livre Sterlin.*	*La France pert, & l'Angleterre gaigne, par 100. livres Tournois.*
4d.St.	4ſ. 6d.St.	A 45ſ.Tourn.	13l. 6ſ.8d. T.	3l. 6ſ.8d. T.	25l.T. pour cent.
5d.St.	4ſ. 7d.St.	A 45ſ.10d.T.	13l. 1ſ.9d.$\frac{45}{55}$.T.	3l. 1ſ.9d.$\frac{45}{55}$.T.	23l.12ſ. 4d.P.C.
6d.St.	4ſ. 8d.St.	A 46ſ. 8d.T.	12l.17ſ.1d.$\frac{40}{56}$.T.	2l.17ſ.1d.$\frac{40}{56}$.T.	22l. 4ſ. 5d.C.T.
7d.St.	4ſ. 9d.St.	A 47ſ. 6d.T.	12l.12ſ.7d.$\frac{33}{57}$.T.	2l.12ſ.7d.$\frac{33}{57}$.T.	20l.16ſ. 8d.C.T.
8d.St.	4ſ.10d.St.	A 48ſ. 4d.T.	12l. 8ſ.3d.$\frac{18}{58}$.T.	2l. 8ſ.3d.$\frac{18}{58}$.T.	29l. 8ſ.11d.C.T.
9d.St.	4ſ.11d.St.	A 49ſ. 2d.T.	12l. 4ſ.0d.$\frac{4}{59}$.T.	2l. 4ſ.0d.$\frac{4}{59}$.T.	18l. 1ſ. 1d.C.T.
0d.St.	5 ſ. Sterl.	A 50ſ.Tourn.	12liv. Tournois.	2liv. Tournois.	16l.13.ſ. 4d.C.T.
		Et ſi le Change étoit.			
2d.St.	6 ſ. Sterl.	A 60ſ.Tourn.	10liv. Tournois.	Pair.	Pair.

r cette Table des Tarifs, l'on connoîtra avec facilité le profit, ou perte qui ſe peut faire de France en Angleterre, & d'Angleterre en France, ſuivant le cours du Change, dequoy je donneray les Exemples ſuivans.

SUpposés vouloir *Tirer* ou *Remettre* en Angleterre 33. écus $\frac{1}{3}$. ou 100. livres tournois, lors que le Change est a 57. deniers Sterlins pour un écu, pour le trouver au moyen de la Table des *Tarifs*, multipliés les 33. écus $\frac{1}{3}$. par 4. sols 9. deniers valeur des 57. deniers Sterlins, & aures 7. livres 18. sols 4. deniers Sterlins en Angleterre, lesquels étans multipliés encore par 10. viendra 79. livres 3. sols 4. deniers tournois, ainsi on perdroit sur les 33. écus $\frac{1}{3}$. ou 100. livres tournois, 20. livres 18. sols 8. deniers de nôtre monnoye, que ceux d Angleterre profiteroit.

Si on veut le faire d'autre maniere, multipliés les 33. écus $\frac{1}{3}$. par 47. sols 6. deniers tournois, que valent les écus en Angleterre, lors que le Change est à 57. deniers Sterlins par écu, & viendra comme dessus 79. livres 3. sols 4. deniers tournois, qui ne vaudroit en Angleterre que 7. livres 18. sols 4. deniers Sterlins.

On peut encore pratiquer la methode suivante, sçachant le nombre des livres sols & deniers Sterlins, que l'on peut avoir en Angleterre, ou que l'on voudroit y faire compter, comme par Exemple la somme de 7. livres 18. sols 4. deniers Sterlins, lesquels étans multipliés par 12. liv. 12. sols 7. deniers $\frac{33}{57}$. tournois que vaut chaque livre Sterlin, lors que le Change est a 57. deniers, on trouvera qu'il faudroit compter en France, 100. livres qui font 33. écus $\frac{1}{3}$. ainsi on peut faire pour toutes autres sommes prenant garde à la valeur des deniers Sterlins, des écus ou des livres Sterlins, comme il est noté par ladite Table des *Tarifs*, qui fait voir clairement les profits ou pertes, que l'on peut faire selon que le Change se trouve haut ou bas, methode que personne n'a encore pratiquée, qui est tres-belle & tres commode.

Il faut que les moins intelligens sçachent, que lors que les Marchands ou Negocians d'Angleterre, envoyent à leurs correspondans de France des comptes des achâts ou ventes, qu'ils peuvent avoir fait de quelques Marchandises, que pour en reduire la monnoye d'Angleterre en celle de France, (lors que l'on ne sçait point le pris du cours du Change) on la reduit à raison de 13. livres tournois pour une livre Sterlin, qui est la pratique ordinaire.

Exemple.

Exemple.

Supposés qu'un Marchand ou Negociant d'Angleterre, vous envoye un compte de l'achât ou vente de quelques Marchandises, montant 349. liv. 15. sols 10. deniers Sterlins, & que vous desiriés reduire ladite somme en monnoye de *France*.

Pour le faire en la maniere susdite, multipliés les 349. liv. 15. sols 10. deniers Sterlins par 13. livres tournois, & viendra 4547. liv. 5. sols 10. deniers tournois, que ladite somme de 349. liv. 5. sols 10. deniers Sterlins devroit faire en monnoye de *France*, ce qui, comme j'ay déja dit se pratique lors que l'on ne sçait pas le prix du Change; car lors qu'on le sçait, il est facile d'en faire la Reduction, & bien juste.

Remarqués que je donne le nom de livres, sols & deniers Sterlins, à ce que l'on appelle en Angleterre *Pound*, *Schelling* & *Penis*, de maniere que par livres, sols & deniers Sterlins, l'on entendra *Pound*, *Schelling* & *Penis*.

MOYEN
POUR TROUVER LES REDUCTIONS ou Changes tous faits, aux 24. Tables, mises cy-aprés.

SOIT
DE FRANCE EN ANGLETERRE,
OU
D'ANGLETERRE EN FRANCE.
ET PREMIEREMENT
DE FRANCE EN ANGLETERRE.

SUpposés qu'un Marchand ou Negociant de *France*, veüille *tirer* ou *remettre* en *Angleterre* 990. livres tournois, lors que le Change est à 56. deniers Sterlins pour un écu.

Reduisés les 990. livres en écus, en prenant le tiers (puisque comme j'ay dit au commencement de ce Chapitre, le Change se fait par écus de 60. sols tournois) & viendra 330. écus.

Aprés quoy cherchés à la Table qui contient le Change a 56. deniers Sterlins par écu, au marge de laquelle vous trouverés la Colomne qui contient le Nombre des écus, qui vont en diminuant depuis 1000. jusques à 1. écu, de 100. à 100. de 10. à 10. & de 1. à 1. & encore depuis 40. sols, jusques à 1. sol, afin qu'en additionnant les sommes, on puisse trouver celles que l'on desire.

Au haut desquelles Tables, & directement au dessus de chaque Colomne, sont placés le nombre des deniers Sterlins du cours du Change, avec les huitiémes d'iceux, depuis 54. a 60. deniers Sterlins par écu.

Et comme l'on ne peut pas precisement trouver ausdites Tables le nombre susdit de 330. écus, sans agir par l'Addition, cherchés en icelle, celuy qui le peut composer, comme 300. écus, & 30. écus.

Pour cét effet regardés ce que donnent les 300. écus, suivant le long de la ligne de gauche à droite, jusques au rencontre de la Colomne, en laquelle sont placés les 56. deniers Sterlins, & pratiquant la même chose, à l'égard des 30. écus, vous aurés.

Pour { 300. écus à 56. deniers par écu 70. liv. Sterlins.
{ 30. écus . . . . 7. liv.

Ainsi Pour { 330. écus a 56. deniers, l'on aura 77. liv. Sterlins.

La Reduction cy-dessus, sert de preuve à celle de la page cy-contre.

Autre Exemple.

Supposés vouloir tirer ou remettre en *Angleterre* 2640. livres tournois, lors que le Change est à 57. den. Sterlins pour un écu, pratiqués la même chose que cy-dessus, & vous aurés 880. écus, & viendra

Pour { 800. écus à 57. deniers par écu 190. liv. Sterlins.
{ 80. écus . . . . 19. liv.

Ainsi Pour { 880. écus à 57. deniers, l'on aura 209. liv. Sterlins.

La Reduction cy-dessus sert de preuve, à celle de la page cy-contre.

Au moyen de l'Addition en la maniere cy-dessus, & en celle cy-contre, l'on peut voir clairement, & sans faute les sommes que l'on pourroit reçevoir tant en *France* qu'en *Angleterre*, pour celles qui seront comptées à l'un ou à l'autre Royaume; voyons maintenant la preuve des susdites *Reductions du Change d'Angleterre* en *France*.

D'ANGLETERRE EN FRANCE.

SUpposés qu'un Marchand ou Negociant *d'Angleterre* veüille tirer ou remettre en *France*, 77. livres Sterlins lors que le Change est à 56. deniers Sterlins pour un écu.

Cherchés à la Table qui contient le Change à 56. deniers Sterlins pour un écu, au marge de laquelle vous trouverés la Colomne qui contient le nombre des livres *Sterlins*, qui vont en diminuant depuis 500. jusques à 1. livre Sterlin, & encore depuis 10. sols, jusques à 1. denier Sterlin, afin qu'en additionnant les sommes l'on puisse trouver celles que l'on desire, & pratiquant ce que j'ay enseigné cy-contre; vous aurés

Pour	70. liv. Sterlins	900. liv. tournois.
	7. liv.	90. liv.
Ainsi	77. liv. Sterlins à 56. deniers, aurés 990. liv. tournois.	
Pour	Desquels prenés le tiers, & aurés 330. écus en France.	

La Reduction cy-dessus, sert de preuve à celle de la page cy-contre.

Autre Exemple.

SUpposés qu'un Banquier Marchand ou Negociant *d'Angleterre*, veüille tirer ou remettre en *France*, 209. livres Sterlins, le *Change* étant à 57. deniers Sterlins pour un écu, pratiqués la même chose que dessus, & vous aurés

Pour	200. liv. Sterlins	2526. l. 6. s. 4. d. tour.
	9. liv.	113. l. 13. s. 8. d. tour.
Ainsi	209. liv. Sterlins à 57. deniers, aurés 2640. liv. tournois.	
Pour	Desquels prenés le tiers, & aurés 880. écus en France.	

La Reduction cy-dessus, sert de preuve à celle de la page cy-contre.

Voila la veritable maniere de trouver les *Reductions* ou *Changes* tous faits d'Angleterre en France, sans peine & avec assûrance, au moyen de l'Addition.

Lors que les sommes que l'on desire reduire sont justes, comme 1000. 900. ou 800. écus, ou bien 500. 400. ou 300. livres Sterlins, & semblables sommes, pour lors il n'est pas besoin d'agir par l'Addition, parce que l'on trouve dans la ligne, directement sous le nombre des deniers Sterlins du cours du Change, les sommes que l'on doit reçevoir, tant en *France* qu'en *Angleterre*.

Exemple.

1000. écus à 56. den. Sterlins, donnent	223. liv.	6. s.	8. d.	tournois.
900. écus au même prix	210. liv.			
800. écus au même prix	186. liv.	13. s.	4. d.	

Ou bien

500. livres Sterlins à 56. den. donnent	6428. liv.	11. s.	6. d.	tournois.
400. liv.	5142. liv.	17. s.	2. d.	
300. liv.	3857. liv.	2. s.	11. d.	

Ainsi l'on peut faire pour toutes autres sommes, ce qui se faira sans nulle peine & assûrance, comme j'ay déja dit.

INSTRUCTIONS GENERALES
POUR FAIRE PAR REGLE LES Reductions ou Changes
DE FRANCE EN ANGLETERRE, ET D'ANGLETERRE EN FRANCE.

QUoy qu'au moyen des Tables des *Reductions du Change*, on les puisse trouver toutes faites, je n'ay pas voulu rester d'instruire les moins intelligens à faire les *Regles du Change*, au moyen de la Regle de proportion, vulgairement appellée Regle de Trois; composée de trois nombres qui en produisent un quatriéme que l'on ne connoit pas, dont l'utilité est tres-grande dans toutes les operations, sans laquelle elles ne se pourroient faire qu'avec peine & embarras, mais ce qu'il y a de dangereux est (comme j'ay dit aux Chapitres III. & IV.) que le moindre Chiffre que l'on mette de plus ou de moins; peut causer des erreurs ou préjudices considerables; & c'est ce qui m'a donné sujet de composer les Tables desdites *Reductions toutes faites*, calculées tres-exactement, ausquelles l'on doit être assûre de ne trouver point de fautes, mais nonobstant cela, je m'en vay faire voir de quelle maniere l'on doit faire lesdites Reductions par Regle, tant pour servir de preuve ausdites Tables, que pour sçavoir le moyen de les pratiquer & d'en faire les operations. Et premierement

DE FRANCE EN ANGLETERRE.

Il faut toûjours multiplier la somme qu'on veut changer par le prix du Change : & pour cét effet.

Supposés, comme j'ay déja fait à la page 68. qu'un Marchand ou Negociant de *France*, veüille tirer ou remettre en *Angleterre*, 990. livres tournois, lors que le Change est à 96. deniers Sterlins pour un écu.

Reduisés les *990.* livres en écus en prennant le tiers, & viendra 330. écus, lesquels étans multipliés par 4. sols 8. deniers Sterlins, (valeur des *56.* deniers Sterlins en Angleterre lors que le Change est audit prix pour un écu) viendra 77. livres Sterlins; que l'on reçevroit ou compteroit en Angleterre pour *990.* livres que l'on auroit compté ou que l'on devroit compter en France.

L'on peut encore le pratiquer en la maniere suivante, qui est la plus usitée, mais qui pourtant est plus embarrassante, & l'operation s'en fait comme il suit

Multipliés les	*330*.écus.
Par les	*56*.deniers Sterlins.
	1980
	1650
Tout ce produit est	18480.deniers Sterlins.

Lesquels 18480. deniers Sterlins, étans divisés par 240. (qui est la valeur de 20. sols) viendra 77.livres Sterlins, comme cy-dessus.

Il faut sçavoir que lors qu'il reste quelque chose à diviser, s'il est venu pour produit des livres, qu'il faut reduire ce qu'il reste en sols en multipliant par 20. & lors qu'il viendra des sols au produit ce qui restera se doit multiplier par 12.

Quelques-uns divisent le produit des deniers Sterlins par 12. pour avoir des sols, & pareillement les sols par 20. pour en avoir des livres; quant à moy, je trouve qu'il est mieux de diviser ledit produit par 240. puis qu'il vient tout à coup des livres, sans être obligé de faire tant des Regles qui embarrassent l'esprit.

Faisons maintenant le contraire, pour faire voir de quelle maniere l'on doit faire les *Reductions* ou *Changes* de *France* en *Angleterre*, & pour prouver les deux Regles precedentes.

J'obmettois de dire que l'on peut aussi multiplier le nombre des écus par la valeur de ce qu'ils valent en Angleterre, & l'on trouvera ce qu'il doit venir de livres, sols & deniers Sterlins, selon le cours du Change.

D'ANGLETERRE EN FRANCE.

Supposés comme j'ay fait à la page 70. qu'un Marchand ou Negociant d'Angleterre veüille tirer ou remettre en *France* 77. livres Sterlins, lors que le *Change* est à 56. deniers Sterlins pour un écu.

Reduises les 77. livres Sterlins, en deniers Sterlins, en les multipliant par 240. (par la raison alleguée à la page 73. qui est que 240. deniers font la valeur de 20. sols) & viendra 18480. deniers Sterlins, aprés quoy dites par Regle de Trois.

Si 56. deniers Sterlins valent 1. écu, combien 18480. deniers la Regle faite, viendra 330. écus, lesquels étans multipliés par 3. aurés 990. livres tournois, qui est la preuve de la Reduction cy-contre.

Il faut observer que lors que l'on divise le nombre de deniers Sterlins par ceux du cours du *Change* qu'il en vient des écus, & s'il reste quelque chose à diviser, il le faut multiplier par 60. attendu que les autres deniers Sterlins, ont produit des écus, valant 60. sols tournois, & s'il reste des sols, les multiplier par 12. pour avoir des deniers tournois.

Il y a encore à remarquer en faisant les Regles, que lors qu'il se rencontre des huitiémes avec les deniers Sterlins, qu'il faut reduire le tout en huitiémes, soit les écus, sols ou deniers, en multipliant par 8. & aurés la somme desirée, en divisant l'un nombre par l'autre.

Lors que vous voudrés reduire les livres Sterlins en huitiémes, multipliés le nombre par 1920. à cause que 20. sols ou 240. deniers Sterlins font 1920. huitiémes, & de cette maniere vous reduirés tout à coup les livres Sterlins en huitiémes, & les sols doivent être multipliés par 96. parce que chaque sol, est composé de 96. huitiémes, & les deniers par 8. ainsi l'on operera pour tous autres.

On reduira les écus en huitiémes, en multipliant le nombre par 5760. veu qu'un écu fait 3. livres tournois, & par consequent fait 720. deniers, lesquels étans multipliés par 8. vient, 5760. huitiémes, & les sols par 960. & les deniers par 8.

LES

LES XXIV.

TABLES

OU

REDVCTIONS

DES

MONNOYES

OU CHANGE

DE FRANCE EN ANGLETERRE,

ET

D'ANGLETERRE EN FRANCE.

Au moyen desquelles & de l'Addition, (& sans icelle) l'on trouve les Reductions ou Changes tous faits, sans les avoir apris, en quelque état que le Change soit, ou puisse être, pourveu que l'on agisse suivant les Instructions que j'ay données aux pages 68. 69. 70. & 71.

Le Change étant.	A 54. den. liv. ſ. d.	A 54$\frac{1}{8}$. den. liv. ſ. d.	A 54$\frac{1}{4}$. den. liv. ſ. d.	A 54$\frac{3}{8}$. den. liv. ſ. d.	A 54$\frac{1}{2}$. den. liv. ſ. d.
Ecus. 1000	225. 0.0	225.10. 5	226. 0.10	226.11. 3	227. 1. 8
900	202.10.0	202.19. 4$\frac{1}{2}$	203. 8. 9	203.18. 1$\frac{1}{2}$	204. 7. 6
800	180. 0.0	180. 8. 4	180.16. 8	181. 5. 0	181.13. 4
700	157.10.0	157.17. 3$\frac{1}{2}$	158. 4. 7	158.10.10$\frac{1}{2}$	158.19. 2
600	135. 0.0	135. 6. 3	135.12. 6	135.18. 9	136. 5. 0
500	112.10.0	112.15. 2$\frac{1}{2}$	113. 0. 5	113. 5. 7$\frac{1}{2}$	113.10.10
400	90. 0.0	90. 4. 2	90. 8. 4	90.12. 6	90.16. 8
300	67.10.0	67.13. 1$\frac{1}{2}$	67. 13. 3	67.19. 4$\frac{1}{2}$	68. 2. 6
200	45. 0.0	45. 2. 1	45. 4. 2	45. 6. 3	45. 8. 4
100	22.10.0	22.11. 0$\frac{1}{2}$	22.12. 1	22.13. 1$\frac{1}{2}$	22.14. 2
90	10. 5.0	20. 5.11$\frac{1}{4}$	20. 6.10$\frac{1}{2}$	20. 7. 9$\frac{3}{4}$	20. 8. 9
80	18. 0.0	18. 0.10	18. 1. 8	18. 2. 6	18. 3. 4
70	15.15.0	15.15. 8$\frac{3}{4}$	15.16. 5$\frac{1}{2}$	15.17. 2$\frac{1}{4}$	15.17.11
60	13.10.0	13.10. 7$\frac{1}{2}$	13.11. 3	13.11.10$\frac{1}{2}$	13.12. 6
50	11. 5.0	11. 5. 6$\frac{1}{4}$	11. 6. 0$\frac{1}{2}$	11. 6. 6$\frac{3}{4}$	11. 7. 1
40	9. 0.0	9. 0. 5	9. 0.10	9. 1. 3	9. 1. 8
30	6.15.0	6.15. 3$\frac{3}{4}$	6.15. 7$\frac{1}{2}$	6.15.11$\frac{1}{4}$	6.16. 3
20	4.10.0	4.10. 2$\frac{1}{2}$	4.10. 5	4.10. 7$\frac{1}{2}$	4.10.10
10	2. 5.0	2. 5. 1$\frac{1}{4}$	2. 5. 2$\frac{1}{2}$	2. 5. 3$\frac{3}{4}$	2. 5. 5
9	2. 0.6	2. 0. 7$\frac{1}{8}$	2. 0. 8$\frac{1}{4}$	2. 0. 9$\frac{3}{8}$	2. 0.10$\frac{1}{2}$
8	1.16.0	1.16. 1	1.16. 2	1.16. 3	1.16. 4
7	1.11.6	1.11. 6$\frac{7}{8}$	1.11. 7$\frac{6}{8}$	1.11. 8$\frac{5}{8}$	1.11. 9$\frac{1}{2}$
6	1. 7.0	1. 7. 0$\frac{6}{8}$	1. 7. 1$\frac{1}{2}$	1. 7. 2$\frac{1}{4}$	1. 7. 3
5	1. 2.6	1. 2. 6$\frac{5}{8}$	1. 2. 7$\frac{1}{4}$	1. 2. 7$\frac{7}{8}$	1. 2. 8
4	0.18.0	0.18. 0$\frac{1}{2}$	0.18. 1	0.18. 1$\frac{1}{2}$	0.18. 2
3	0.13.6	0.13. 6$\frac{3}{8}$	0.13. 6$\frac{3}{4}$	0.13. 7$\frac{1}{8}$	0.13. 7$\frac{1}{2}$
2	0. 9.0	0. 9. 0$\frac{2}{8}$	0. 9. 0$\frac{1}{2}$	0. 9. 0$\frac{6}{8}$	0. 9. 1
1	0. 4.6	0. 4. 6$\frac{1}{8}$	0. 4. 6$\frac{1}{4}$	0. 4. 6$\frac{3}{8}$	0. 4. 6$\frac{1}{2}$
ſols. 40	0. 3.0	0. 3. 0$\frac{1}{8}$	0. 3. 0$\frac{1}{4}$	0. 3. 0$\frac{1}{4}$	0. 3. 0$\frac{1}{4}$
20	0. 1.6	0. 1. 6	0. 1. 6	0. 1. 6$\frac{1}{8}$	0. 1. 6$\frac{1}{8}$
10	0. 0.9	0. 0. 9	0. 0. 9	0. 0. 9	0. 0. 9
9	0. 0.8$\frac{1}{2}$	0. 0. 8$\frac{1}{2}$	0. 0. 8$\frac{1}{2}$	0. 0. 8$\frac{1}{2}$	0. 0. 8$\frac{1}{2}$
8	0. 0.8	0. 0. 8	0. 0. 8	0. 0. 8	0. 0. 8
7	0. 0.7	0. 0. 7	0. 0. 7	0. 0. 7	0. 0. 7
6	0. 0.6	0. 0. 6	0. 0. 6	0. 0. 6	0. 0. 6
5	0. 0.5	0. 0. 5	0. 0. 5	0. 0. 5	0. 0. 5
4	0. 0.4	0. 0. 4	0. 0. 4	0. 0. 4	0. 0. 4
3	0. 0.3	0. 0. 3	0. 0. 3	0. 0. 3	0. 0. 3
2	0. 0.2	0. 0. 2	0. 0. 2	0. 0. 2	0. 0. 2
1	0. 0.1	0. 0. 1	0. 0. 1	0. 0. 1	0. 0. 1

Les ſommes cy-deſſus, ſont des livres ſols & deniers Sterlins, notés liv. ſ. d.

Le change étant.		A 54.den. liv. f. d.	A 54⅛.den. liv. f. d.	A 54¼.den. liv. f. d.	A 54⅜.den. liv. f. d.	A 54½.den. liv. f. d.
liv.Sterl.	500	6666.13.4	6651. 5.5	6635.18.10	6620.13. 9	6605.10. 1
	400	5333. 6.8	5321. 0.4	5308.15. 2	5296.11. 0	5284. 8. 1
	300	4000. 0.0	3990.15.3	3981. 11. 4	3972. 8. 3	3963. 6. 1
	200	2666.13.4	2660.10.2	2654. 7. 7	2648. 5. 6	2642. 4. 1
	100	1333. 6.8	1330. 5.1	1327. 3. 9	1324. 2. 9	1321. 2. 1
	90	1200. 0.0	1197. 4.6	1194. 9. 5	1191.14. 6	1188.19. 6
	80	1066.13.4	1164. 4.0	1161.15. 0	1159. 6. 2	1156.17. 7
	70	933. 6.8	931. 3.6	929. 0. 8	926.18. 0	924.15. 4
	60	800. 0.0	798. 3.0	796. 6. 3	794. 9. 7	792.13. 2
	50	666.13.4	665. 2.6	663.11.11	662. 1. 5	660.11. 1
	40	533. 6.8	532. 2.0	530.17. 6	529.13. 2	528. 8. 8
	30	400. 0.0	399. 1.6	398. 3. 2	397. 4.10	396. 6. 7
	20	266.13.4	266. 1.0	265. 8. 9	264.16. 7	264. 4. 4
	10	133. 6.8	133. 0.6	132.14. 5	132. 8. 4	132. 2. 2
	9	120. 0.0	120.14.5	119. 8.11	119. 3. 6	118.18. 2
	8	106.13.4	106. 8.4	106. 3. 6	105.18. 8	105.14. 2
	7	93. 6.8	93. 2.4	92.18. 1	92.13.10	92. 9.11
	6	80. 0.0	79.16.3	79.12. 8	79. 8.11	79. 5. 7
	5	66.13.4	66.10.3	66. 7. 2	66. 4. 2	66. 1. 2
	4	53. 6.8	53. 4.2	53. 1. 9	52.19. 4	52.17. 1
	3	40. 0.0	39.18.1	36.16. 4	39.14. 6	39.12.16
	2	26.13.4	26.12.1	26.10.10	26. 9. 8	26. 8. 7
	1	13. 6.8	13. 6.0	13. 5. 5	13. 4.10	13. 4. 4
fols.	10	6.13.4	6.13.0	6.12. 9	6.12. 5	6.12. 2
	9	6. 0.0	5.19.8	5.19. 4	5.19. 3	5.19. 0
	8	5. 6.8	5. 6.7	5. 6. 4	5. 6. 2	5. 6. 1
	7	4.13.4	4.13.4	4.13. 2	4.12.11	4.12.10
	6	4. 0.0	4. 0.0	3.19. 9	3.19. 6	3.19. 5
	5	3. 6.8	3. 6.6	3. 6. 4	3. 6. 2	3. 6. 1
	4	2.13.4	2.13.4	2.13. 2	2.13. 1	2.13. 0
	3	2. 0.0	2. 0.0	2. 0. 0	1.19. 9	1.19. 8
	2	1. 6.8	1. 6.8	1. 6. 7	1. 6. 6	1. 6. 6
	1	0.13.4	0.13.4	0.13. 4	0.13. 3	0.13. 3
deniers.	6	0. 6.8	0. 6.7	0. 6. 7	0. 6. 7	0. 6. 7
	5	0. 5.7	0. 5.6	0. 5. 5	0. 5. 5	0. 5. 5
	4	0. 4.6	0. 4.5	0. 4. 4	0. 4. 4	0. 4. 4
	3	0. 3.4	0. 3.3	0. 3. 3	0. 3. 3	0. 3. 3
	2	0. 2.3	0. 2.2	0. 2. 2	0. 2. 2	0. 2. 2
	1	0. 1.½	0. 1.1	0. 1. 1	0. 1. 1	0. 1. 1
	½	0. 0.6	0. 0.6	0. 0. 6	0. 0. 6	0. 0. 6

Les sommes cy-dessus, sont des livres, sols & deniers Tournois, notés liv. f. d.

Le Change étant.	A $54\frac{5}{8}$. den. liv. f. d.	A $54\frac{3}{4}$ den. liv. f. d.	A $54\frac{7}{8}$. den. liv. f. d.	A 55. den. liv. f. d.
écus. 1000	227.12. 1	228. 2. 6	228.12.11	229. 3. 4
900	204.16.$10\frac{1}{2}$	205. 6. 3	205.15. $7\frac{1}{2}$	206. 5. 0
800	182. 1. 8	182.10. 0	182.18. 4	183. 6. 8
700	159. 6. $5\frac{1}{2}$	159.13. 9	160. 1. $0\frac{1}{2}$	160. 8. 4
600	136.11. 3	136.17. 6	137. 3. 9	137.10. 0
500	113.16. $0\frac{1}{2}$	114. 1. 3	114. 6. $5\frac{1}{2}$	114.11. 8
400	91. 0.10	91. 5. 0	91. 9. 2	91.13. 4
300	68. 5. $7\frac{1}{2}$	68. 8. 9	68.11.$10\frac{1}{2}$	68.15. 0
200	45.10. 5	45.12. 6	45.14. 7	45.16. 8
100	22.15. $2\frac{1}{2}$	22.16. 3	22.17. $3\frac{1}{2}$	22.18. 4
90	20. 9. $8\frac{1}{4}$	20.10. $7\frac{1}{2}$	20.11. $6\frac{3}{4}$	20.12. 6
80	18. 4. 2	18. 5. 0	18. 5.10	18. 6. 8
70	15.18. $7\frac{3}{4}$	15.19. $4\frac{1}{2}$	16. 0. $1\frac{1}{4}$	16. 0.10
60	13.13. $1\frac{1}{2}$	13.13. 9	13.14. $4\frac{1}{2}$	13.15. 0
50	11. 7. $7\frac{1}{4}$	11. 8. $1\frac{1}{2}$	11. 8. $7\frac{3}{4}$	11. 9. 2
40	9. 2. 1	9. 2. 6	9. 2.11	9. 3. 4
30	6.16. $6\frac{3}{4}$	6.16.$10\frac{1}{2}$	6.17. $2\frac{1}{4}$	6.17. 6
20	4.11. $0\frac{1}{2}$	4.11. 3	4.11. $5\frac{1}{2}$	4.11. 8
10	2. 5. $6\frac{1}{4}$	2. 5. $7\frac{1}{2}$	2. 5. $8\frac{3}{4}$	2. 5.10
9	2. 0.$11\frac{5}{8}$	2. 1. $0\frac{3}{4}$	2. 1. $1\frac{7}{8}$	2. 1. 3
8	1.16. 5	1.16. 6	1.16. 7	1.16. 8
7	1.11.$10\frac{3}{8}$	1.11.$11\frac{1}{4}$	1.12. $0\frac{1}{8}$	1.12. 1
6	1. 7. $3\frac{3}{4}$	1. 7. $5\frac{1}{2}$	1. 7. $5\frac{1}{4}$	1. 7. 6
5	1. 2. $9\frac{1}{8}$	1. 2. $9\frac{3}{4}$	1. 2.10	1. 2.11
4	0.18. $2\frac{1}{2}$	0.18. 3	0.18. $3\frac{1}{2}$	0.18. 4
3	0.13. $7\frac{7}{8}$	0.13. $8\frac{1}{4}$	0.13. $8\frac{5}{8}$	0.13. 9
2	0. 9. $1\frac{1}{4}$	0. 9. $1\frac{1}{2}$	0. 9. $1\frac{3}{4}$	0. 9. 2
1	0. 4. $6\frac{5}{8}$	0. 4. $6\frac{3}{4}$	0. 4. $6\frac{7}{8}$	0. 4. 7
sols. 40	0. 3. $0\frac{1}{4}$	0. 3. $0\frac{1}{2}$	0. 3. $0\frac{1}{2}$	0. 3. $0\frac{5}{8}$
20	0. 1. $6\frac{3}{8}$	0. 1. $6\frac{1}{4}$	0. 1. $6\frac{3}{8}$	0. 1. $6\frac{3}{8}$
10	0. 0. 9	0. 0. $9\frac{1}{8}$	0. 0. $9\frac{1}{8}$	0. 0. $9\frac{2}{8}$
9	0. 0. $8\frac{1}{2}$	0. 0. $8\frac{3}{4}$	0. 0. $8\frac{3}{4}$	0. 0. $8\frac{3}{4}$
8	0. 0. $7\frac{1}{2}$	0. 0. $7\frac{5}{8}$	0. 0. $7\frac{3}{4}$	0. 0. 8
7	0. 0. $6\frac{3}{4}$	0. 0. $6\frac{7}{8}$	0. 0. 7	0. 0. 7
6	0. 0. $5\frac{3}{4}$	0. 0. $5\frac{3}{4}$	0. 0. 6	0. 0. 6
5	0. 0. $4\frac{1}{2}$	0. 0. $4\frac{1}{2}$	0. 0. $4\frac{1}{2}$	0. 0. $4\frac{3}{4}$
4	0. 0. 4	0. 0. 4	0. 0. 4	0. 0. 4
3	0. 0. 3	0. 0. 3	0. 0. 3	0. 0. 3
2	0. 0. 2	0. 0. 2	0. 0. 2	0. 0. 2
1	0. 0. 1	0. 0. 1	0. 0. 1	0. 0. 1

Les sommes cy-dessus, sont des livres sols & deniers Sterlins, notés Liv. f. d.

Le Change étant.		A 54$\frac{5}{8}$.den.	A 54$\frac{3}{4}$.den.	A 54$\frac{7}{8}$.den.	A 55.den.
		liv. s. d.	liv. s. d.	liv. s. d.	liv. s. d.
liv. Sterl.	500	6590. 7. 6	6575. 6. 9	6560. 7. 2	6535. 9. 0
	400	5272. 6. 0	5260. 5. 4	5248. 5. 8	5236. 7. 2
	300	3954. 4. 6	3945. 4. 1	3936. 4. 4	3927. 5. 5
	200	2636. 3. 0	2630. 2. 8	2624. 2.10	2618. 3. 7
	100	1313. 1. 6	1315. 1. 4	1312. 1. 5	1309. 1. 9
	90	1186. 5. 4	1183.11. 2	1180.17. 3	1178. 3. 7
	80	1054. 9. 2	1052. 1. 1	1049.13. 2	1047. 5. 5
	70	922.13. 1	920.10.11	918. 9. 0	916. 7. 3
	60	790.16.11	789. 0. 9	787. 4.10	785. 9. 1
	50	659. 0. 9	657.10. 8	656. 0. 8	654.10.10
	40	527. 4. 7	526. 0. 6	524.16. 7	523.12. 8
	30	395. 8. 5	394.10. 4	393.12. 5	392.14. 6
	20	263.12. 3	263. 0. 3	262. 8. 3	261.16. 4
	10	131.16. 2	131.10. 1	131. 4. 1	130.18. 2
	9	118.12. 7	118. 7. 1	118. 1. 8	117.16. 4
	8	105. 8.11	105. 4. 1	104.19. 3	114.14. 6
	7	92. 5. 3	92. 1. 1	91.16.10	91.12.10
	6	79. 1. 8	78.18. 0	78.14. 5	78.11. 0
	5	65.18. 1	65.15. 0	65.12. 0	65. 9. 2
	4	52.14. 5	52.12. 0	52. 9. 7	52. 7. 4
	3	39.10.10	39. 9. 0	39. 7. 2	39. 5. 6
	2	26. 7. 2	26. 6. 0	26. 4. 9	26. 3. 8
	1	13. 3. 7	13. 3. 0	13. 2. 4	13. 1.10
sols St.	10	6.11. 9	6.11. 6	6.11. 2	6.10.11
	9	5.18. 7	5.18. 4	5.18. 0	5.17. 9
	8	5. 5. 5	5. 5. 3	5. 4.11	5. 4. 8
	7	4.12. 3	4.12. 1	4.11.10	4.11. 7
	6	3.19. 1	3.18.11	3.18. 9	3.18. 6
	5	3. 5.10	3. 5. 9	3. 5. 7	3. 5. 5
	4	2.12. 8	2.12. 7	2.12. 5	2.12. 4
	3	1.19. 6	1.19. 5	1.19. 4	1.19. 3
	2	1. 6. 4	1. 6. 3	1. 6. 3	1. 6. 2
	1	0.13. 2	0.13. 2	0.13. 2	0.13. 1
den. St.	6	0. 6. 7	0. 6. 7	0. 6. 7	6. 6. 7
	5	0. 5. 5	0. 5. 5	0. 5. 5	0. 5. 5
	4	0. 4. 4	0. 4. 4	0. 4. 4	0. 4. 4
	3	0. 3. 3	0. 3. 3	0. 3. 3	0. 3. 3
	2	0. 2. 2	0. 2. 2	0. 2. 2	0. 2. 2
	1	0. 1. 1	0. 1. 1	0. 1. 1	0. 1. 1
	$\frac{1}{2}$	0. 0. 6	0. 0. 6	0. 0. 6	0. 0. 6

Les sommes cy-dessus, sont des livres, sols & deniers Tournois, notés liv. s. d.

Le Change étant.	A 55 1/8. den. liv. ſ. d.	A 55 1/4. den. liv. ſ. d.	A 55 3/8. den. liv. ſ. d.	A 55 1/2. den. liv. ſ. d.
écus. 1000	229.13. 9	230. 4. 2	230.14. 7	23[illegible]. 5. 0
900	106.14. 4 1/2	207. 3. 9	207.13. 1 1/2	208. 2. 6
800	183.15. 0	18[illegible]. 3. 4	184 11. 8	185. 0. 0
700	160.15. 7 1/2	161. 2.11	161.10. 1 1/2	161.17. 6
600	137.16. 3	138. 2. 6	138. 8. 9	138.15. 0
500	114.16.10 1/2	115. 2. 1	115. 7. 3 1/2	115.12. 6
400	91.17. 6	92. 1. 8	92. 5.10	92.10. 0
300	68.18. 1 1/2	69. 1.13	69. 4. 4 1/2	69. 7. 6
200	45.18. 9	46. 0.10	46. 2.11	46. 5. 0
100	22.19. 4 1/2	23. 0. 5	23. 1. 5 1/2	23. 2. 6
90	20.13. 5 1/4	20.14. 4 1/2	20.15. 3 3/4	20.16. 3
80	18. 7. 6	18. 8. 4	18. 9. 2	18.10. 0
70	16. 1. 6 3/4	16. 2. 3 1/2	16. 3. 0 1/4	16. 3. 9
60	13.15. 7 1/2	13.16. 3	13.16.10 1/2	13.17. 6
50	11. 9. 8 1/4	11.10. 1 1/2	11.10. 8 3/4	11.11. 3
40	9. 3. 9	9. 4. 2	9. 4. 7	9. 5. 0
30	6.17. 9 3/4	6.18. 1 1/2	6.18. 5 1/4	6.18. 9
20	4.11.10 1/2	4.12. 1	4.12. 3 1/2	4.12. 6
10	2. 5.11 1/4	2. 6. 0 1/2	2. 6. 1 3/4	2. 6. 3
9	2. 1. 4 1/8	2. 1. 5 2/8	2. 1. 6 3/8	2. 1. 7 1/2
8	1.16. 9	1.16.10	1.16.11	1.17. 0
7	1.12. 1 7/8	1.12. 2 6/8	1.12. 3 5/8	1.12. 4 1/2
6	1. 7. 6 6/8	1. 7. 7 4/8	1. 7. 8 2/8	1. 7. 9
5	1. 2.11 5/8	1. 3. 0 2/8	1. 3. 0 7/8	1. 3. 1 4/8
4	0.18. 4 4/8	0.18. 5	0.18. 4 4/8	0.18. 6
3	0 13. 9 3/8	0.13. 9 6/8	0.13.10 1/8	0.13.10 4/8
2	0. 9. 2 2/8	0. 9. 2 4/8	0. 9. 2 6/8	0. 9. 3
1	0. 4. 7 1/8	0. 4. 7 2/8	0. 4. 7 3/8	0. 4. 7 4/8
ſols. 40	0. 3. 0 6/8	0. 3. 0 6/8	0. 3. 0 6/8	0. 3. 1
20	0. 1. 6 3/8	0. 1. 6 3/8	0. 1. 6 3/8	0. 1. 6 4/8
10	0. 0. 9 1/8	0. 0 9 1/8	0. 0. 9 1/8	0. 0. 9 2/8
9	0. 0. 8 6/8	0. 0. 8 6/8	0. 0. 8 6/8	0. 0. 8 7/8
8	0. 0. 8	0. 0. 8	0. 0. 8	0. 0. 8
7	0. 0. 7	0. 0. 7	0. 0. 7	0. 0. 7
6	0. 0. 6	0. 0. 6	0. 0. 6	0. 0. 6
5	0. 0. 5	0. 0. 5	0. 0. 5	0. 0. 5
4	0. 0. 4	0. 0. 4	0. 0. 4	0. 0. 4
3	0. 0. 3	0. 0. 3	0. 0. 3	0. 0. 3
2	0. 0. 2	0. 0. 2	0. 0. 2	0. 0. 2
1	0. 0. 1	0. 0. 1	0. 0. 1	0. 0. 1

Les ſommes cy-deſſus, ſont des livres, ſols & deniers Sterlins, notés liv. ſ. d.

Le Change étant.		A 55⅛.den. liv. f. d.	A 55¼.den. liv. f. d.	A 55⅜.den. liv. f. d.	A 55½.den. liv. f. d.
liv.Sterl.	500	6530.12. 3	6515.16. 9	6501. 2. 7	6486. 9. 9
	400	5224. 9.10	5212.13. 5	5200.18. 1	5189. 3.10
	300	3918. 7. 5	3909.10. 1	3900.13. 7	3891.17.10
	200	2612. 4.11	2606. 6. 9	2600. 9. 1	2594.11.11
	100	1306. 2. 5	1303. 3. 4	1300. 4. 6	1297. 5.11
	90	1175.10. 2	1172.17. 1	1170. 4. 0	1167.11. 4
	80	1044.17.11	1042.10. 9	1040. 3. 7	1037.16. 9
	70	914. 5. 8	912. 4. 5	910. 3. 2	908. 2. 2
	60	783.13. 5	781.18. 1	780. 2. 9	778. 7. 7
	50	653. 1. 3	651.11. 8	650. 2. 3	648.12.11
	40	522. 8.11	521. 5. 5	520. 1. 9	518.18. 5
	30	391.16. 9	390.19. 0	390. 1. 5	389. 3.10
	20	261. 4. 6	260.12. 9	260. 0.11	259. 9. 2
	10	130.12. 3	130. 6. 5	130. 0. 6	129.1[illegible]. 7
	9	117.11. 1	117. 5. 9	117. 0. 5	116.15. 2
	8	104. 9. 9	104. 5. 1	104. 0. 5	103.15. 8
	7	91. 8. 7	91. 4. 6	91. 0. 3	90.16. 3
	6	78. 7. 4	78. 3. 9	78. 0. 3	77.16. 9
	5	65. 6. 1	65. 3. 3	65. 0. 3	64.17. 4
	4	52. 4.10	52. 2. 7	52. 0. 2	51.17.10
	3	39. 3. 8	39. 1.11	39. 0. 2	38.18. 5
	2	26. 2. 5	26. 1. 4	26. 0. 2	25.18.11
	1	13. 1. 2	13. 0. 8	13. 0. 1	12.19. 6
ſols St.	10	6.10. 7	6.10. 4	6.10. 0	6. 9. 9
	9	5.17. 7	5.17. 4	5.17. 0	5.16. 9
	8	5. 4. 6	5. 4. 3	5. 4. 0	5. 3.10
	7	4.11. 5	4.11. 3	4.11. 0	4.10. 9
	6	3.18. 4	3.18. 2	3.18. 0	3.17.10
	5	3. 5. 3	3. 5. 2	3. 5. 0	3. 4.11
	4	2.12. 3	2.12. 2	2.12. 0	2.11.11
	3	1.19. 2	1.19. 1	1.19. 0	1.19. 0
	2	1. 6. 1	1. 6. 1	1. 6. 0	1. 5.11
	1	0.13. 0	0.13. 0	0.13. 0	0.13. 0
den. St.	6	0. 6. 6	0. 6. 6	0. 6. 6	0. 6. 6
	5	0. 5. 5	0. 5. 5	0. 5. 5	0. 5. 5
	4	0. 4. 4	0. 4. 4	0. 4. 4	0. 4. 4
	3	0. 3. 3	0. 3. 3	0. 3. 3	0. 3. 3
	2	0. 2. 2	0. 2. 2	0. 2. 2	0. 2. 2
	1	0. 1. 1	0. 1. 1	0. 1. 1	0. 1. 1

Les ſommes cy-deſſus, ſont des Livres, ſols & deniers Tournois, notés liv. ſ. d.

Le

Le Change etant.	A $55\frac{5}{8}$ den. liv. f. d.	A $55\frac{3}{4}$ den. liv. f. d.	A $55\frac{7}{8}$ den. liv. f. d.	A 56. den. liv. f. d.
écus. 1000	231.15. 5	232.15.10	232.16. 3	233. 6.8
900	208.11.$10\frac{4}{8}$	209. 1. 3	209.10. $7\frac{4}{8}$	210. 0.0
800	185. 8. 4	185.16. 8	186. 5. 0	186.13.4
700	162. 4. $9\frac{4}{8}$	162.12. 1	162.19. $4\frac{4}{8}$	163. 6.8
600	139. 1. 3	139. 7. 6	139.13. 9	140. 0.0
500	115.17. $8\frac{4}{8}$	116. 2.11	116. 8. $1\frac{4}{8}$	116.13.4
400	92.14. 2	92.18. 4	93. 2. 6	93. 6.8
300	69.10. $7\frac{4}{8}$	69.13. 9	69.16.$10\frac{4}{8}$	70. 0.0
200	46. 7. 1	46. 9. 2	46. 11. 3	46.13.4
100	23. 3. $6\frac{4}{8}$	23. 4. 7	23. 5. $7\frac{4}{8}$	23. 6.8
90	20.17. $2\frac{2}{8}$	20.18. $1\frac{4}{8}$	20.19. $0\frac{6}{8}$	21. 0.0
80	18.10.10	18. 11. 8	18.12. 6	18.13.4
70	16. 4. $5\frac{6}{8}$	16. 5. $2\frac{4}{8}$	16. 5.$11\frac{2}{8}$	16. 6.8
60	13.18. $1\frac{4}{8}$	13.18. 9	13.19. $4\frac{4}{8}$	14. 0.0
50	11. 11. $9\frac{2}{8}$	11.12. $3\frac{4}{8}$	11.12. $9\frac{6}{8}$	11.13.4
40	9. 5. 5	9. 5.10	9. 6. 3	9. 6.8
30	6.19. $0\frac{6}{8}$	6.19. $4\frac{4}{8}$	6.19. $8\frac{2}{8}$	7. 0.0
20	4.12. $8\frac{4}{8}$	4.12. 11	4.13. $1\frac{4}{8}$	4.13.4
10	2. 6. $4\frac{2}{8}$	2. 6. $5\frac{4}{8}$	2. 6. $6\frac{6}{8}$	2. 6.8
9	2. 1. $8\frac{5}{8}$	2. 1. $9\frac{6}{8}$	2. 1.$10\frac{7}{8}$	2. 2.0
8	1.17. 1	1.17. 2	1.17. 3	1.17.4
7	1.12. $5\frac{3}{8}$	1.12. $6\frac{2}{8}$	1.12. $7\frac{1}{8}$	1.12.8
6	1. 7. $9\frac{6}{8}$	1. 7.$10\frac{4}{8}$	1. 7. $11\frac{2}{8}$	1. 8.0
5	1. 3. $2\frac{1}{8}$	1. 3. $2\frac{6}{8}$	1. 3. $3\frac{3}{8}$	1. 3.4
4	0.18. $6\frac{4}{8}$	0.18. 7	0.18. $7\frac{4}{8}$	0.18.8
3	0.13.$10\frac{7}{8}$	0.13. $11\frac{2}{8}$	0.13. $0\frac{5}{8}$	0.14.0
2	0. 9. $3\frac{7}{8}$	0. 9. $3\frac{4}{8}$	0. 9. $3\frac{6}{8}$	0. 9 4
1	0. 4. $7\frac{5}{8}$	0. 4. $7\frac{6}{8}$	0. 4. $7\frac{7}{8}$	0. 4.8
sols. 40	0. 3. 1	0. 3. $1\frac{2}{8}$	0. 3. $1\frac{2}{8}$	0. 3.$1\frac{2}{8}$
20	0. 1. $6\frac{4}{8}$	0. 1. $6\frac{5}{8}$	0. 1. $6\frac{5}{8}$	0. 1.$6\frac{5}{8}$
10	0. 0. $9\frac{3}{8}$	0. 0. $9\frac{3}{8}$	0. 0. $9\frac{4}{8}$	0. 0.$9\frac{2}{8}$
9	0. 0. $8\frac{7}{8}$	0. 0. $8\frac{7}{8}$	0. 0. 8 [illegible]	0. 0.$8\frac{7}{8}$
8	0. 0. 8	0. 0. 8	0. 0. 8	0. 0.8
7	0. 0. 7	0. 0. 7	0. 0. 7	0. 0.7
6	0. 0. 6	0. 0. 6	0. 0. 6	0. 0.6
5	0. 0. 5	0. 0. 5	0. 0. 5	0. 0.5
4	0. 0. 4	0. 0. 4	0. 0. 4	0. 0.4
3	0. 0. 3	0. 0. 3	0. 0. 3	0. 0.3
2	0. 0. 2	0. 0. 2	0. 0. 2	0. 0.2
1	0. 0. 1	0. 0. 1	0. 0. 1	0. 0.1

Les sommes cy-dessus, sont livres, sols & deniers Sterlins, notes liv. f. d.

Le Change étant.	A 55 5/8. den.	A 55 3/4. den.	A 55 7/8. den.	A 56. den.
	liv. ſ. d.	liv. ſ. d.	liv. ſ. d.	liv. ſ. d.
liv. Sterl. 500	6471.18. 3	6457. 7.11	6442.19. 1	6428.11. 6
400	5177.10. 7	5165. 8. 4	5154. 7. 3	5142.17. 2
300	3883. 2.11	3874. 8.10	3865.15. 6	3857. 2.11
200	2588.15. 4	2582.19. 3	2577. 3. 8	2571. 8. 7
100	1294. 7. 8	1291. 9. 8	1288.11.10	1285.14. 4
90	1164.18.11	1162. 6. 8	1159.14. 8	1157. 2.11
80	1035.10. 1	1033. 3. 9	1030.17. 6	1028.11. 6
70	906. 1. 4	904. 0. 9	902. 0. 4	900. 0. 0
60	776.12. 7	774.17.10	773. 3. 2	771. 8. 7
50	647. 3.10	645.14.10	644. 5.11	642.17. 2
40	517.15. 1	516.11.11	515. 8. 9	514. 5. 9
30	388. 6. 4	387. 8.11	386.11. 7	385.14. 4
20	258.17. 6	258. 6. 0	257.14. 5	257. 2.11
10	129. 8. 9	129. 3. 0	128.17. 3	128.11. 6
9	116. 9.11	116. 4. 8	115.19. 6	115.14. 4
8	103.11. 0	103. 6. 5	103. 1. 9	102.17. 2
7	90.12. 2	90. 8. 1	90. 4. 1	90. 0. 0
6	77.13. 3	77. 9.10	77. 6. 4	77. 2.11
5	64.14. 5	64.11. 6	64. 8. 8	64. 5. 9
4	51.15. 6	51.13. 3	51.10.11	51. 8. 9
3	38.16. 7	38.14.11	38.13. 2	38.11. 6
2	25.17. 9	25.16. 8	25.15. 6	25.14. 4
1	12.18.10	12.18. 4	12.17. 9	12.17. 2
ſols St. 10	6. 9. 5	6. 9. 2	6. 8.11	6. 8. 7
9	5.16. 6	5.16. 3	5.16. 0	5.15. 9
8	5. 3. 6	5. 3. 4	5. 3. 2	5. 2.11
7	4.10. 7	4.10. 5	4.10. 3	4.10. 0
6	3.17. 9	3.17. 6	3.17. 4	3.17. 2
5	3. 4. 9	3. 4. 7	3. 4. 6	3. 4. 4
4	2.11.10	2.11. 8	2.11. 7	2.11. 6
3	1.18.10	1.18. 9	1.18. 8	1.18. 7
2	1. 5.11	1. 5.10	1. 5.10	1. 5. 9
1	0.13. 0	0.12.11	0.12.11	0.12.11
den. St. 6	0. 6. 6	0. 6. 5	0. 6. 5	0. 6. 5
5	0. 5. 5	0. 5. 5	0. 5. 5	0. 5. 5
4	0. 4. 4	0. 4. 4	0. 4. 4	0. 4. 4
3	0. 3 3	0. 3. 3	0. 3. 3	0. 3. 3
2	0. 2. 2	0. 2. 2	0. 2. 2	0. 2. 2
1	0. 1. 1	0. 1. 1	0. 1. 1	0. 1. 1

Les ſommes cy-deſſus, ſont des livres ſols & deniers Tournois, notés liv. ſ. d.

Le Change étant.	A 56$\frac{1}{8}$.den.			A 56$\frac{1}{4}$.den.			A 56$\frac{3}{8}$.den.			A 56$\frac{1}{2}$.den.		
	liv.	s.	d.	liv.	s.	d.	liv.	s.	d.	liv.	s.	d.
Écus. 1000	233.	17.	1	234.	7.	6	234.	17.	11	235.	8.	4
900	210.	9.	$4\frac{4}{8}$	210.	18.	9	211.	8.	$1\frac{4}{8}$	211.	17.	6
800	187.	1.	8	187.	10.	0	187.	18.	4	188.	6.	8
700	163.	13.	$11\frac{4}{8}$	164.	1.	3	164.	8.	$6\frac{4}{8}$	164.	15.	10
600	140.	6.	3	140.	12.	6	140.	18.	9	141.	5.	0
500	116.	18.	$6\frac{4}{8}$	117.	3.	9	117.	8.	$11\frac{4}{8}$	117.	14.	2
400	93.	10.	10	93.	15.	0	93.	19.	2	94.	3.	4
300	70.	3.	$1\frac{4}{8}$	70.	6.	3	70.	9.	$4\frac{4}{8}$	70.	12.	6
200	46.	15.	5	46.	17.	6	46.	19.	7	47.	1.	8
100	23.	7.	$8\frac{4}{8}$	23.	8.	9	23.	9.	$9\frac{4}{8}$	23.	10.	10
90	21.	0.	$11\frac{2}{8}$	21.	1.	$10\frac{4}{8}$	21.	2.	$9\frac{6}{8}$	21.	3.	9
80	18.	14.	2	18.	15.	0	18.	15.	10	18.	16.	8
70	16.	7.	$4\frac{6}{8}$	16.	8.	$1\frac{4}{8}$	16.	8.	$10\frac{2}{8}$	16.	9.	7
60	14.	0.	$7\frac{4}{8}$	14.	1.	3	14.	1.	$10\frac{4}{8}$	1 .	2.	6
50	11.	13.	$10\frac{2}{8}$	11.	14.	$4\frac{4}{8}$	11.	14.	$10\frac{6}{8}$	11.	15.	5
40	9.	7.	1	9.	7.	6	9.	7.	11	9.	8.	4
30	7.	0.	$3\frac{6}{8}$	7.	0.	$7\frac{4}{8}$	7.	0.	$11\frac{2}{8}$	7.	1.	3
20	4.	13.	$6\frac{4}{8}$	4.	13.	9	4.	13.	$11\frac{4}{8}$	4.	14.	2
10	2.	6.	$9\frac{2}{8}$	2.	6.	$10\frac{4}{8}$	2.	6.	$11\frac{6}{8}$	2.	7.	1
9	2.	2.	$1\frac{1}{8}$	2.	2.	$2\frac{2}{8}$	2.	2.	$3\frac{3}{8}$	2.	2.	$4\frac{4}{8}$
8	1.	17.	5	1.	17.	6	1.	17.	7	1.	17.	8
7	1.	12.	$8\frac{7}{8}$	1.	12.	$9\frac{6}{8}$	1.	12.	$10\frac{5}{8}$	1.	12.	$11\frac{4}{8}$
6	1.	8.	$0\frac{6}{8}$	1.	8.	$1\frac{4}{8}$	1.	8.	$2\frac{2}{8}$	1.	8.	3
5	1.	3.	$4\frac{5}{8}$	1.	3.	$5\frac{2}{8}$	1.	3.	$5\frac{7}{8}$	1.	3.	$6\frac{4}{8}$
4	0.	18.	$8\frac{4}{8}$	0.	18.	9	0.	18.	$9\frac{4}{8}$	0.	18.	10
3	0.	14.	$0\frac{3}{8}$	0.	14.	$\frac{6}{8}$	0.	14.	$1\frac{1}{8}$	0.	14.	$1\frac{4}{8}$
2	0.	9.	$4\frac{2}{8}$	0.	9.	$4\frac{4}{8}$	0.	9.	$4\frac{6}{8}$	0.	9.	5
1	0.	4.	$8\frac{1}{8}$	0.	4.	$8\frac{2}{8}$	0.	4.	$8\frac{3}{8}$	0.	4.	$8\frac{4}{8}$
sols. 40	0.	3.	$1\frac{3}{8}$	0.	3.	$1\frac{4}{8}$	0.	3.	$1\frac{5}{8}$	0.	3.	$1\frac{6}{8}$
20	0.	1.	$6\frac{5}{8}$	0.	1.	$6\frac{6}{8}$	0.	1.	6 [illegible]/8	0.	1.	$6\frac{7}{8}$
10	0.	0.	$9\frac{2}{8}$	0.	0.	$9\frac{3}{8}$	0.	0.	9 [illegible]/8	0.	0.	$9\frac{3}{8}$
9	0.	0.	$8\frac{6}{8}$	0.	0.	8 [illegible]/8	0.	0.	8 [illegible]/8	0.	0.	8 [illegible]/8
8	0.	0.	8	0.	0.	8	0.	0.	8	0.	0.	8
7	0.	0.	7	0.	0.	7	0.	0.	7	0.	0.	7
6	0.	0.	6	0.	0.	6	0.	0.	6	0.	0.	6
5	0.	0.	5	0.	0.	5	0.	0.	5	0.	0.	5
4	0.	0.	4	0.	0.	4	0.	0.	4	0.	0.	4
3	0.	0.	3	0.	0.	3	0.	0.	3	0.	0.	3
2	0.	0.	2	0.	0.	2	0.	0.	2	0.	0.	2
1	0.	0.	1	0.	0.	1	0.	0.	1	0.	0.	1

Les sommes cy-dessus, sont livres, sols & deniers Sterlins, notés liv. s. d.

Le Change étant.	A 56⅛. den. liv. s. d.	A 56¼. den. liv. s. d.	A 56⅜. den. liv. s. d.	A 56½. den. liv. s. d.
liv. Sterl. 500	6414. 5. 1	6400. 0. 0	6385.16. 3	6371.13. 8
400	5131. 8. 1	5120. 0. 0	5108.13. 0	5097. 6.11
300	3848.11. 1	3840. 0. 0	3831. 9. 9	3823. 0. 3
200	2565.14. 1	2560. 0. 0	255[illegible]. 6. 6	2548.13. 6
100	1282.17. 1	1280. 0. 0	1277. 3. 3	1274. 6. 9
90	1154.11. 4	1152. 0. 0	1149. 8.11	11 6.18. 1
80	1076. 5. 8	1024. 0. 0	1021.14. 7	1019. 9. 5
70	897.19.11	896. 0. 0	894. 0. 4	892. 0. 9
60	769.14. 3	768. 0. 0	766. 6. 0	76[illegible].12. 1
50	641. 8. 7	640. 0. 0	638.11. 8	637. 3. 5
40	513. 2.10	512. 0. 0	510.17. 4	509.14. 9
30	384.17. 2	384. 0. 0	383. 3. 0	382. 6. 1
20	256.11. 5	256. 0. 0	255. 8. 8	254.17. 5
10	128. 5. 9	128. 0. 0	127.14. 4	127. 8. 9
9	115. 9. 2	115. 0. 0	114.18.11	114.13.10
8	102.12. 7	102. 0. 0	102. 3. 6	101.19. 0
7	89.16. 0	89.12. 0	89. 8. 1	89. 4. 1
6	76.19. 6	76.16. 0	76.12. 8	76. 9. 3
5	64. 2.11	64. 0. 0	63.17. 2	63.14. 5
4	51. 6. 4	51. 4. 0	51. 1. 9	50.19. 6
3	38. 9. 9	38. 8. 0	38. 6. 4	38. [illegible]. 8
2	25.13. 2	25.12. 0	25.10. 1	25. 9. 9
1	12.16. 7	12.16. 0	12.15. 6	12.14.11
sols St. 10	6. 8. 3	6. 8. 0	6. 7. 9	6. 7. 5
9	5.15. 6	5.15. 3	5.14. 7	5.14. 6
8	5. 2. 8	5. 2. 5	5. 1.10	5. 1.10
7	4. 9.10	4. 9. 7	4. 9. 1	4. 9. 1
6	3.16.11	3.16.10	3.16. 4	3.16. 4
5	3. 4. 2	3. 4. 0	3. 3. 8	3. 3. 8
4	2.11. 4	2.11. 3	2.10.11	2.11.11
3	1.18. 6	1.18. 5	1.18. 2	1.18. 2
2	1. 5. 8	1. 5. 7	1. 5. 6	1. 5. 6
1	0.12.10	0.12.10	0.12. 9	0.12. 9
den. St. 6	0. 6. 5	0. 6. 5	0. 6. 4	0. 6. 4
5	0. 5. 5	0. 5. 5	0. 5. 4	0. 5. 4
4	0. 4. 4	0. 4. 4	0. 4. 4	0. 4. 4
3	0. 3. 2	0. 3. 2	0. 3. 2	0. 3. 2
2	0. 2. 2	0. 2. 2	0. 2. 2	0. 2. 2
1	0. 1. 0	0. 1. 0	0. 1. 0	0. 1. 0

Les sommes cy-dessus, sont des livres sols & deniers Tournois, notés liv. s. d.

Le Change ét. nt.	A 56 5/8. den. liv. s. d.	A 56 3/4. den. liv. s. d.	A 56 7/8. den. liv. s. d.	A 57. den. liv. s. d.
écus. 1000	235.18. 9	236. 9. 2	236.19. 7	237.10.0
900	212. 6.10 4/8	212.16. 3	213. 5. 7 4/8	213.15.0
800	188.15. 0	189. 3. 4	189.11. 8	190. 0.0
700	165. 3. 1 4/8	165.10. 5	165.17. 8 4/8	166. 5.0
600	141.11. 3	141.17. 6	142. 3. 9	142.10.0
500	117.19. 4 4/8	118. 4. 7	118. 9. 9 1/8	118.15.0
400	94. 7. 6	94.11. 8	94.15.10	95. 0.0
300	70.15. 7 4/8	70.18. 9	71. 5.10 4/8	71. 5.0
200	47. 3. 9	47. 5.10	47. 7. 11	47.10.0
100	23.11.10 4/8	23.12.11	23.13.11 4/8	23.15.0
90	21. 4. 8 2/8	21. 5. 7 4/8	21. 6. 6 6/8	21. 7.6
80	18.17. 6	18.18. 4	18.19. 2	19. 0.0
70	16.10. 3 6/8	16.11. 0 4/8	16.11. 9 2/8	16.12.6
60	14. 3. 1 4/8	14. 3. 9	14. 4. 4 4/8	14. 5.0
50	11.15.11 2/8	11.16. 5 4/8	11.16.11 6/8	11.17.6
40	9. 8. 9	9. 9. 2	9. 9. 7	9.10.0
30	7. 1. 6 6/8	7. 1.10 4/8	7. 2. 2 2/8	7. 2.6
20	4.14. 4 4/8	4.14. 7	4.14. 9 4/8	4.15.0
10	2. 7. 2 2/8	2. 7. 3 4/8	2. 7. 4 6/8	2. 7.6
9	2. 2. 5 5/8	2. 2. 6 6/8	2. 2. 7 7/8	2. 2.9
8	1.17. 9	1.17.10	1.17.11	1.18.0
7	1.13. 0 3/8	1.13. 1 2/8	1.13. 2 1/8	1.13.3
6	1. 8. 3 6/8	1. 8. 4 4/8	1. 8. 5 2/8	1. 8 6
5	1. 3. 7 1/8	1. 3. 7 6/8	1. 3. 8 3/8	1. 3.9
4	0.18.10 4/8	0.18.11	0.18.11 4/8	0.19.0
3	0.14. 1 7/8	0.14. 2 2/8	0.14. 2 [illegible]/8	0.14.3
2	0. 9. 5 2/8	0. 9. 5 4/8	0. 9. 5 6/8	0. 9.6
1	0. 4. 8 5/8	0. 4. 8 6/8	0. 4. 8 [illegible]/8	0. 4.9
sols. 40	0. 3. 1 6/8	0. 3. 1 7/8	0. 3. 1 [illegible]/8	0. 3.2
20	0. 1. 6 7/8	0. 1. 6 7/8	0. 1. 6 7/8	0 1.7
10	0. 0. 9 3/8	0. 0. 9 3/8	0. 0. 9 [illegible]/8	0. 0 9 [illegible]/8
9	0. 0. 8 7/8	0. 0. 8 [illegible]/8	0. 0. 8 [illegible]/8	0. 0.8 [illegible]/8
8	0. 0. 8	0. 0. 8	0. 0. 8	0. 0.8
7	0. 0. 7	0. 0. 7	0. 0. 7	0. 0.7
6	0. 0. 6	0. 0. 6	0. 0. 6	0. 0 6
5	0. 0. 5	0. 0. 5	0. 0. 5	0. 0.5
4	0. 0. 4	0. 0. 4	0. 0. 4	0. 0.4
3	0. 0. 3	0. 0. 3	0. 0. 3	0. 0.3
2	0. 0. 2	0. 0. 2	0. 0. 2	0. 0.2
1	0. 0. 1	0. 0. 1	0. 0. 1	0. 0.1

Les sommes cy-dessus, sont livres, sols & deniers Sterlins, notez liv. s. d.

Le Change étant.	A 56⅝. den. liv. ſ. d.	A 56¾. den. liv. ſ. d.	A 56⅞. den. liv. ſ. d.	A 57. den. liv. ſ. d.
liv. Sterl. 500	6357.12. 4	6343.12. 3	6329.13. 5	6315.15. 9
400	5086. 2. 2	5074.17.10	5063.14. 9	5052.12. 8
300	3814.11. 4	3806. 3. 4	3797.16. 0	3789. 9. 6
200	2543. 1. 1	2537. 8.11	2531.17. 5	2526. 6. 4
100	1271.10. 6	1268.14. 5	1265.18. 8	1263. 3. 2
90	1144. 7. 5	1141.17. 1	1139. 6.10	1136.16.10
80	1017. 4. 5	1014.19. 7	1012.15. 0	1010.10. 6
70	890. 8. 4	888. 2. 1	886. 3. 1	884.14. 2
60	762.18. 4	761. 4. 8	759.11. 2	757.17.11
50	635.15. 3	634. 7. 3	632.19. 4	631.11. 7
40	508.12. 2	507. 9.10	506. 7. 6.	505. 5. 4
30	381. 9. 2	380.12. 4	379.15. 7	378.19. 0
20	254. 6. 1	253.14.11	253. 3. 9	252.12. 8
10	127. 3. 1	126.17. 5	126.11.10	126. 6. 4
9	114. 8. 9	114. 3. 9	113.18. 9	113.13. 8
8	101.1[illegible]. 4	101.10. 0	101. 5. 8	101. 1. 2
7	89. 0. 0	88.16. 3	88.12. 5	88. 8. 6
6	76. 6. 2	76. 2. 6	75.19. 1	75.15. 9
5	63.11. 7	63. 8. 9	63. 6. 0	63. 3. 2
4	50.17. 6	50.15. 0	50.12.10	50.10. 7
3	38. 3. 1	38. 1. 3	37.19. 7	37.17.10
2	25. 8. 9	25. 7. 6	25. 6. 5	25. 5. 3
1	12.14. 4	12.13. 9	12.13. 2	12.12. 8
ſols St. 10	6. 7. 2	6. 6.10	6. 6. 7	6. 6. 4
9	5.14. 6	5.14. 2	5.14. 0	5.13. 8
8	5. 1. 9	5. 1. 6	5. 1. 4	5. 1. 1
7	4. 9. 0	4. 8. 9	4. 8. 8	4. 8. 5
6	3.16. 3	3.16. 1	3.16. 0	3.15.10
5	3. 3. 7	3. 3. 5	3. 3. 4	3. 3. 2
4	2.10.11	2.10. 9	2.10. 8	2.10. 6
3	1.18. 2	1.18. 1	1.18. 0	1.17.11
2	1. 5. 5	1. 5. 4	1. 5. 4	1. 5. 3
1	0.12. 8	0.12. 8	0.12. 8	0.12. 8
den. St. 6	0. 6. 4	0. 6. 4	0. 6. 4	0. 6. 4
5	0. 5. 4	0. 5. 4	0. 5. 4	0. 5. 4
4	0. 4. 4	0. 4. 4	0. 4. 4	0. 4. 4
3	0. 3. 2	0. 3. 2	0. 3. 2	0. 3. 2
2	0. 2. 2	0. 2. 2	0. 2. 2	0. 2. 2
1	0. 1. 0	0. 1. 0	0. 1. 0	0. 1. 0

Les ſommes cy-deſſus, ſont des livres, ſols & deniers Tournois, notés liv. ſ. d.

Le Change étant.	A $57\frac{1}{8}$ den.			A $57\frac{1}{4}$ den.			A $57\frac{3}{8}$ den.			A $57\frac{1}{2}$ den.		
	liv.	f.	d.	liv.	f.	d.	liv.	f.	d.	liv.	f.	d.
écus. 1000	238.	0.	5	238.	10.	10	239.	1.	3	239.	11.	8
900	214.	4.	$4\frac{1}{2}$	214.	13.	9	215.	3.	$1\frac{4}{8}$	215.	12.	6
800	190.	8.	4	190.	16.	8	191.	5.	0	191.	13.	4
700	166.	12.	$3\frac{4}{8}$	166.	19.	7	167.	6.	$10\frac{4}{8}$	167.	14.	2
600	142.	16.	3	143.	2.	6	143.	8.	9	143.	15.	0
500	119.	0.	$2\frac{4}{8}$	119.	5.	5	119.	10.	$8\frac{4}{8}$	119.	15.	10
400	95.	4.	2	95.	8.	4	95.	12.	6	95.	16.	8
300	71.	8.	$1\frac{4}{8}$	71.	11.	3	71.	14.	$4\frac{4}{8}$	71.	17.	6
200	47.	12.	1	47.	14.	2	47.	16.	3	47.	18.	4
100	23.	16.	$0\frac{4}{8}$	23.	17.	1	23.	18.	$2\frac{4}{8}$	23.	19.	2
90	21.	8.	$5\frac{2}{8}$	21.	9.	$4\frac{4}{8}$	21.	10.	$3\frac{6}{8}$	21.	11.	3
80	19.	0.	10	19.	1.	8	19.	2.	6	19.	3.	4
70	16.	13.	$2\frac{6}{8}$	16.	13.	$11\frac{4}{8}$	16.	14.	$8\frac{2}{8}$	16.	15.	5
60	14.	5.	$7\frac{4}{8}$	14.	6.	3	14.	6.	$10\frac{4}{8}$	14.	7.	6
50	11.	18.	$0\frac{2}{8}$	11.	18.	$6\frac{4}{8}$	11.	19.	$0\frac{6}{8}$	11.	19.	7
40	9.	10.	5	9.	10.	10	9.	11.	3	9.	11.	8
30	7.	2.	$9\frac{6}{8}$	7.	3.	$1\frac{4}{8}$	7.	3.	$5\frac{2}{8}$	7.	3.	9
20	4.	15.	$2\frac{4}{8}$	4.	15.	5	4.	15.	$7\frac{4}{8}$	4.	15.	10
10	2.	7.	$7\frac{2}{8}$	2.	7.	$8\frac{4}{8}$	2.	7.	$9\frac{6}{8}$	2.	7.	11
9	2.	2.	$10\frac{1}{8}$	2.	2.	$11\frac{7}{8}$	2.	3.	$0\frac{3}{8}$	2.	3.	$1\frac{4}{8}$
8	1.	18.	1	1.	18.	2	1.	18.	3	1.	18.	4
7	1.	13.	$3\frac{7}{8}$	1.	13.	$4\frac{6}{8}$	1.	13.	$5\frac{5}{8}$	1.	13.	$6\frac{4}{8}$
6	1.	8.	$6\frac{6}{8}$	1.	8.	$7\frac{4}{8}$	1.	8.	$8\frac{2}{8}$	1.	8.	9
5	1.	3.	$9\frac{5}{8}$	1.	3.	$10\frac{2}{8}$	1.	3.	$10\frac{7}{8}$	1.	3.	$11\frac{4}{8}$
4	0.	19.	$0\frac{4}{8}$	0.	19.	1	0.	19.	$1\frac{4}{8}$	0.	19.	2
3	0.	14.	$3\frac{3}{8}$	0.	14.	$3\frac{6}{8}$	0.	14.	$4\frac{1}{8}$	0.	14.	$4\frac{4}{8}$
2	0.	9.	$6\frac{2}{8}$	0.	9.	$6\frac{4}{8}$	0.	9.	$6\frac{6}{8}$	0.	9.	7
1	0.	4.	$9\frac{1}{8}$	0.	4.	$9\frac{2}{8}$	0.	4.	$9\frac{3}{8}$	0.	4.	$9\frac{4}{8}$
sols. 40	0.	3.	2	0.	3.	2	0.	3.	2	0.	3.	2
20	0.	1.	7	0.	1.	7	0.	1.	7	0.	1.	7
10	0.	0.	$9\frac{4}{8}$	0.	0.	$9\frac{4}{8}$	0.	0.	$9\frac{4}{8}$	0.	0.	$9\frac{4}{8}$
9	0.	0.	$8\frac{4}{8}$	0.	0.	$8\frac{4}{8}$	0.	0.	$8\frac{4}{8}$	0.	0.	$8\frac{4}{8}$
8	0.	0.	$7\frac{4}{8}$	0.	0.	$7\frac{4}{8}$	0.	0.	$7\frac{5}{8}$	0.	0.	$7\frac{6}{8}$
7	0.	0.	$6\frac{4}{8}$	0.	0.	$6\frac{4}{8}$	0.	0.	$6\frac{4}{8}$	0.	0.	$6\frac{3}{8}$
6	0.	0.	6	0.	0.	6	0.	0.	6	0.	0.	6
5	0.	0.	5	0.	0.	5	0.	0.	5	0.	0.	5
4	0.	0.	4	0.	0.	4	0.	0.	4	0.	0.	4
3	0.	0.	3	0.	0.	3	0.	0.	3	0.	0.	3
2	0.	0.	2	0.	0.	2	0.	0.	2	0.	0.	2
1	0.	0.	1	0.	0.	1	0.	0.	1	0.	0.	1

Les sommes cy-dessus, sont livres, sols & deniers Sterlins, notés liv. f. d.

Le Change étant.		A 57 1/8. den. liv. s. d.	A 57 1/4. den. liv. s. d.	A 57 3/8. den. liv. s. d.	A 57 1/2. den. liv. s. d.
liv. Sterl.	500	6301.19. 5	6288. 4. 4	6274.10. 3	6260.17. 5
	400	5041.11. 6	5030.11. 6	5019.12. 3	5008.13.11
	300	3784. 3. 7	3772.18. 7	376[illegible].14. 2	3756.10. 5
	200	2520.15.10	2515. 5. 9	2509.16. 1	2504. 6.11
	100	1260. 7.11	1257.12.10	1254.18. 0	1252. 3. 6
	90	113[illegible]. 7.	1137.17. 6	1129. 8. 2	1126.19. 2
	80	1008. 6. 4	1006. 2. 3	1003.18. 5	1001.14. 9
	70	882. 5. 7	880. 7. 0	878. 8. 7	876.10. 6
	60	756. 4. 9	754.11.10	752.18.10	751. 6. 1
	50	630. 3.11	628.16. 5	627. 9. 0	626. 1. 9
	40	504. 3. 2	503. 1. 1	501.19. 2	500.17. 5
	30	378. 2. 4	377. 5.11	376. 9. 5	375.13. 0
	20	252. 1. 7	251.10. 6	150.19. 7	250. 8. 9
	10	126. 0. 9	125.15. 3	125. 9.10	124. 4. 4
	9	113. 8. 8	113. 3. 9	112.18.10	112.14. 0
	8	100.16. 7	100.12. 3	100. 7.11	100. 3. 6
	7	88. 4. 6	88. 0. 9	87.16.11	87.13. 0
	6	75.12. 5	75. 9. 2	75. 5.11	75. 2. 7
	5	63. 0. 4	67.17. 8	62.14.11	62.12. 2
	4	50. 8. 4	50. 6. 2	50. 3.11	50. 1. 9
	3	37.16. 3	37.14. 7	37.12.11	37.11. 4
	2	25. 4. 2	25. 3. 1	25. 1.11	25. 0.10
	1	12.12. 1	12.11. 6	12.11. 0	12.10. 5
sols St.	10	6. 6. 0	6. 5. 9	6. 5. 6	6. 5. 2
	9	5.13. 5	5.13. 2	5.12.11	5.12. 8
	8	5. 0.10	5. 0. 7	5. 0. 5	5. 0. 2
	7	4. 8. 2	4. 8. 0	4. 7.10	4. 7. 8
	6	3.15. 7	3.15. 6	3.15. 4	3.15. 2
	5	3. 3. 0	3. 2.11	3. 2. 9	3. 2. 7
	4	2.10. 5	2.10. 3	2.10. 2	2.10. 1
	3	1.17.10	1.17. 9	1.17. 8	1.17. 7
	2	1. 5. 2	1. 5. 2	1. 5. 1	1. 5. 1
	1	0.12. 7	0.12. 7	0.12. 7	0.12. 6
den. St.	6	0. 6. 3	0. 6. 3	0. 6. 3	0. 6. 3
	5	0. 5. 2	0. 5. 2	0. 5. 2	0. 5. 2
	4	0. 4. 2	0. 4. 2	0. 4. 2	0. 4. 2
	3	0. 3. 1	0. 3. 1	0. 3. 1	0. 3. 1
	2	0. 2. 0	0. 2. 0	0. 2. 0	0. 2. 0
	1	0. 1. 0	0. 1. 0	0. 1. 0	0. 1. 0

Les sommes cy-dessus, sont des livres, sols & deniers Tournois, notées liv. s. d.

Le Change etant.	A 57$\frac{5}{8}$.den. liv. ſ. d.	A 57$\frac{3}{4}$.den. liv. ſ. d.	A 57$\frac{7}{8}$.den. liv. ſ. d.	A 58.den. liv. ſ. d.
Ecus. 1000	240. 2. 1	240.12. 6	241. 2.11	241.13. 4
900	216. 1.10$\frac{4}{8}$	216.11. 3	217. 0. 7$\frac{4}{8}$	217.10. 0
800	192. 1. 8	192.10. 0	192.18. 4	193. 6. 8
700	168. 1. 5$\frac{4}{8}$	168. 8. 9	168.16. 0$\frac{4}{8}$	169. 3. 4
600	144. 1. 3	144. 7. 6	144.13. 9	145. 0. 0
500	120. 1. 0$\frac{4}{8}$	120. 6. 3	120.11. 5$\frac{4}{8}$	120.16. 8
400	96. 0.10	96. 5. 0	96. 9. 2	96.13. 4
300	72. 0. 7$\frac{4}{8}$	72. 3. 9	72. 6.10$\frac{4}{8}$	72.10. 0
200	48. 0. 5	48. 2. 6	48. 4. 7	48. 6. 8
100	24. 0. 2$\frac{4}{8}$	24. 1. 3	24. 2. 3$\frac{4}{8}$	24. 3. 4
90	21.12. 0$\frac{2}{8}$	21.13. 1$\frac{4}{8}$	21.14. 0$\frac{6}{8}$	21.15. 0
80	19. 4. 2	19. 5. 0	19. 5.10	19. 6. 8
70	16.16. 1$\frac{6}{8}$	16.16.10$\frac{4}{8}$	16.17. 7$\frac{2}{8}$	16.18. 4
60	14. 8. 1$\frac{4}{8}$	14. 8. 9	14. 9. 4$\frac{4}{8}$	14.10. 0
50	12. 0. 1$\frac{2}{8}$	12. 0. 7$\frac{4}{8}$	12. 1. 1$\frac{6}{8}$	12. 1. 8
40	9.12. 1	9.12. 6	9.12.11	9.13. 4
30	7. 4. 0$\frac{6}{8}$	7. 4. 4$\frac{4}{8}$	7. 4. 8$\frac{2}{8}$	7. 5. 0
20	4.16. 0$\frac{4}{8}$	4.16. 3	4.16. 5$\frac{4}{8}$	4.16. 8
10	2. 8. 0$\frac{2}{8}$	2. 8. 1$\frac{4}{8}$	2. 8. 2$\frac{6}{8}$	2. 8. 4
9	2. 3. 2$\frac{5}{8}$	2. 3. 3$\frac{6}{8}$	2. 3. 4$\frac{7}{8}$	2. 3. 6
8	1.18. 5	1.18. 6	1.18. 7	1.18. 8
7	1.13. 7$\frac{3}{8}$	1.13. 8$\frac{4}{8}$	1.13. 9$\frac{5}{8}$	1.13.10
6	1. 8. 9$\frac{6}{8}$	1. 8.10$\frac{4}{8}$	1. 8.11$\frac{2}{8}$	1. 9. 0
5	1. 4. 0$\frac{1}{8}$	1. 4. 0$\frac{4}{8}$	1. 4. 1$\frac{3}{8}$	1. 4. 2
4	0.19. 2$\frac{4}{8}$	0.19. 3	0.19.	0.19. 4
3	0.14. 4$\frac{7}{8}$	0.14. 5$\frac{2}{8}$	0.14. 5$\frac{5}{8}$	0.14. 6
2	0. 9. 7$\frac{2}{8}$	0. 9. 7$\frac{4}{8}$	0. 9. 7$\frac{6}{8}$	0. 9. 8
1	0. 4. 9$\frac{5}{8}$	0. 4. 9$\frac{6}{8}$	0. 4. 9$\frac{7}{8}$	0. 4.10
ſols. 40	0. 3. 2$\frac{4}{8}$	0. 3. 2$\frac{4}{8}$	0. 3. 2$\frac{5}{8}$	0. 6. 4
20	0. 1. 7$\frac{1}{8}$	0. 1. 7$\frac{2}{8}$	0. 1. 7$\frac{2}{8}$	0. 1. 7$\frac{2}{8}$
10	0. 0. 9$\frac{5}{8}$	0. 9. $\frac{5}{8}$	0. 0. 9$\frac{5}{8}$	0. 0. 9$\frac{5}{8}$
9	0. 0. 8$\frac{5}{8}$	0. 0. 8$\frac{5}{8}$	0. 0. 8$\frac{5}{8}$	0. 0. 8$\frac{5}{8}$
8	0. 0. 7$\frac{5}{8}$	0. 0. 7$\frac{5}{8}$	0. 0. 7$\frac{5}{8}$	0. 0. 7$\frac{1}{8}$
7	0. 0. 6$\frac{5}{8}$	0. 0. 6$\frac{5}{8}$	0. 0. 6$\frac{6}{8}$	0. 0. 6$\frac{6}{8}$
6	0. 0. 5$\frac{5}{8}$	0. 0. 6	0. 0. 6	0. 0. 6
5	0. 0. 4$\frac{5}{8}$	0. 0. 4$\frac{5}{8}$	0. 0. 4$\frac{6}{8}$	0. 0. 4$\frac{6}{8}$
4	0. 0. 4	0. 0. 4	0. 0. 4	0. 0. 4
3	0. 0. 3	0. 0. 3	0. 0. 3	0. 0. 3
2	0. 0. 2	0. 0. 2	0. 0. 2	0. 0. 2
1	0. 0. 1	0. 0. 1	0. 0. 1	0. 0. 1

Les ſommes cy-deſſus, ſont livres, ſols & deniers Sterlins, notés liv. ſ. d.

Le Change étant.	A 57 5/8. den. liv. s. d.	A 57 3/4. den. liv. s. d.	A 57 7/8. den. liv. s. d.	A 58. den. liv. s. d.
liv. Sterl. 500	6247. 5.10	6233.15. 4	6220. 6. 1	6206.17.11
400	4997.16. 8	4987. 0. 3	4976. 5.11	4965.10. 4
300	3748. 7. 6	3740. 5. 2	3732. 3. 8	3724. 2. 9
200	2498.18. 4	2493.10. 2	2488. 2. 5	2482.15. 2
100	1249. 9. 2	1246.15. 1	1244. 1. 2	1241. 7. 7
90	1124.10. 3	1122. 1. 7	1119.13. 1	1117. 4.10
80	999.11. 4	997. 8. 1	995. 4.11	993. 2. 1
70	874.12. 5	872.14. 7	870.16.10	868.19. 4
60	749.13. 6	748. 1. 1	746. 8. 8	744.16. 6
50	624.14. 7	623. 7. 6	622. 0. 7	620.13. 9
40	499.15. 8	498.14. 0	497.12. 6	496.11. 1
30	374.16. 9	374. 0. 6	373. 4. 4	372. 8. 3
20	249.17.10	249. 7. 0	248.16. 3	248. 5. 6
10	124.18.11	124.13. 6	124. 8. 1	124. 2. 9
9	112. 9. 0	112. 4. 2	111.19. 4	111.14. 7
8	99.19. 9	99.14. 9	99.10. 5	99. 6. 2
7	87. 9. 3	87. 5. 6	87. 1. 8	86.18. 0
6	74.19. 5	74.16. 0	74.12.10	74. 9. 8
5	62. 9. 5	62. 6. 9	62. 4. 0	62. 1. 5
4	49.19. 6	49.17. 6	49.15. 3	49.13. 2
3	37. 9. 8	37. 8. 1	37. 6. 5	37. 4.10
2	24.19. 9	24.18. 8	24.17. 7	24.16. 7
1	12. 9.11	12. 9. 4	12. 8. 9	12. 8. 3
sols. 10	6. 4.11	6. 4. 8	6. 4. 4	6. 4. 2
9	5.12. 5	5.12. 3	5.11.11	5.11. 9
8	4.19.11	4.19. 9	4.19. 6	4.19. 4
7	4. 7. 5	4. 7. 3	4. 7. 1	4. 6.11
6	3.14.11	3.14.10	3. 4. 7	3.14. 6
5	3. 2. 6	3. 2. 4	3. 2. 2	3. 2. 1
4	2.10. 0	2. 9.10	2. 9. 9	2. 9. 6
3	1.17. 6	1.17. 5	1.17. 8	1.17. 3
2	1. 5. 0	1. 4.11	1. 4.10	1. 4.10
1	0.12. 6	0.12. 7	0.12. 5	0.12. 6
deniers. 6	0. 6. 3	0. 6. 3	0. 6. 3	0. 6. 3
5	0. 5. 2	0. 5. 2	0. 5. 2	0. 5. 2
4	0. 4. 2	0. 4. 2	0. 4. 2	0. 4. 2
3	0. 3. 1	0. 3. 1	0. 3. 1	0. 3. 1
2	0. 2. 1	0. 2. 1	0. 2. 1	0. 2. 1
1	0. 1. 0	0. 1. 0	0. 1. 0	0. 1. 0

Les sommes cy-dessus, sont des livres, sols & deniers Tournois, notés liv. s. d.

Le Change étant	A 58 1/8. den. liv. s. d.	A 58 1/4. den. liv. s. d.	A 58 3/8. den. liv. s. d.	A 58 1/2. den. liv. s. d.
écus. 1000	242. 3. 9	242.14. 2	243. 4. 7	243.15. 0
900	217.19. 4 4/8	218. 8. 9	218.18. 1 4/8	219. 7. 6
800	193.15. 0	194. 3. 4	194.11. 8	195. 0. 0
700	169.10. 7 4/8	169.17.11	170. 5. 2 4/8	170.12. 6
600	145. 6. 3	145.12. 6	145.18. 9	146. 5. 0
500	121. 1.10 4/8	121. 7. 1	121.12. 3 4/8	121.17. 6
400	96.18. 6	97. 1. 8	97. 4.10	97.10. 0
300	72.13. 1 4/8	72.16. 3	72.18. 4 4/8	73. 2. 6
200	48. 8. 9	48.10.10	48.12.11	48.15. 0
100	24. 4. 4 4/8	24. 5. 5	24. 6. 5 4/8	24. 7. 6
90	21.15.11 2/8	21.16.10 4/8	21.17. 9 6/8	21.18. 9
80	19. 7. 6	19. 8. 4	19. 9. 2	19.10. 0
70	16.19. 0 6/8	16.19. 9 4/8	17. 0. 6 2/8	17. 1. 3
60	14.10. 7 4/8	14.11. 3	14.11.10 4/8	14.12. 6
50	12. 2. 2 2/8	12. 2. 8 4/8	12. 3. 2 6/8	12. 3. 9
40	9.13. 9	9.14. 2	9.14. 7	9.15. 0
30	7. 5. 3 6/8	7. 5. 7 4/8	7. 5.11 2/8	7. 6. 3
20	4.16.10 4/8	4.17. 1	4.17. 3 4/8	4.17. 6
10	2. 8. 5 2/8	2. 8. 6 4/8	2. 8. 7 6/8	2. 8. 9
9	2. 3. 7 1/8	2. 3. 8 2/8	2. 3. 9 3/8	2. 3.10 4/8
8	1.18. 9	1.18.10	1.18.11	1.19. 0
7	1.13.10 7/8	1.13.11 6/8	1.14. 5 5/8	1.14. 1 4/8
6	1. 9. 0 6/8	1. 9. 1 4/8	1. 9. 2 2/8	1. 9. 3
5	1. 4. 2 5/8	1. 4. 3 2/8	1. 4. 3 7/8	1. 4. 4 4/8
4	0.19. 4 4/8	0.19. 5	0.19. 5 4/8	0.19. 6
3	0.14. 6 3/8	0.14. 6 6/8	0.14. 7 1/8	0.14. 7 4/8
2	0. 9. 8 2/8	0. 9. 8 4/8	0. 9. 8 6/8	0. 9. 9
1	0. 4.10 1/8	0. 4.10 2/8	0. 4.10 3/8	0. 4.10 4/8
sols. 40	0. 3. 2 6/8	0. 3. 2 7/8	0. 3. 2 7/8	0. 3. 3
20	0. 1. 7 3/8	0. 1. 7 3/8	0. 1. 7 3/8	0. 1. 7 [illegible]/8
10	0. 0. 9 5/8	0. 0. 9 5/8	0. 0. 9 5/8	0. 0. 9 6/8
9	0. 0. 8 5/8	0. 0. 8 5/8	0. 0. 8 5/8	0. 0. 8 6/8
8	0. 0. 7 5/8	0. 0. 7 5/8	0. 0. 7 5/8	0. 0. 7 6/8
7	0. 0. 6 5/8	0. 0. 6 5/8	0. 0. 6 5/8	0. 0. 6 6/8
6	0. 0. 5 5/8	0. 0. 5 5/8	0. 0. 5 5/8	0. 0. 5 7/8
5	0. 0. 4 6/8	0. 0. 4 6/8	0. 0. 4 6/8	0. 0. 4 7/8
4	0. 0. 4	0. 0. 4	0. 0. 4	0. 0. 3 [illegible]/8
3	0. 0. 3	0. 0. 3	0. 0. 3	0. 0. 3
2	0. 0. 2	0. 0. 2	0. 0. 2	0. 0. 2
1	0. 0. 1	0. 0. 1	0. 0. 1	0. 0. 1

Les sommes cy-dessus, sont livres, sols & deniers Sterlins, notés liv. s. d.

Le Change étant.	A 58⅛ den. liv. s. d.	A 58¼ den. liv. s. d.	A 58⅜ den. liv. s. d.	A 58½ den. liv. s. d.
liv.Sterl. 500	6193.11. 0	6183. 5. 2	6167. 0. 6	6153.16.11
400	4954.16.10	4946.12. 2	4933.12. 5	4923. 1. 6
300	3716. 2. 7	3709.19. 1	3700. 4. 4	3692. 6. 2
200	2477. 8. 5	2473. 6. 1	2466.16. 2	2461.10. 9
100	1238.14. 2	1236.13. 0	1233. 8. 1	1230.15. 4
90	1115. 6. 9	1112.19. 8	1109. 1. 4	1107.13.11
80	991.19. 4	989. 6. 4	986.14. 6	984.12. 4
70	867.11.11	865.13. 1	863. 7. 8	861.10. 9
60	743. 4. 6	741.19.10	740. 0.10	738. 9. 4
50	619. 7. 1	618. 6. 6	616.14. 0	615. 7. 8
40	495.19. 8	494.13. 2	493. 7. 3	492. 6. 2
30	371.12. 3	370.19.11	370. 0. 5	369. 4. 8
20	247.14.10	247. 6. 7	246.13. 7	246. 3. 1
10	123.17. 5	123.13. 4	123. 6. 9	123. 1. 6
9	111. 9. 8	111. 6. 0	111. 0. 1	110.15. 5
8	99. 2. 0	98.18. 8	98.13. 5	98. 9. 4
7	86.14. 2	86.11. 4	86. 6. 9	86. 3. 2
6	74. 6. 6	74. 4. 0	74. 0. 1	73.17. 0
5	61.18. 8	61.16. 8	61.13. 4	61.10. 9
4	49.10.11	49. 9. 4	49. 6. 8	49. 4. 8
3	37. 3. 3	37. 2. 0	37. 0. 0	36.18. 6
2	24.15. 5	24.14. 8	24.13. 4	24.12. 4
1	12. 7. 9	12. 7. 4	12. 6. 8	12. 6. 2
ſols St. 10	6. 3.10	6. 3. 8	6. 3. 4	6. 3. 1
9	5.11. 6	5.11. 4	5.11. 0	5.10. 8
8	4.19. 1	4.19. 0	4.18. 8	4.18. 7
7	4. 6. 8	4. 6. 6	4. 6. 4	4. 6. 4
6	3.14. 3	3.14. 2	3.14. 0	3.14. 0
5	3. 1.11	3. 1.10	3. 1. 8	3. 1. 7
4	2. 9. 7	2. 9. 6	2. 9. 4	2. 9. 4
3	1.17. 2	1.17. 2	1.17. 0	1.17. 0
2	1. 4. 9	1. 4. 8	1. 4. 8	1. 4. 8
1	0.12. 4	0.12. 4	0.12. 4	0.12. 5
den. St. 6	0. 6. 2	0. 6. 2	0. 6. 2	0. 6. 2
5	0. 5. 1	0. 5. 1	0. 5. 1	0. 5. 1
4	0. 4. 1	0. 4. 1	0. 4. 1	0. 4. 1
3	0. 3. 1	0. 3. 1	0. 3. 1	0. 3. 1
2	0. 2. 0	0. 2. 0	0. 2. 0	0. 2. 0
1	0. 1. 0	0. 1. 0	0. 1. 0	0. 1. 0

Les ſommes cy-deſſus, ſont des livres ſols & deniers Tournois, notés liv. ſ. d.

Le Change étant.	A 58$\frac{5}{8}$.den. liv. f. d.	A 58$\frac{3}{4}$.den. liv. f. d.	A 58$\frac{7}{8}$.den. liv. f. d.	A 59.den. liv. f. d.
écus. 1000	244. 5. 5	244.15.10	245. 6. 3	245.16. 8
900	219.16.10$\frac{4}{8}$	220. 6. 3	220.15. 7$\frac{4}{8}$	221. 5. 0
800	195. 8. 4	195.16. 8	196. 5. 0	196.13. 4
700	170.19. 9$\frac{4}{8}$	171. 7. 1	171.14. 4$\frac{4}{8}$	172. 1. 8
600	146.11. 3	146.17. 6	147. 3. 9	147.10. 0
500	122. 2. 8$\frac{4}{8}$	122. 7.11	122.13. 1$\frac{4}{8}$	122.18. 4
400	97.14. 2	97.18. 4	98. 2. 6	98. 6. 8
300	73. 5. 7$\frac{4}{8}$	73. 8. 9	73.11.10$\frac{4}{8}$	73.15. 0
200	48.17. 1	48.19. 2	49. 1. 3	49. 3. 4
100	24. 8. 6$\frac{4}{8}$	24. 9. 7	24.10. 7$\frac{4}{8}$	24.11. 8
90	21.19. 8$\frac{2}{8}$	22. 0. 7$\frac{4}{8}$	22. 1. 6$\frac{6}{8}$	22. 2. 6
80	19.10.10	19.11. 8	19.12. 6	19.13. 4
70	17. 1.11$\frac{6}{8}$	17. 2. 8$\frac{4}{8}$	17. 3. 5$\frac{2}{8}$	17. 4. 2
60	14.13. 2$\frac{4}{8}$	14.13. 9	14.14. 4$\frac{4}{8}$	14.15. 0
50	12. 4. 3$\frac{7}{8}$	12. 4. 9$\frac{4}{8}$	12. 5. 3$\frac{6}{8}$	12. 5.10
40	9.15. 5	9.15.10	9.16. 3	9.16. 8
30	7. 6. 6$\frac{6}{8}$	7. 6.10$\frac{4}{8}$	7. 7. 2$\frac{2}{8}$	7. 7. 6
20	4.17. 8$\frac{4}{8}$	4.17.11	4.18. 1$\frac{4}{8}$	4.18. 4
10	2. 8.10$\frac{2}{8}$	2. 8.11$\frac{4}{8}$	2. 9. 0$\frac{6}{8}$	2. 9. 2
9	2. 3.11$\frac{5}{8}$	2. 4. 0$\frac{6}{8}$	2. 4. 1$\frac{7}{8}$	2. 4. 3
8	1.19. 1	1.19. 2	1.19. 3	1.19. 4
7	1.14. 2$\frac{3}{8}$	1.14. 3$\frac{2}{8}$	1.14. 4$\frac{1}{8}$	1.14. 5
6	1. 9. 3$\frac{6}{8}$	1. 9. 4$\frac{4}{8}$	1. 9. 5$\frac{2}{8}$	1. 9. 6
5	1. 4. 5$\frac{1}{8}$	1. 4. 5$\frac{6}{8}$	1. 4. 6$\frac{3}{8}$	1. 4. 7
4	0.19. 4$\frac{4}{8}$	0.19. 7	0.19. 7$\frac{4}{8}$	0.19. 8
3	0.14. 5$\frac{7}{8}$	0.14. 8$\frac{2}{8}$	0.14. 8$\frac{5}{8}$	0.14. 9
2	0. 9. 9$\frac{2}{8}$	0. 9. 9$\frac{4}{8}$	0. 9. 9$\frac{6}{8}$	0. 9.10
1	0. 4.10$\frac{5}{8}$	0. 4.10$\frac{6}{8}$	0. 4.10$\frac{7}{8}$	0. 4.11
sols. 40	0. 3. 3$\frac{1}{8}$	0. 3. 3$\frac{1}{8}$	0. 3. 3$\frac{2}{8}$	0. 3. 4
20	0. 1. 7$\frac{4}{8}$	0. 1. 7$\frac{5}{8}$	0. 1. 7$\frac{5}{8}$	0. 1. 8
10	0. 0. 9$\frac{6}{8}$	0. 0. 9$\frac{6}{8}$	0. 0. 9$\frac{6}{8}$	0. 0.10
9	0. 0. 8$\frac{6}{8}$	0. 0. 8$\frac{6}{8}$	0. 0. 8$\frac{6}{8}$	0. 0. 9$\frac{6}{8}$
8	0. 0. 7$\frac{5}{8}$	0. 0. 7$\frac{5}{8}$	0. 0. 7$\frac{5}{8}$	0. 0. 8
7	0. 0. 6$\frac{5}{8}$	0. 0. 6$\frac{5}{8}$	0. 0. 6$\frac{5}{8}$	0. 0. 7
6	0. 0. 5$\frac{4}{8}$	0. 0. 5$\frac{4}{8}$	0. 0. 5$\frac{4}{8}$	0. 0. 6
5	0. 0. 4$\frac{7}{8}$	0. 0. 4$\frac{7}{8}$	0. 0. 4$\frac{7}{8}$	0. 0. 5
4	0. 0. 4$\frac{2}{8}$	0. 0. 4$\frac{2}{8}$	0. 0. 4$\frac{2}{8}$	0. 0. 4$\frac{2}{8}$
3	0. 0. 3$\frac{1}{8}$	0. 0. 3$\frac{1}{8}$	0. 0. 3$\frac{1}{8}$	0. 0. 3$\frac{1}{8}$
2	0. 0. 2$\frac{1}{8}$	0. 0. 2	0. 0. 2	0. 0. 2
1	0. 0. 1	0. 0. 1	0. 0. 1	0. 0. 1

Les sommes cy-dessus, sont livres, sols & deniers Sterlins, notés liv. f. d.

Le Change étant.	A 58 5/8. den. liv. s. d.	A 58 3/4. den. liv. s. d.	A 58 7/8. den. liv. s. d.	A 59. den. liv. s. d.
liv. Sterl. 500	6140.14. 6	6127.13. 3	6114.13. 0	6101.13.10
400	4912.11. 6	4902. 2. 7	4891.14. 5	4881. 7. 0
300	3684. 8. 9	3676.11.11	3668.15.10	3661. 0. 4
200	2456. 5. 9	2451. 1. 4	2445.17. 2	2440.13. 6
100	1228. 2.11	1225.10. 8	1222.18. 7	1220. 6. 9
90	1105. 6. 7	1102.19. 7	1100.12.10	1098. 6. 1
80	982.10. 4	980. 8. 7	978. 7. 1	976. 5. 5
70	859.14. 0	857.17. 5	856. 1. 1	854. 4. 8
60	736.17.10	735. 6. 5	733.15. 3	732. 4. 0
50	614. 1. 5	612.15. 4	611. 9. 4	610. 3. 4
40	491. 5. 2	490. 4. 3	489. 3. 9	488. 2. 9
30	368. 8.11	367.13. 2	366.17. 7	366. 2. 0
20	245.12. 7	245. 2. 1	244.11. 9	244. 1. 4
10	122.16. 4	122.11. 1	122. 5.10	122. 0. 8
9	110.10. 9	110. 6. 0	110. 1. 3	109.16. 7
8	98. 5. 2	98. 0.10	97.16. 8	97.12. 6
7	85.19. 6	85.15. 9	85.12. 1	85. 8. 5
6	73.13.10	73.10. 8	73. 7. 6	73. 4. 4
5	61. 8. 2	61. 5. 6	61. 2.11	61. 0. 4
4	49. 2. 6	49. 0. 5	48.18. 4	48.16. 3
3	36.16.10	36.15. 4	36.13. 9	36.12. 2
2	24.11. 2	24.10. 3	24. 9. 2	24. 8. 1
1	12. 5. 7	12. 5. 1	12. 4. 7	12. 4. 1
sols St. 10	6. 2. 9	6. 2. 6	6. 2. 3	6. 2. 0
9	5.10. 6	5.10. 3	5.10. 1	5. 9.10
8	4.18. 3	4.18. 0	4.17.10	4.17. 8
7	4.15.11	4. 5. 9	4. 5. 6	4. 5. 5
6	3.13. 8	3.13. 6	3.13. 4	3.13. 3
5	3. 1. 5	3. 1. 3	3. 1. 2	3. 1. 0
4	2. 9. 1	2. 9. 0	2. 8.11	2. 8.10
3	1.16.10	1.16. 9	1.16. 8	1.16. 8
2	1. 4. 6	1. 4. 6	1. 4. 5	1. 4. 0
1	0.12. 3	0.12. 3	0.12. 2	0.12. 0
den. St. 6	0. 6. 1	0. 6. 1	0. 6. 1	0. 6. 0
5	0. 5. 0	0. 5. 0	0. 5. 0	0. 5. 0
4	0. 4. 0	0. 4. 0	0. 4. 0	0. 4. 0
3	0. 3. 0	0. 3. 0	0. 3. 0	0. 3. 0
2	0. 2. 0	0. 2. 0	0. 2. 0	0. 2. 0
1	0. 1. 0	0. 1. 0	0. 1. 0	0. 1. 0

Les sommes cy-dessus, sont des livres sols & deniers Tournois, notés liv. s. d.

Le change étant.	A 59⅛ den.	A 59¼ den.	A 59⅜ den.	A 59½ den.
	liv. ſ. d.	liv. ſ. d.	liv. ſ. d.	liv. ſ. d.
écus. 1000	246. 7. 1	246.17. 6	247. 7.11	247.18. 4
900	221.14. $4\frac{4}{8}$	222. 3. 9	122.13. $1\frac{4}{8}$	123. 2. 6
800	197. 1. 8	197.10. 0	197.18. 4	198. 6. 8
700	172. 8.$11\frac{4}{8}$	172.16. 3	173. 3. $6\frac{4}{8}$	173.10.10
600	147.16. 3	148. 2. 6	148. 8. 9	148.15. 0
500	123. 3. $6\frac{4}{8}$	123. 8. 9	123.13.$11\frac{4}{8}$	123.19. 2
400	98.10.10	98.15. 0	98.19. 2	99. 3. 4
300	73.18. $1\frac{4}{8}$	74. 1. 3	74. 4. $4\frac{4}{8}$	74. 7. 6
200	49. 5. 5	49. 7. 6	49. 9. 7	49.11. 8
100	24.12. $8\frac{4}{8}$	24.13. 9	24.14. $9\frac{4}{8}$	24.15.10
90	22. 3. $5\frac{2}{8}$	22. 4. $4\frac{4}{8}$	22. 5. $3\frac{6}{8}$	22. 6. 3
80	19.14. 2	19.15. 0	19.15.10	19.16. 8
70	17. 4.$10\frac{6}{8}$	17. 5. $7\frac{4}{8}$	17.16. $4\frac{2}{8}$	17. 7. 1
60	14.15. $7\frac{4}{8}$	14.16. 3	14.16.$10\frac{4}{8}$	14.17. 6
50	12. 6. $4\frac{2}{8}$	12. 6.$10\frac{4}{8}$	12. 7. $4\frac{6}{8}$	12. 7.11
40	9.17. 1	9.17. 6	9.17.11	9.18. 4
30	7. 7. $9\frac{6}{8}$	7. 8. $1\frac{4}{8}$	7. 8. $5\frac{2}{8}$	7. 8. 9
20	4.18. $6\frac{4}{8}$	4.18. 9	4.18.$11\frac{4}{8}$	4.19. 2
10	2. 9. $3\frac{2}{8}$	2. 9. $4\frac{4}{8}$	2. 9. $5\frac{6}{8}$	2. 9. 7
9	2. 4. $4\frac{1}{8}$	2. 4. $5\frac{2}{8}$	2. 4. $6\frac{3}{8}$	2. 4. $7\frac{4}{8}$
8	1.19. 5	1.19. 6	1.19. 7	1.19. 8
7	1.14. $5\frac{7}{8}$	1.14. $6\frac{6}{8}$	1.14. $7\frac{5}{8}$	1.14. $8\frac{4}{8}$
6	1. 9. $6\frac{6}{8}$	1. 9. $7\frac{4}{8}$	1. 9. $8\frac{2}{8}$	1. 9. 9
5	1. 4. $7\frac{5}{8}$	1. 4. $8\frac{2}{8}$	1. 4. $8\frac{7}{8}$	1. 4. $9\frac{4}{8}$
4	0.19. $8\frac{4}{8}$	0.19. 9	0.19. $9\frac{4}{8}$	0.19.10
3	0.14. $9\frac{3}{8}$	0.14. $9\frac{6}{8}$	0.14.$10\frac{1}{8}$	0.14.$10\frac{4}{8}$
2	0. 9.$10\frac{2}{8}$	0. 9.$10\frac{4}{8}$	0. 9.$10\frac{6}{8}$	0. 9.11
1	0. 4.$11\frac{1}{8}$	0. 4.$11\frac{2}{8}$	0. 4.$11\frac{3}{8}$	0. 4.$11\frac{4}{8}$
ſols. 40	0. 3. $3\frac{3}{8}$	0. 3. $3\frac{4}{8}$	0. 3. $3\frac{4}{8}$	0. 3. $3\frac{5}{8}$
20	0. 1. $7\frac{6}{8}$	0. 1. $7\frac{6}{8}$	0. 1. $7\frac{7}{8}$	0. 1. $7\frac{7}{8}$
10	0. 0. $9\frac{5}{8}$	0. 0. $9\frac{5}{8}$	0. 0. $9\frac{7}{8}$	0. 0. $9\frac{7}{8}$
9	0. 0. $8\frac{5}{8}$	0. 0. $8\frac{5}{8}$	0. 0. $8\frac{7}{8}$	0. 0. $8\frac{7}{8}$
8	0. 0. $7\frac{5}{8}$	0. 0. $7\frac{5}{8}$	0. 0. $7\frac{7}{8}$	0. 0. $7\frac{7}{8}$
7	0. 0. 7	0. 0. 7	0. 0. 7	0. 0. 7
6	0. 0. 6	0. 0. 6	0. 0. 6	0. 0. 6
5	0. 0. 5	0. 0. 5	0. 0. 5	0. 0. 5
4	0. 0. 4	0. 0. 4	0. 0. 4	0. 0. 4
3	0. 0. 3	0. 0. 3	0. 0. 3	0. 0. 3
2	0. 0. 2	0. 0. 2	0. 0. 2	0. 0. 2
1	0. 0. 1	0. 0. 1	0. 0. 1	0. 0. 1

Les ſommes cy-deſſus, ſont livres, ſols & deniers Sterlins, notés liv. ſ. d.

Le Change étant.		A 59⅛. den. liv. s. d.	A 59¼. den. liv. s. d.	A 59⅜. den. liv. s. d.	A 59½. den. liv. s. d.
liv. Sterl.	500	6088. 15. 11	6075. 19. 0	6063. 3. 2	6050. 6. 2
	400	4871. 0. 9	4860. 15. 2	4850. 10. 7	4840. 5. 0
	300	3653. 5. 7	3645. 11. 4	3637. 17. 11	3630. 3. 9
	200	2435. 10. 4	2430. 7. 8	2425. 5. 3	2420. 2. 6
	100	1217. 15. 2	1215. 3. 10	1212. 12. 7	1210. 1. 3
	90	1095. 19. 8	1093. 13. 6	1091. 7. 4	1089. 0. 1
	80	974. 4. 2	972. 3. 1	970. 2. 1	968. 1. 0
	70	852. 8. 7	850. 12. 8	848. 16. 10	847. 0. 10
	60	730. 13. 1	729. 2. 3	727. 11. 7	726. 0. 9
	50	608. 17. 7	607. 11. 11	606. 6. 3	605. 6. 7
	40	487. 2. 1	486. 1. 7	485. 1. 0	484. 0. 6
	30	365. 6. 7	364. 11. 2	363. 15. 9	363. 0. 5
	20	243. 11. 0	243. 0. 9	242. 10. 6	242. 0. 2
	10	121. 15. 6	121. 10. 4	121. 5. 3	121. 0. 1
	9	109. 11. 11	109. 7. 4	109. 2. 9	108. 18. 1
	8	97. 8. 5	97. 4. 3	97. 0. 3	96. 16. 1
	7	85. 4. 10	85. 8. 3	84. 17. 9	84. 14. 1
	6	73. 1. 4	72. 18. 2	72. 15. 3	72. 12. 1
	5	60. 17. 9	60. 15. 2	60. 12. 7	60. 10. 0
	4	48. 14. 2	48. 12. 2	48. 10. 1	48. 8. 0
	3	36. 10. 8	36. 9. 1	36. 7. 6	36. 6. 0
	2	24. 7. 1	24. 6. 1	24. 5. 0	24. 4. 0
	1	12. 3. 7	12. 3. 0	12. 2. 6	12. 2. 0
sols St.	10	6. 1. 9	6. 1. 6	6. 1. 3	6. 1. 0
	9	5. 9. 7	5. 9. 4	5. 9. 2	5. 8. 10
	8	4. 17. 5	4. 17. 2	4. 17. 1	4. 16. 9
	7	4. 5. 3	4. 5. 1	4. 4. 11	4. 4. 8
	6	3. 13. 1	3. 12. 11	3. 12. 9	3. 12. 7
	5	3. 0. 10	3. 0. 9	3. 0. 7	3. 0. 6
	4	2. 8. 8	2. 8. 7	2. 8. 6	2. 9. 4
	3	1. 16. 6	1. 16. 5	1. 16. 4	1. 16. 3
	2	1. 4. 4	1. 4. 4	1. 4. 2	1. 4. 2
	1	0. 12. 2	0. 12. 2	0. 12. 1	0. 12. 1
den. St.	6	0. 6. 1	0. 6. 1	0. 6. 0	0. 6. 0
	5	0. 5. 0	0. 5. 0	0. 5. 0	0. 5. 0
	4	0. 4. 0	0. 4. 0	0. 4. 0	0. 4. 0
	3	0. 3. 0	0. 3. 0	0. 3. 0	0. 3. 0
	2	0. 2. 0	0. 2. 0	0. 2. 0	0. 2. 0
	1	0. 1. 0	0. 1. 0	0. 1. 0	0. 1. 0

Les sommes cy-dessus, sont des livres, sols & deniers Tournois, notés liv. s. d.

Le Change étant.	A 59$\frac{5}{8}$. den. liv. s. d.	A 59$\frac{3}{4}$. den. liv. s. d.	A 59$\frac{7}{8}$. den. liv. s. d.	A 60. den. liv. s. d.
Écus. 1000	248. 8. 9	248. 19. 2	249. 9. 7	250. 0. 0
900	123. 11. 10$\frac{4}{8}$	124. 1. 3	124. 10. 7$\frac{4}{8}$	225. 0. 0
800	198. 15. 0	199. 3. 4	199. 11. 8	200. 0. 0
700	173. 18. 1$\frac{4}{8}$	174. 5. 5	174. 12. 8$\frac{4}{8}$	175. 0. 0
600	141. 1. 3	141. 7. 6	141. 13. 9	150. 0. 0
500	124. 4. 4$\frac{4}{8}$	124. 9. 7	124. 14. 9$\frac{4}{8}$	125. 0. 0
400	99. 7. 6	99. 11. 8	99. 15. 10	100. 0. 0
300	74. 10. 7$\frac{4}{8}$	74. 13. 9	74. 16. 10$\frac{4}{8}$	75. 0. 0
200	49. 13. 9	49. 15. 10	49. 17. 11	50. 0. 0
100	24. 16. 10$\frac{4}{8}$	24. 17. 11	24. 18. 11$\frac{4}{8}$	25. 0. 0
90	22. 7. 2$\frac{2}{8}$	22. 8. 1$\frac{4}{8}$	22. 9. 0$\frac{6}{8}$	22. 10. 0
80	19. 17. 6	19. 18. 4	19. 19. 2	20. 0. 0
70	17. 7. 9$\frac{6}{8}$	17. 8. 6$\frac{4}{8}$	17. 9. 3$\frac{2}{8}$	17. 10. 0
60	14. 18. 1$\frac{4}{8}$	14. 18. 9	14. 19. 4$\frac{4}{8}$	15. 0. 0
50	12. 8. 5$\frac{2}{8}$	12. 8. 11$\frac{4}{8}$	12. 9. 5$\frac{6}{8}$	12. 10. 0
40	9. 18. 9	9. 19. 2	9. 19. 7	10. 0. 0
30	7. 9. 0$\frac{6}{8}$	7. 9. 4$\frac{4}{8}$	7. 9. 8$\frac{2}{8}$	7. 10. 0
20	4. 19. 4$\frac{4}{8}$	4. 19. 7	4. 19. 9$\frac{4}{8}$	5. 0. 0
10	2. 9. 8$\frac{2}{8}$	2. 9. 9$\frac{4}{8}$	2. 9. 10$\frac{6}{8}$	2. 10. 0
9	2. 4. 8$\frac{5}{8}$	2. 4. 9$\frac{6}{8}$	2. 4. 10$\frac{7}{8}$	2. 5. 0
8	1. 19. 9	1. 19. 10	1. 19. 11	2. 0. 0
7	1. 14. 9$\frac{3}{8}$	1. 14. 10$\frac{2}{8}$	1. 14. 11$\frac{1}{8}$	1. 15. 0
6	1. 9. 9$\frac{6}{8}$	1. 9. 10$\frac{4}{8}$	1. 9. 11$\frac{2}{8}$	1. 10. 0
5	1. 4. 10$\frac{1}{8}$	1. 4. 10$\frac{6}{8}$	1. 4. 11$\frac{3}{8}$	1. 5. 0
4	0. 19. 10$\frac{4}{8}$	0. 19. 11	0. 19. 11$\frac{4}{8}$	1. 0. 0
3	0. 14. 10$\frac{7}{8}$	0. 14. 11$\frac{2}{8}$	0. 14. 11$\frac{5}{8}$	0. 15. 0
2	0. 9. 11$\frac{4}{8}$	0. 9. 11$\frac{4}{8}$	0. 9. 11$\frac{6}{8}$	0. 10. 0
1	0. 4. 11$\frac{5}{8}$	0. 4. 11$\frac{6}{8}$	0. 4. 11$\frac{7}{8}$	0. 5. 0
Sols. 40	0. 3. 3$\frac{6}{8}$	0. 3. 3$\frac{6}{8}$	0. 3. 3$\frac{7}{8}$	0. 3. 4
20	0. 1. 7$\frac{7}{8}$	0. 1. 7$\frac{7}{8}$	0. 1. 7$\frac{7}{8}$	0. 1. 8
10	0. 0. 9$\frac{7}{8}$	0. 0. 9$\frac{7}{8}$	0. 0. 9$\frac{7}{8}$	0. 0. 10
9	0. 0. 8$\frac{7}{8}$	0. 0. 8$\frac{7}{8}$	0. 0. 8$\frac{7}{8}$	0. 0. 9
8	0. 0. 7$\frac{7}{8}$	0. 0. 7$\frac{7}{8}$	0. 0. 7$\frac{7}{8}$	0. 0. 8
7	0. 0. 7	0. 0. 7	0. 0. 7	0. 0. 7
6	0. 0. 6	0. 0. 6	0. 0. 6	0. 0. 6
5	0. 0. 5	0. 0. 5	0. 0. 5	0. 0. 5
4	0. 0. 4	0. 0. 4	0. 0. 4	0. 0. 4
3	0. 0. 3	0. 0. 3	0. 0. 3	0. 0. 3
2	0. 0. 2	0. 0. 2	0. 0. 2	0. 0. 2
1	0. 0. 1	0. 0. 1	0. 0. 1	0. 0. 1

Les sommes ci-dessus, sont livres, sols & deniers Sterlins, notés liv. s. d.

Le Change étant.	A 59 5/8. den. liv. s. d.	A 59 3/4. den. liv. s. d.	A 59 7/8. den. liv. s. d.	A 60. den. liv. s. d.
liv. Sterl. 500	6037. 14. 9	6025. 2. 2	6012. 10. 7	6000. 0. 0
400	4830. 3. 10	4820. 1. 9	4810. 0. 6	4800. 0. 0
300	3622. 12. 11	3615. 1. 4	3607. 10. 5	3600. 0. 0
200	2415. 1. 11	2410. 0. 10	2405. 0. 3	2400. 0. 0
100	1207. 10. 11	1205. 0. 5	1202. 10. 1	1200. 0. 0
90	1086. 15. 10	108[illegible]. 10. 5	1082. 5. 0	1080. 0. 0
80	966. 0. 9	964. 0. 4	962. 0. 0	960. 0. 0
70	845. 5. 8	843. 10. 3	841. 15. 0	840. 0. 0
60	724. 10. 7	723. 0. 3	721. 10. 0	720. 0. 0
50	603. 15. 5	602. 10. 3	601. 5. 0	600. 0. 0
40	483. 0. 4	482. 0. 2	481. 0. 0	480. 0. 0
30	362. 5. 3	361. 10. 2	360. 15. 0	360. 0. 0
20	241. 10. 2	241. 0. 1	240. 10. 0	2[illegible]0. 0. 0
10	120. 15. 1	120. 10. 0	120. 5. 0	120. 0. 0
9	108. 13. 7	108. 9. 0	108. 4. 6	108. 0. 0
8	96. 12. 1	96. 8. 0	96. 4. 0	96. 0. 0
7	84. 10. 7	84. 7. 0	84. 3. 6	84. 0. 0
6	72. 9. 0	72. 6. 0	72. 3. 0	72. 0. 0
5	60. 7. 7	60. 5. 0	60. 2. 6	60. 0. 0
4	48. 6. 1	48. 4. 0	48. 2. 0	48. 0. 0
3	36. 4. 6	36. 3. 0	36. 1. 6	36. 0. 0
2	24. 3. 0	24. 2. 0	24. 1. 0	24. 0. 0
1	12. 1. 6	12. 1. 0	12. 0. 6	12. 0. 0
sols St. 10	6. 0. 9	6. 0. 6	6. 0. 3	6. 0. 0
9	5. 8. 8	5. 8. 6	5. 8. 3	5. 8. 0
8	4. 16. 7	4. 16. 5	4. 16. 2	4. 16. 0
7	4. 4. 7	4. 4. 5	4. 4. 2	4. 4. 0
6	3. 12. 6	3. 12. 4	3. 12. 2	3. 12. 0
5	3. 0. 4	3. 0. 3	3. 0. 1	3. 0. 0
4	2. 8. 3	2. 8. 2	2. 8. 1	2. 8. 0
3	1. 16. 3	1. 16. 2	1. 16. 1	1. 16. 0
2	1. [illegible]. 2	1. 4. 1	1. 4. 1	1. 4. 0
1	0. 12. 1	0. 12. 0	0. 12. 0	0. 12. 0
den. St. 6	0. 6. 0	0. 6. 0	0. 6. 0	0. 6. 0
5	0. 5. 0	0. 5. 0	0. 5. 0	0. 5. 0
4	0. 4. 0	0. 4. 0	0. 4. 0	0. 4. 0
3	0. 3. 0	0. 3. 0	0. 3. 0	0. 3. 0
2	0. 2. 0	0. 2. 0	0. 2. 0	0. 2. 0
1	0. 1. 0	0. 1. 0	0. 1. 0	0. 1. 0

Les sommes cy-dessus, sont des livres sols & deniers Tournois, notés liv. s. d.

CHAPITRE IX.

REDUCTIONS DES MONNOYES OU CHANGE DE FRANCE EN HOLLANDE, FLANDRES, BRABANT, ET ZELANDE. ET PAR CONTRE *DE HOLLANDE, FLANDRES, BRABANT ET ZELANDE, EN FRANCE.*

Contenuës en 36. Tables.

Au moyen desquelles & de l'Addition, l'on trouve les Reductions ou Changes tous faits, sans les avoir apris, en quelque état que le Change soit ou puisse être, ensemble une Table des Tarifs, avec les Instructions pour faire les Reductions par Regle, pour ceux qui ne les ont pas pratiquées.

Que la differente loy des especes d'un Païs à l'autre est l'origine du Change.

J'Ay déja dit au Chapitre VI. que la differente loy des especes d'un Païs à un autre, est la cause & l'origine du Change duquel les Lettres de Change sont l'Instrument, ainsi je n'en diray pas autre chose renvoyant le Lecteur audit Chapitre.

Le Change de France en Hollande, Flandres, Brabant & *Zelande*, se fait toûjours sur le pied d'un écu de 60. sols Tournois que l'on donne en *France*, pour avoir des deniers de gros en *Hollande*, *Flandres*, *Brabant* & *Zelande*, & ceux desdits Païs donnent des deniers de gros pour avoir des écus en *France*, desquels l'on reçoit une fois plus, & une autre fois moins, selon que le Change se trouve haut ou bas, ce qui cause que quelquefois nos écus ne s'employent ausdits Païs en fait du Change, qu'à *96.* deniers de gros, d'autres fois depuis *96.* jusques à 105. deniers de gros, avec les huitiémes parties d'iceux, comme je feray voir ensuite.

M. Savary dit dans son parfait Negociant page 233. de la premiere édition, que le Change de France en Hollande, se fait par livres de gros, en quoy il s'est mépris, veu qu'il ne se fait que par deniers de gros.

Quoy qu'en *France*, (outre les écus) nous ayons diverses sortes de monnoye soit d'Or, ou d'Argent, neanmoins pour faciliter le *Change*, on reduit le tout en écus de 60. sols, ou 3. livres Tournois.

Les livres Tournois ne sont composées que de 20. sols, & le sol de 12. deniers, comme chaqu'un sçait en *France*.

En *Hollande*, *Flandres*, *Brabant* & *Zelande*, quoy qu'ils ayent aussi de diverses sortes de monnoyes d'Or ou d'Argent, en fait du *Change*, on reduit le tout en deniers de gros, ou parties d'iceux.

Les deniers de gros produisent en *Hollande* des *Florins* (ou guldens) *Stuyvers*, & des *Pennings*, qui est comme nous disons en *France*, livres sols, & deniers.

Le *Florin*, (ou guldens) vaut 20. sols (ou 20. stuyvers.)

Le *Stuyver*, (ou sol) vaut 8. duytes (ou 16. pennings.)

Les 16. *Pennings*, valent 1. *Stuyver*, (ou sol) ou bien ce content pour 2. deniers de gros, chaque denier de gros fait 8. Pennings, (monnoye imaginaire pour faciliter le Change, & en trouver la moindre partie) 2. desquels Pennings l'on appelle octaves, ou huitiémes, d'autant que les 16. composent le sol (ou stuyver) comme je l'ay déja dit.

En *Flandres*, *Brabant* & *Zelande*, les deniers de gros produisent des *livres de gros*, & des *Schellings*.

Noms & valeur des monnoyes de Flandres, Brabant & Zelande.

La livre de gros, qu'ils appellent en leur langue *Pond-vlaems*, ou *Pond-groot*, vaut 6. Florins (ou guldens) ou 20. Schellings.

Le *Schelling*, (ou sol de gros) vaut 12. deniers de gros, que quelques uns appellent *Patars*, ainsi le Schelling se compte pour 6. sols, ou 6. Patars, de sorte que lorsque je traitteray des livres de gros, on doit entendre la valeur de 6. Florins, (ou guldens) & des Schellings, la valeur de 6. sols (ou stuyvers) ou bien 12. deniers de gros; c'est à quoy on prendra garde.

Mais pour faciliter le Change, & en trouver jusques à la moindre partie, on reduit les livres de gros & les Schellings, en deniers de gros, & les deniers de gros encore en huitiémes, que l'on appelle octaves, comme je l'ay déja dit.

Et comme les *Reductions* ou *Changes* de *France* en *Hollande*, *Flandres*, *Brabant* & *Zelande*, roulent ordinairement depuis 96. jusques à 105 deniers de gros pour un écu avec les huitiémes parties d'iceux, j'ay voulu en composer 36. Tables, sçavoir 18. pour le Change de France ausdits Païs, & 18. pour le Change de Hollande, Flandres, Brabant & Zelande en France, le tout par une belle correspondance, & d'une maniere que je n'ay point veuë pratiquer, au moyen desquelles & de l'Addition (& sans icelle) en la maniere que je diray cy-aprés, on trouve avec grande facilité les *Reductions ou Changes tous faits*, sans être obligé de les faire par Regle, qui bien souvent par le défaut du moindre Chiffre peuvent causer des erreurs considerables, ce qui ne peut arriver en se servant desdites Tables, qui ont été tres-exactement calculées, & ainsi on doit être assûré qu'il n'y a point de fautes en icelles.

Il faut pourtant observer qu'à cause de quelques fractions qui se sont rencontrées, en faisant les Reductions je n'ay peu éviter de mettre quelque partie de Penning, ou denier Tournois, de plus ou de moins, aux produits qui étants joints avec divers autres, pourroient donner quelque Penning, ou denier Tournois, de plus ou de moins; mais la chose etant de tres peu de consequence, cela ne vaut pas la peine de s'y arrêter, mais quand aux sommes justes, comme 100. 900. ou 800. écus, ou bien 1000. 900. ou 800. florins, & semblables, le tout se trouve sans nulle fraction, comme je le feray voir cy-aprés.

On trouvera plus de justesse aux Tables du *Change* de France, en Hollande, Flandres, Brabant & Zelande, qu'on n'en trouvera de celle desdits Païs en France, parce qu'aux unes, les sommes augmentent d'un certain nombre égal, & aux autres inégal, comme l'on peut voir en icelles, mais de qu'elle maniere que ce soit, il m'a été impossible de le faire avec plus de justesse que j'ay fait, a moins que de m'être servi d'un nombre infini de fractions, qui auroient donné du degoût à ceux qui ne les entendent pas.

Je n'ay pas voulu faire les Tables desdites *Reductions* d'un nombre moindre que de 96. deniers de gros pour un écu, attendu que l'on ne voit pas que le Change vienne, a être plus bas que dudit prix, auquel la monnoye de *France* vaut moins que celle de *Hollande* de 25. pour cent, c'est a dire que si on compte 100. livres Tournois, ou 33. écus ⅓. en France le Change étant à 96. deniers de gros pour un écu, on ne reçevroit en Hollande que 80. florins, & en Flandres, Brabant, & Zelande, la sixiéme partie, qui seroit 13. livres 6 sols 8. deniers de gros, comme l'on jugera par la *Table des Tarifs*, mise cy-aprés.

Je n'ay point aussi voulu composer lesdites Tables, d'un nombre plus haut que celuy de 105 deniers de gros pour un écu, auquel prix nous ne perdons que 12. livres 10. sols Tournois pour cent, c'est à dire que si l'on compte 100. livres, ou 33. écus ⅓. en France, le Change étant à 105. deniers de gros pour un écu, on ne reçevra en Hollande que 87. florins 10. sols, & en Flandres, Brabant & Zelande la sixiéme partie, qui est 14. livres 11. sols 8. deniers de gros.

Que si au contraire on contoit 100. florins en Hollande, ou 16. livres 13. sols 4. deniers de gros en Flandres, Brabant & Zelande, (qui est même valeur) au prix de 105. deniers par écu, il faudroit que l'on contât en France, 38. écus 1. sol 2. deniers, qui font 114. livres 1. sol 1. denier, peu de chose moins.

Les deux differences du prix du Change de *96*. à 105. deniers de gros pour un écu, font voir clairement que tant plus le Change est haut, tant plus on profite en *France*, & tant plus il est bas, tant plus l'on pert, & en Hollande, Flandres, Brabant & Zelande, le contraire de nous.

Je pouvois augmenter lesdites Tables, jusques à 120. deniers de gros, qui est le *Pair*, mais cela auroit été inutile, parce qu'on ne voit point que le Change monte si haut, auquel prix.

Pour	1. écu de *60*. f.	on reçoit	*60*. sols ou 120. deniers de gros.
	10. liv. Tourn.		10. flor. ou 1. l. 13. f. 4. d. de gros.
	100. liv. Tourn.		100. flor. ou 16. l. 13. f. 4. d. de gros.

Cela s'appelle le *Pair*, puisque pour un écu de *60* sols Tournois, on reçevroit en Hollande 120. deniers de gros, qui valent 3. florins (ou 3. guldens) & en Flandres, Brabant & Zelande la sixiéme partie, qui est 10. sols (ou 10. Schellings) par la raison que j'ay déja alleguée, qu'une livre de gros desdits Païs, vaut *6*. florins ou guldens en Hollande, le sol (ou Schelling) *6*. sols, & le denier *6*. deniers, c'est pourquoy lors qu'on voudra reduire les monnoyes en celles de Flandres, Brabant & Zelande, il faut prendre la sixiéme partie du produit des florins, (ou guldens) pour avoir des livres, sols & deniers de gros, & au contraire multiplier les livres de gros par *6*. pour avoir des florins, sols, & pennings, en Hollande.

Pour donner mieux à connoître ce que l'on peut profiter ou perdre, sur les *Traites* ou *Remises*, qui se peuvent faire de France, en Hollande, Flandres, Brabant & Zelande, & desdits Païs en France, j'ay jugé à propos d'en placer a suite de cecy, une *Table des Tarifs*, au moyen de laquelle on verra avec facilité le profit ou perte que l'on peut faire, n'ayant pas voulu mettre en icelle, des huitiémes des deniers de gros, afin d'abreger, mais comme il est facile d'augmenter ou diminuer, chacun le pourra faire, lors qu'il en sera de besoin, considerant que les huit huitiémes, valent un denier de gros (ou 8. pen-

8. pennings) & les 2. deniers de gros, 1. sol, (ou stuyver) ou bien 16. pennings; & les autres a proportion.

Il faut remarquer à ladite *Table des Tarifs*, que chaque denier de gros, fait valoir les écus, 8. pennings de plus, ou de moins.

Dans le cours ordinaire des affaires du Commerce nos écus de France, (qui valent 60. sols de nôtre monnoye) ne s'employent en Hollande, qu'à raison 50. sols monnoye dudit Païs; qui valent 100. deniers de gros, c'est pourquoy on à accoûtumé de reduire la monnoye courante d'un Païs à l'autre, en la susdite maniere; sçavoir les écus à 100. deniers, ou à 50. sols monnoye de Hollande, ou les 50. sols de Hollande en écus; comme je feray voir cy-aprés.

En Flandres & Brabant, les écus ne s'employent que pour 48. sols ou 8. Schellings, & les Pistoles d'Espagne, & les Louïs d'Or, que pour 8. florins 10. sols, ou 1. livre 8. sols 4. deniers de gros, mais en Hollande lesdites Pistoles ou Louïs d'Or, s'employent pour 9. florins (ou guldens.)

O

TABLE DES TARIFS.

Deniers de gros ou cours du CHANGE.	*Les écus de* 60. *ſols Tournois ne s'employent en Hollande que pour*	*Il faut donner en France, pour* 1. *florin, de* 20. *ſols, ou ſtuyvers.*	*Chaque florin de Hollande, donne en France de Benefice.*	*Chaque* 100. *florins de Hollande, donnent en France de Benefice.*	*La France pert, & la Hollande gaigne ſur* 100. *livres Tournois.*
A 96.d.	48.ſols.	1.l.5.ſ.Tourn.	5.ſ. Tourn.	25.liv.Tournois.	20.liv.Tournois.
A 97.d.	48.ſols 8.p.	1.l.4.ſ.9.d.T.	4.ſ.9.d.T.	23.l.14.ſ. 2.d.T.	19.l. 3.ſ.4.d.T.
A 98.d.	49.ſols.	1.l.4.ſ.6.d.T.	4.ſ.6.d.T.	22.l. 8.ſ.11.d.T.	18.l. 6.ſ.8.d.T.
A 99.d.	49.ſols 8.p.	1.l.4.ſ.3.d.T.	4.ſ.3.d.T.	21.l. 4.ſ. 2.d.T.	17.l.10.ſ.0.d.T.
A 100.d.	50.ſols.	1.l.4.ſols - T.	4.ſols - T.	20.liv.Tourn.	16.l.13.ſ.4.d.T.
A 101.d.	50.ſols 8.p.	1.l.3.ſ.9.d.T.	3.ſ.9.d.T.	18.l.16. ſ.2.d.T.	15.l.16.ſ.8.d.T.
A 102.d.	51.ſols.	1.l.3.ſ.6.d.T.	3.ſ.6.d.T.	17.l.13.ſ.11.d.T.	15.liv.Tourn.
A 103.d.	51.ſols 8.p.	1.l.3.ſ.3.d.T.	3.ſ.3.d.T.	16.l.10.ſ. 1.d.T.	14.l. 1.ſ.4.d.T.
A 104.d.	52.ſols.	1.l.3.ſols - T.	3.ſols - T.	15.l. 7.ſ. 8.d.T.	13.l. 6.ſ.8.d.T.
A 105.d.	52.ſols 8.p.	1.l.2.ſ.9.d.T.	2.ſ.9.d.T.	14.l. 5.ſ. 8.d.T.	12.l.10.ſ. --- T.
		Et ſi le Change étoit.			
A 120.d.	60ſ.ou 1.écu	1.liv. Tourn.	Pair.	Pair.	Pair.

Pour trouver la valeur des écus, ou florins en Flandres, Brabant & Zelande, il faut prendre la ſixiéme partie, & par ce moyen l'on connoîtra des profits ou pertes ſuivant le cours du Change.

POur avoir une parfaite connoissance de la *Table des Tarifs*, que je viens de donner, supposés vouloir tirer ou remettre en Hollande 33. écus $\frac{1}{3}$. ou 100. livres Tournois, lorsque le Change est à 99. deniers de gros pour un écu.

Pour le trouver au moyen de ladite *Table des Tarifs*, multipliés les 33. écus $\frac{1}{3}$. par 49. sols (ou stuyvers) 8. pennings, valeur des 99. deniers de gros, & aurés 82. florins (ou guldens) 10. sols (ou stuyvers) en Hollande ainsi l'on perdroit sur les 33. écus $\frac{1}{3}$. ou 100. livres Tournois, 17. livres 10. sols Tournois de nôtre monnoye, que ceux de Hollande profiteroit, comme l'on peut voir à ladite Table, ainsi l'on pourra faire pour tous autres nombres & sommes.

Il faut se souvenir, (comme j'ay déja dit au Chapitre V I.) que les Lettres de Change qui sont tirées sur la Hollande, & payables dans Amsterdam, s'acquittent en monnoye de Banque, qui vaut plus que la monnoye courante; il en est de même des Lettres qui se tirent de la Hollande sur la France, ce qui doit servir d'avis aux moins intelligens; je feray voir cy-aprés au Chapitre X I. de quelle maniere, l'on doit reduire la monnoye de Banque en celle de Caisse, (ou courante) & cette derniere, en monnoye de Banque. Voyés à la page 170.

Au moyen de ladite *Table des Tarifs*, l'on peut voir clairement de quelle maniere l'on peut reduire la monnoye (courante ou de Caisse) de Hollande, en celle de France, suivant le cours du Change.

Exemple.

SUpposés qu'un Marchand ou Negociant de Hollande, vous envoye un compte de l'achat, ou vente de quelque Marchandise, fait en monnoye de Caisse, (differente de la monnoye de Banque) montant le somme de 2950. florins 10. sols (ou stuyvers) & que vous desiriés sçavoir combien ladite somme feroit en monnoye de France, sans sçavoir à quel prix du cours du Change, ledit Marchand, ou Negociant pourroit vous remettre ladite somme, ou a quel prix vous pourriés tirer sur luy.

Voyés à la page 170. & 171.

Pour faire ladite *Reduction*, il faut sçavoir en premier lieu, que nos écus de France, ne s'employent en Hollande que pour 50. sols monnoye de Caisse, (ou courante) comme il se peut voir à ladite *Table* des *Tarifs*, qui valent même chose que 2. florins 10. sols, (ou stuyvers) auquel prix, il en faut 40. pour faire 100. florins, lesquels 40. écus font en France 120. livres Tournois, ainsi l'on voit clairement que 100. florins de Hollande, donnent 20. livres de plus en France, comme il paroit à ladite Table, de sorte que pour reduire lesdits 2950. florins 10. sols, multipliés les par 20. & divisés le produit par 100. soit en abregé en coupant les 2. dernieres figures du côté droit, ou par la division ordinaire, & aurés 590. livres 2. sols, lesquels adjoûtés aux 2950. florins 10. sols, & viendra 3540. livres 12. sols Tournois en France.

l'On peut encore faire ladite *Reduction*, en multipliant (les 2950. florins 10. sols, sçavoir les florins) par 40. (à cause que 40. deniers de gros, valent 20. sols ou un florin) & les sols par 2. (parce que chaque sol, fait 2. deniers de gros) & le tout étant adjoûté ensemble, faira 118020. deniers de gros, desquels retranchant les 20. qui sont du côté droit, restera 1180. qui sont autant de 1180. écus, puisque j'ay divisé par 100; en ayant retranché les 2. figures du côté droit, car si l'on divise ledit nombre de 118020. par 100. viendra au quotient 1180. écus, & restera 20. a diviser, lesquels étans multipliés par 60. (a cause qu'un écu vaut 60. sols) viendra 1200. desquels retranchant encore les 2. figures du côté droit, ne restera que 12. qui seront des sols, lesquels joint avec les 1180. écus, multipliés par 3. aurés 3540. livres 12. sols Tournois, pour les 2950. florins 10. sols (ou stuyvers.)

Autre Exemple.

Supposés encore qu'un Marchand ou Negociant de Hollande, vous envoye un compte de la somme de 2500. florins, que vous desiriés reduire en monnoye de France, à raison de 105. deniers de gros pour un écu, regardés à ladite *Table* des *Tarifs*, à laquelle vous verrés qu'à 105. deniers 100. florins donnent 14. livres 5. sols 8 deniers de benefice, & un peu plus en France, cela connu multipliés 114. 5. 8. par 25. d'autant que les 2500. florins, sont composés de 25. fois

100. & viendra pour produit 2857. livres 11. deniers Tournois, ou environ, (à cause que les 100. florins donnent tant soit peu plus que des 14. livres 5. sols 8. deniers Tournois.)

Que si l'on veut encore le faire d'autre maniere, reduisés les 2500. florins en deniers de gros, en les multipliant par 40. (comme j'ay déja enseigné) & viendra 100000. deniers de gros, lesquels étans divisés par les 105. deniers de gros, le produit sera 952. écus, & restera 40. à diviser, qu'il faudra multiplier par 60. (par la raison que j'ay déja alleguée) & les diviser par 105. deniers, & le produit sera 20. sols; & restera 100. qu'il faut encore multiplier par 12. pour avoir 1200. deniers, qui finalement étans divisés par 105. viendra 11. deniers, ou environ pour produit, & le tout faira comme cy-dessus, 2857. livres 11. deniers ou environ, c'est à dire aprés que l'on aura reduit les 952. écus susdits en livres Tournois, aprés les avoir multipliés par 3. ainsi l'on faira pour toutes les autres sommes que l'on voudra reduire selon le cours du Change.

J'ay déja dit qu'à l'égard de la monnoye de Banque, la veritable Reduction ne s'en peut faire, que l'on ne s'ache le cours de *l'Agio*, (ou *Change*) de *Banque*, dequoy je donneray des Exemples au Chapitre XI. là ou je renvoye le Lecteur à la page 170. pour y trouver dequoy se satisfaire.

MOYEN

POUR TROUVER LES REDUCTIONS ou Changes tous faits, aux 36. Tables, mises cy-aprés.

SOIT

DE FRANCE EN HOLLANDE, FLANDRES, BRABANT ET ZELANDE.

OU

DE HOLLANDE, FLANDRES, BRABANT ET ZELANDE, EN FRANCE.

ET PREMIEREMENT

DE FRANCE, AUSDITES PROVINCES.

SUpposés qu'un Marchand ou Negociant de *France*, veüille *tirer* ou *remettre* en *Hollande*, *Flandres*, *Brabant* ou *Zelande*, 1320. liv. Tournois, lorsque le Change est à 97. deniers de gros pour un écu.

Reduisés les 1320. livres Tournois en écus, (en prenant le tiers) puisque comme j'ay déja dit, le Change se fait par écus & viendra 440. écus.

Aprés quoy cherchés à la Table qui contient le Change à 97. den. de gros par écu, au marge de laquelle vous trouverés la Colomne qui contient le nombre des écus, qui vont en diminuant depuis 1000. écus jusques à 1. écu, de 100. à 100. de 10. à 10. & de 1. à 1. & finalement depuis 40. sols jusques à 1. sol, afin qu'en additionnant les sommes l'on puisse trouver celle que l'on desire reduire.

Au haut desquelles Tables & directement au dessus de chaque Colomne, j'ay placé le nombre des deniers de gros du cours du Change, avec les octaves ou huitiémes parties d'iceux, depuis 96. jusques à 105. deniers de gros par écu.

Et comme l'on ne peut pas precisement trouver ausdites *Tables* le nombre susdit de 440. écus, sans agir par l'Addition, cherchés en icelle, celui qui le peut composer, comme 400. écus & 40. écus.

Pour cét effet regardés ce que donnent les 400. écus, suivant le long de la ligne de gauche a droite, jusques au rencontre de la Colomne, en laquelle sont placés les 97. deniers de gros, & pratiquant la même chose à l'égard des 40. écus, vous aurés

Pour { 400. écus, à 97. deniers par écu 970. florins.
40. écus . . . . 97. flor.

Ainsi Pour { 440. écus, à 97. den. l'on aura 1067. florins.

Et pour *Flandres*, *Brabant*, & *Zelande*, la sixiéme partie qui est . . . . 177. l. 16. schel. 8. d. de gros.

La Reduction cy-dessus, sert de preuve à celle de la page cy-contre.

Autre Exemple.

SUpposés qu'un Marchand ou Negociant de *France*, veüille *tirer* ou *remettre* en *Hollande*, *Flandres*, *Brabant* ou *Zelande*, la même somme que cy-dessus, qui est 1320. livres Tournois ou 440. écus, lorsque le Change est à 97. deniers $\frac{5}{8}$. de gros pour un écu, pratiqués la même maniere que dessus, & aurés

Pour { 400. écus, à 97. den. $\frac{5}{8}$. par écu 976. flor. 5. sols.
40. écus . . . . 97. flor. 12. sols 8. pen.

Ainsi Pour { 440. écus, à 97. den. $\frac{5}{8}$. l'on aura 1073. flor. 17. sols 8. pen.

Et pour *Flandres*, *Brabant*, & *Zelande*, la sixiéme partie qui est . . . . 178. l. 19. schel. 2. d. gros.

La Reduction cy-dessus, sert de preuve à celle de la page cy-contre.

Au moyen de l'Addition en la maniere cy-dessus, & en celle cy-contre, l'on peut voir clairement & sans faute les sommes que l'on pourroit reçevoir tant en *France*, qu'en *Hollande*, *Flandres*, *Brabant* & *Zelande*, pour celles qui seront comptées à l'un ou en l'autre Païs. Voyons maintenant la preuve des susdites *Reductions* du *Change* de *Hollande*, en *France*, &c.

DE HOALLNDE, FLANDRES, BRABANT ET ZELANDE EN FRANCE.

SUpposés qu'un Marchand ou Negociant de *Hollande*, *Flandres*, *Brabant* ou *Zelande*, veüille *tirer* ou *remettre* en *France* 1067. florins, lorsque le Change est à 97. deniers de gros pour un écu.

Cherchés à la Table qui contient le Change à 97. deniers de gros pour un écu, au marge de laquelle vous trouverés la Colomne qui contient le nombre des florins sols, & deniers qui vont en diminuant, depuis 100. jusques à 1. de 100. à 100. de 10. à 10. & de 1. jusques à 10. & encore depuis 10. sols (ou 10. stuyvers) jusques à 1. & finalement reduit à 1. denier de gros, & pratiquant ce que j'ay déja enseigné pour le Change de France ausdits Païs, aurés

Pour	1000. florins, à 97. den. par écu,	1237. l.	2. s. 3. d. Tournois.
	60. flor.	74. l.	4. s. 6. d.
	7. flor.	8. l. 13. s. 3. d.	

Ainsi Pour	1067. florins, à 97. den. l'on aura	1320. l. Tourn. en France.	
	desquels prenés le $\frac{1}{3}$. pour avoir	440. écus de 60. sols.	

La Reduction cy-dessus, sert de preuve à celle de la page cy-contre.

Autre Exemple.

SUpposés qu'un Marchand ou Negociant de *Hollande*, &c. veüille *tirer* ou *remettre* en *France*, 1073. florins 17. sols 8. pennings, le Change étant à 97. den. $\frac{1}{2}$. de gros, pour un écu, pratiqués la même chose que dessus, & aurés

Pour	1000. florins, à 97. den. $\frac{1}{2}$. par écu	1229. l.	3. s. 11. den. Tourn.
	70. flor.	86. l.	-- s. 11. den.
	3. flor.	3. l. 13. s.	9. den.
	flor. 10. sols	12. s.	3. den.
	flor. 7. s.	8. s.	9. den.
	flor. -- s. 8. pen.		5. den.

Ainsi Pour	1073. flor. 17. s. 8. pen. l'on aura	1320. liv. Tourn. en France.
	desquels prenés le $\frac{1}{3}$. aurés	440. écus de 60. sols.

La Reduction cy-dessus, sert de preuve à celle de la page cy-contre.

La

La maniere pratiquée en la page précedente, est celle dont l'on se doit servir, pour trouver les *Reductions* ou *Changes tous faits* tant de *France* en *Hollande*, *Flandres*, *Brabant* & *Zelande*, que desdits Païs en *France*, & observer que lorsque que la somme que l'on veut reduire, est plus grande que celle de 1000. écus, ou 1000. florins, que pour lors il faut doubler ou tripler le nombre pour avoir celuy que l'on desire, moyenant quoy l'on doit être assûré de trouver les *Reductions toutes faites* sans peine & avec assûrance, au moyen de l'Addition & sans icelle, comme je m'en vay faire voir.

Lorsqu'il se rencontre des nombres justes, comme 1000. 900. ou 800. écus, ou bien 1000. 900. ou 800. florins, & semblables nombres, pour lors il n'est pas necessaire d'agir par l'Addition, parce que l'on trouve le long de la ligne directement sous le nombre des deniers de gros du cours du Change, les sommes que l'on doit reçevoir tant en *France* qu'en *Hollande*, *Flandres*, *Brabant* & *Zelande*, observant ce qui a été dit à l'égard de *Flandres*, *Brabant* & *Zelande*, qui est de prendre la sixiéme partie des florins, pour avoir des livres, Schellings & deniers de gros ; & au contraire, multiplier les livres, Schellings, & de deniers de gros par 6. pour avoir en *Hollande* des florins, sols, & pennings.

Exemple.

1000. écus à 97. den. de gros, donnent 2425. flor. ---- ou 404. l. 3. sch. 4. d.
900. écus . . . . 2182. flor. 10. sols ou 363. l. 15. schel.
800. écus . . . . 1940. flor. ---- ou 323. l. 6. sch. 8. d.

Ou bien

1000. flor. ou 166. l. 13. schel. 4. d. de gros, donnent 1237. l. 2. s. 3. d. Tourn.
900. flor. ou 150. l. 0. schel. 0. den. . . . . . 1113. l. 8. s. 0. d.
800. flor. ou 133. l. 6. schel. 8. den. . . . . . 989. l. 14. s. 0. d.

Ainsi l'on peut faire de toutes autres sommes, ce qui ce peut faire sans nulle peine, comme j'ay déja dit.

INSTRUCTIONS GENERALES

POUR FAIRE PAR REGLE LES *Reductions ou Change de* France *en* Hollande, Flandres, Brabant & Zelande. *Et de* Hollande, Flandres, Brabant & Zelande *en* France.

QUoy qu'au moyen des *Tables* des *Reductions* du *Change*, l'on puisse trouver les *Changes tous faits*; je n'ay pas voulu rester d'instruire les moins intelligens à faire les REGLES DU CHANGE, au moyen de la *Regle* de *Trois*, par les raisons que j'ay cy-devant alleguées, ce qui ce doit pratiquer en la maniere suivante.

DE FRANCE EN HOLLANDE, FLANDRES, BRABANT ET ZELANDE.

IL faut toûjours multiplier la somme que l'on veut Changer par le prix du Change, (c'est a dire de France ausdits Païs, car d'iceux en France, cela ce pratique en la maniere que je diray cy-aprés) & pour cét effet.

Supposés comme j'ay déja fait à la page 112. qu'un Marchand, ou Negociant de *France*, veüille *tirer* ou *remettre* en *Hollande*, *Flandres*, *Brabant* ou *Zelande* 1320. livres Tournois, lors que le Change est à 97. deniers de gros pour un écu.

Reduisés les 1320. livres Tournois en écus, en prenant le tiers, & viendra 440. écus, lesquels étans multipliés par 48. sols 8. pennings, (qui est la valeur des écus à 97. deniers par écu, comme l'on peut voir à la *Table* des *Tarifs*) viendra 1067. florins, desquels prenant la sixiéme partie, aurés 177. livres 16. schellings 8. deniers de gros, en *Flandres*, *Brabant* ou *Zelande*, que l'on compteroit ausdits Païs pour 1320. livres, que l'on auroit comptés en *France*.

On peut encore faire la Regle en multipliant les 440. écus par les 97. deniers de gros, qui produiront 42680. deniers de gros, desquels prenant la moitié, viendra 21340. sols, retranchant le zero qui est du côté droit, & prenant la moitié des autres nombres, viendra 1067. qui seront autant de florins, desquels prenant la sixiéme partie, aurés 177. livres 16. schellings 8. deniers de gros.

Ainsi pour 1320. livres Tournois, ou 440. écus de 60. sols, l'on reçevroit en *Hollande* 1067. florins, & en *Flandres*, *Brabant* & *Zelande* 177. livres 16. schellings 8. deniersde gros.

Si l'on veut diviser le produit des 440. écus 97. deniers de gros; qui est 42680. deniers de gros, on le peut faire en divisant ledit nombre par 40. (veu que les 40. deniers de gros, font 20. sols qui font un florin) & l'on aura 1067. florins.

Que si l'on veut reduire ledit nombre de 42680. deniers de gros, en livres, schellings & deniers de gros, divisés le par 240. à cause que la livre de gros est composée de 240. deniers, & aurés 177. livres 16. schellings 8. deniers de gros.

Il faut sçavoir que lorsqu'il reste quelque chose a diviser, si le produit est des écus; il faut multiplier ce qui reste par 60. & si le produit donne des livres, les multiplier par 20. & les sols par 12. ou par 16. sçavoir par 12. pour la monnoye de *Flandres*, *Brabant* & *Zelande*, & par 16. à l'égard de la monnoye de *Hollande*.

DE HOLLANDE, FLANDRES, BRABANT ET ZELANDE EN FRANCE.

SUpposés comme j'ay fait à la page 114. qu'un Marchand ou Negociant de *Hollande*, tire ou remette en *France* 1067. florins ou bien un Marchand de *Flandres*, *Brabant* & *Zelande* 177. livres 16. schellings 8. deniers de gros, (qui est même valeur) lorsque que le Change est à 97. deniers de gros par écu.

Reduisés les 1067. florins en deniers de gros, en les multiplant par 40. (par la raison déja alleguée) & viendra 42680. deniers de gros, aprés quoy dites par Regle de trois.

Si 97. deniers de gros valent 1. écu, combien 42680. deniers de gros, la Regle faite viendra justement 440. écus, lesquels étans multipliés par 3. aurés 1320. livres Tournois, qui est la preuve de la Reduction ou Change de la page 114. sus alleguée.

Et à l'égard des 177. livres 16. schellings 8. den. de gros, pour les reduire en deniers de gros, multipliés les livres par 240. & les schellings par 12. & divisés le produit par 97. & aurés même somme que cy-dessus.

Il faut observer que lorsque l'on divise le nombre des deniers de gros, par ceux du cours du Change, qu'il en vient des écus, & s'il reste quelque chose a diviser, le faut multiplier par 60. attendu que les autres deniers de gros ont produit des écus, valant 60. sols, & s'il reste des sols, les faut multiplier par 12. pour avoir des deniers.

S'il se rencontre des huitiémes avec les deniers de gros, il faut reduire tous les deniers en huitiémes, en les multipliant par 8. & faire la même chose à l'égard du nombre des écus, en les multipliant par 5760. parce qu'un écu contient autant de huitiémes de sols.

Et pour reduire les florins en huitiémes, multipliés le nombre par 320. & les sols par 16. parce que le florin, ou 20. sols (ou stuyvers) font 40. deniers de gros, & chaque denier fait 8. huitiémes.

Et pour reduire, les livres de gros en huitiémes, multipliés le nombre d'icelles par 1920. & les schellings par 96. moyenant quoy reduirés le tout en huitiémes.

LES XXXVI. TABLES OU REDVCTIONS DES MONNOYES OU CHANGE DE FRANCE EN HOLLANDE, FLANDRES, BRABANT ET ZELANDE. ET DE HOLLANDE, FLANDRES, BRABANT, ZELANDE EN FRANCE.

Au moyen desquelles, & de l'Addition, (& sans icelle) l'on trouve les Reductions ou Changes tous faits, sans les avoir apris, en quelque état que le Change soit, ou puisse être, pourveu que l'on agisse suivant les Instructions que j'ay données aux pages 112, 113, 114. & 115.

	A 96 1/8. den. flor. s. p.	A 96 1/4. den. flor. s. p.	A 96 3/8. den. flor. s. p.	A 96 1/2. den. flor. s. p.
Ecus. 1000	2403. 2. 8	2406. 5. 0	2409. 7. 8	2412.10. 0
900	2162.16. 4	2165.12. 8	2168. 8.12	2171. 5. 0
800	1922.10. 0	1925. 0. 0	1927.10. 0	1930. 0. 0
700	1682. 3.12	1684. 7. 8	1686.11. 4	1688.15. 0
600	1441.17. 8	1443. 15. 0	1445.12. 8	1447.10. 0
500	1201.11. 4	1203. 2. 8	1204.13.12	1206. 5. 0
400	961. 5. 0	962.10. 0	963.15. 0	965. 0. 0
300	720.18.12	721.17. 8	722.16. 4	723.15. 0
200	480.12. 8	481. 5. 0	481.17. 8	482.10. 0
100	240. 6. 4	240.12. 8	240.18.12	241. 5. 0
90	216. 5.10	216.11. 4	216.16.14	217. 2. 8
80	192. 5. 0	192.10. 0	192.15. 0	193. 0. 0
70	168. 4. 6	168. 8.12	168.13. 2	168.17. 8
60	144. 3.12	144. 7. 8	144.11. 4	144.15. 0
50	120. 3. 2	120. 6. 4	120. 9. 6	120.12. 8
40	96. 2. 8	96. 5. 0	96. 7. 8	96. 6. 0
30	72. 1.14	72. 3.12	72. 5.10	72. 7. 8
20	48. 1. 4	48. 2. 8	48. 3.12	48. 5. 0
10	24. 0.10	24. 1. 4	24. 1.14	24. 2. 8
9	21.12. 9	21.13. 2	21.13.11	21.14. 4
8	19. 4. 8	19. 5. 0	19. 5. 8	19. 6. 0
7	16.16. 7	16.16.14	16.17. 5	16.17.12
6	14. 8. 6	14. 8.12	14. 9. 2	14. 9. 8
5	12. 0. 5	12. 0.10	12. 0.15	12. 1. 4
4	9.12. 4	9.12. 8	9.12.12	9.13. 0
3	7. 4. 3	7. 4. 6	7. 4. 9	7. 4.12
2	4.16. 2	4.16. 4	4.16. 6	4.16. 8
1	2. 8. 1	2. 8. 2	2. 8. 3	2. 8. 4
sols. 40	1.12. 1	1.12. 2	1.12. 3	1.12. 3
20	0.16. 0	0.16. 0	0.16. 0	0.16. 1
10	0. 8. 0	0. 8. 0	0. 8. 0	0. 8. 0
9	0. 7. 3	0. 7. 3	0. 7. 3	0. 7. 3
8	0. 6. 6	0. 6. 6	0. 6. 6	0. 6. 6
7	0. 5. 9	0. 5. 9	0. 5. 9	0. 5. 9
6	0. 4.12	0. 4.12	0. 4.12	0. 4.12
5	0. 4. 0	0. 4. 0	0. 4. 0	0. 4. 0
4	0. 3. 3	0. 3. 3	0. 3. 3	0. 3. 3
3	0. 2. 6	0. 2. 6	0. 2. 6	0. 2. 6
2	0. 1. 9	0. 1. 9	0. 1. 9	0. 1. 9
1	0. 0.12	0. 0.12	0. 0.12	0. 0.12

Cecy a du rapport à la page 107.

Les sommes cy-dessus, sont des florins, sols & penings, qui sont notés flor. s. p.

	A 96⅛. den.	A 95¼ den.	A 96⅜ den.	A 96½. den.
	liv. s. d.	liv. s. d.	liv. s. d.	liv. s. d.
florins. 1000	1248. 7. 6	1245. 15. 1	1245. 2. 9	1243. 10. 6
900	1123. 10. 9	1122. 1. 6	1120. 12. 5	1119. 3. 6
800	998. 14. 0	997. 8. 0	995. 2. 2	994. 16. 5
700	873. 17. 3	872. 14. 6	871. 11. 11	870. 9. 4
600	749. 0. 6	748. 1. 0	747. 1. 8	746. 2. 4
500	624. 3. 9	623. 7. 6	622. 11. 4	621. 15. 3
400	499. 7. 0	498. 14. 0	498. 1. 1	497. 8. 2
300	374. 10. 3	374. 0. 6	373. 10. 10	373. 1. 2
200	249. 13. 6	249. 7. 0	249. 0. 7	248. 14. 1
100	124. 16. 9	124. 13. 6	124. 10. 3	124. 7. 0
90	112. 7. 1	112. 4. 2	112. 1. 2	111. 18. 4
80	99. 17. 5	99. 14. 10	99. 12. 2	99. 9. 7
70	87. 7. 9	87. 5. 6	87. 3. 1	87. 0. 11
60	74. 18. 1	74. 16. 2	74. 14. 1	74. 12. 2
50	62. 8. 4	62. 6. 9	62. 5. 1	62. 3. 6
40	49. 18. 8	49. 17. 5	49. 16. 1	49. 14. 10
30	37. 9. 0	37. 8. 1	37. 7. 0	37. 6. 1
20	24. 19. 4	24. 18. 9	24. 18. 0	24. 17. 5
10	12. 9. 8	12. 9. 4	12. 9. 0	12. 8. 8
9	11. 4. 10	11. 4. 4	11. 4. 1	11. 3. 10
8	9. 19. 10	9. 19. 5	9. 19. 2	9. 18. 11
7	8. 14. 10	8. 14. 6	8. 14. 4	8. 14. 1
6	7. 9. 10	7. 9. 7	7. 9. 5	7. 9. 2
5	6. 4. 10	6. 4. 8	6. 4. 6	6. 4. 4
4	4. 19. 10	4. 19. 8	4. 19. 7	4. 19. 6
3	3. 14. 11	3. 14. 9	3. 14. 8	3. 14. 7
2	2. 9. 11	2. 9. 10	2. 9. 10	2. 9. 9
1	1. 5. 0	1. 4. 11	1. 4. 11	1. 4. 10
sols 10	0. 12. 6	0. 12. 6	0. 12. 6	0. 12. 6
9	0. 11. 3	0. 11. 3	0. 11. 3	0. 11. 3
8	0. 10. 0	0. 10. 0	0. 10. 0	0. 10. 0
7	0. 8. 9	0. 8. 9	0. 8. 9	0. 8. 9
6	0. 7. 6	0. 7. 6	0. 7. 6	0. 7. 6
5	0. 6. 3	0. 6. 3	0. 6. 3	0. 6. 3
4	0. 5. 0	0. 5. 0	0. 5. 0	0. 5. 0
3	0. 3. 9	0. 3. 9	0. 3. 9	0. 3. 9
2	0. 2. 6	0. 2. 6	0. 2. 6	0. 2. 6
1	0. 1. 3	0. 1. 3	0. 1. 3	0. 1. 3
den. de gros ½	0. 0. 7	0. 0. 7	0. 0. 7	0. 0. 7

Les sommes cy-dessus, sont des livres, sols & deniers tournois, notés par l. s. d.

écus.

	A $96\frac{5}{8}$. den. flor. s. p.	A $96\frac{3}{4}$. den. flor. s. p.	A $96\frac{7}{8}$. den. flor. s. p.	A 97. den. flor. s. p.
Écus. 1000	2415. 12. 8	2418. 15. 0	2421. 17. 8	2425. 0. 0
900	2174. 1. 4	2176. 17. 8	2179. 13. 12	2182. 10. 0
800	1932. 10. 0	1935. 0. 0	1937. 10. 0	1940. 0. 0
700	1690. 18. 12	1693. 2. 8	1695. 6. 4	1697. 10. 0
600	1449. 7. 8	1451. 5. 0	1453. 2. 8	1455. 0. 0
500	1207. 16. 4	1209. 7. 8	1210. 18. 12	1212. 10. 0
400	966. 5. 0	967. 10. 0	968. 15. 0	970. 0. 0
300	724. 13. 12	725. 12. 8	726. 11. 4	727. 10. 0
200	483. 2. 8	483. 15. 0	484. 7. 8	485. 0. 0
100	241. 11. 4	241. 17. 8	242. 3. 12	242. 10. 0
90	217. 8. 2	217. 13. 12	217. 19. 6	218. 5. 0
80	193. 5. 0	193. 10. 0	193. 15. 0	194. 0. 0
70	169. 1. 14	169. 6. 4	169. 10. 10	169. 15. 0
60	144. 18. 12	145. 2. 8	145. 6. 4	145. 10. 0
50	120. 15. 10	120. 18. 12	121. 1. 14	121. 5. 0
40	96. 12. 8	96. 15. 0	96. 17. 8	97. 0. 0
30	72. 9. 6	72. 11. 4	72. 13. 2	72. 15. 0
20	48. 6. 4	48. 7. 8	48. 8. 12	48. 10. 0
10	24. 3. 2	24. 3. 12	24. 4. 6	24. 5. 0
9	21. 14. 13	21. 15. 6	21. 15. 15	21. 16. 8
8	19. 6. 8	19. 7. 0	19. 7. 8	19. 8. 0
7	16. 18. 3	16. 18. 10	16. 19. 1	16. 19. 8
6	14. 9. 14	14. 10. 4	14. 10. 10	14. 11. 0
5	12. 1. 9	12. 1. 14	12. 2. 3	12. 2. 8
4	9. 13. 4	9. 13. 8	9. 13. 12	9. 14. 0
3	7. 4. 15	7. 5. 2	7. 5. 5	7. 5. 8
2	4. 16. 10	4. 16. 12	4. 16. 14	4. 17. 0
1	2. 8. 5	2. 8. 6	2. 8. 7	2. 8. 8
sols. 40	1. 12. 4	1. 12. 4	1. 12. 5	1. 12. 5
20	0. 16. 1	0. 16. 2	0. 16. 2	0. 16. 3
10	0. 8. 0	0. 8. 1	0. 8. 1	0. 8. 1
9	0. 7. 3	0. 7. 3	0. 7. 3	0. 7. 4
8	0. 6. 6	0. 6. 6	0. 6. 6	0. 6. 6
7	0. 5. 9	0. 5. 9	0. 5. 9	0. 5. 9
6	0. 4. 12	0. 4. 12	0. 4. 12	0. 4. 12
5	0. 4. 0	0. 4. 0	0. 4. 0	0. 4. 0
4	0. 3. 3	0. 3. 3	0. 3. 3	0. 3. 3
3	0. 2. 6	0. 2. 6	0. 2. 6	0. 2. 6
2	0. 1. 9	0. 1. 9	0. 1. 9	0. 1. 9
1	0. 0. 12	0. 0. 12	0. 0. 12	0. 0. 12

Les sommes cy-dessus sont des florins, patars & penings, notés flor. s. p. *F. B. & Z. [illegible], & Zelande, dont le change est la sixiéme partie des sommes cy-dessus.*

Q

		A 95⅝. den.	A 95¾. den.	A 96⅞. den.	A 97. den.
		liv. s. d.	liv. s. d.	liv. s. d.	liv. s. d.
florins.	1000	1241.18. 4	1240. 6. 4	1238.11. 3	1237. 2. 3
	900	1117.14. 6	1116. 5. 8	1114.16. 9	1113. 8. 0
	800	993.10. 8	992. 5. 1	990.19. 4	989.13. 9
	700	869. 6.10	868. 4. 5	857. 1.11	865.19. 7
	600	745. 3. 0	744. 3.10	743. 4. 6	742. 5. 4
	500	620.19. 2	620. 3. 2	619. 7. 1	618.11. 1
	400	496.15. 4	496. 2. 6	495. 9. 8	494.16.11
	300	372.11. 6	372. 1.11	371.12. 3	371. 2. 8
	200	248. 7. 8	248. 1. 3	247.14.10	247. 8. 5
	100	124. 3.10	124. 0. 8	123.17. 5	123.14. 2
	90	111.15. 5	111.12. 6	111. 9. 8	111. 6. 9
	80	99. 7. 1	99. 4. 6	99. 2. 0	98.19. 4
	70	86.18. 8	86.16. 5	86.14. 3	85.11.11
	60	74.10. 4	74. 8. 4	74. 6. 4	74. 4. 6
	50	62. 1.11	62. 0. 4	61.18. 8	61.17. 1
	40	49.13. 6	49.12. 4	49.11. 0	49. 9.8
	30	37. 5. 2	37. 4. 3	37. 3. 3	37. 2. 3
	20	24.16. 9	24.16. 2	24.15. 5	24.14.10
	10	12. 8. 5	12. 8. 1	12. 7. 8	12. 7. 5
	9	11. 3. 6	11. 3. 3	11. 2.11	11. 2. 8
	8	9.18. 8	9.18. 5	9.18. 2	9.17.11
	7	8.13. 9	8.13. 7	8.13. 4	8.13. 3
	6	7. 8.10	7. 8. 9	7. 8. 7	7. 8. 5
	5	6. 4. 2	6. 4. 0	6. 3.10	6. 3. 8
	4	4.19. 4	4.19. 3	4.19. 1	4.18.11
	3	3.14. 5	3.14. 4	3.14. 4	3.14. 2
	2	2. 9. 8	2. 9. 7	2. 9. 6	2. 9. 5
	1	1. 4.10	1. 4. 9	1. 4. 9	1. 4. 8
sols	10	0.12. 5	0.12. 4	0.12. 4	0.12. 4
	9	0.11. 2	0.11. 1	0.11. 1	0.11. 1
	8	0.10. 0	0. 9.10	0. 9.10	0. 9.10
	7	0. 8. 9	0. 8. 8	0. 8. 8	0. 8. 8
	6	0. 7. 6	0. 7. 5	0. 7. 5	0. 7. 5
	5	0. 6. 2	0. 6. 2	0. 6. 2	0. 6. 2
	4	0. 5. 0	0. 5. 0	0. 5. 0	0. 5. 0
	3	0. 3. 9	0. 3. 8	0. 3. 8	0. 3. 8
	2	0. 2. 6	0. 2. 6	0. 2. 6	0. 2. 6
	1	0. 1. 3	0. 1. 3	0. 1. 3	0. 1. 3
den. de gros	1	0. 0. 7	0. 0. 7	0. 0. 7	0. 0. 8

Les sommes ci-dessus, sont des livres, sols & deniers tournois, notées par liv. s. d.

	A $97\frac{1}{8}$. den.	A $97\frac{1}{4}$. den.	A $97\frac{3}{8}$. den.	A $97\frac{1}{2}$. den.
	flor. f. p.	flor. f. p.	flor. f. p.	flor. f. p.
écus. 1000	2428. 2. 8	2431. 5. 0	2434. 7. 8	2437.10. 0
900	2185. 6. 4	2188. 2. 8	2190.18.12	2193.15. 0
800	1942.10. 0	1945. 0. 0	1947.10. 0	1950. 0. 0
700	1699.13.12	1701.17. 8	1704. 1. 4	1706. 5. 0
600	1456.17. 8	1458.15. 0	1460.12. 8	1462.10. 0
500	1214. 1. 4	1215.12. 8	1217. 3.12	1218.15. 0
400	971. 5. 0	972.10. 0	973.15. 0	975. 0. 0
300	728. 8.12	729. 7. 8	730. 6. 4	731. 5. 0
200	485.12. 8	486. 5. 0	486.17. 8	487.10. 0
100	242.16. 4	243. 2. 8	243. 8.12	243.15. 0
90	218.10.10	218.16. 4	219. 1.14	219. 7. 8
80	19[illegible]. 5. 0	194.10. 0	194.15. 0	195. 0. 0
70	169.19. 6	170. 3.12	170. 8. 2	170.12. 8
60	145.13.12	145.17. 8	146. 1. 4	146. 5. 0
50	121. 8. 2	121.11. 4	121.14. 6	121.17. 8
40	97. 2. 8	97. 5. 0	97. 7. 8	97.10. 0
30	72.16.14	72.18.12	73. 0.10	73. 2. 8
20	48.11. 4	48.12. 8	48.13.12	48.15. 0
10	24. 5.10	24. 6. 4	24. 6.14	24. 7. 8
9	21.17. 1	21.17.10	21.18. 3	21.18.12
8	19. 8. 8	19. 9. 0	19. 9. 8	19.10. 0
7	16.19.15	17. 0. 6	17. 0.13	17. 1. 4
6	14.11. 6	14.11.12	14.12. 2	14.12. 8
5	12. 2.13	12. 3. 2	12. 3. 7	12. 3.12
4	9.14. 4	9.14. 8	9.14.12	9.15. 0
3	7. 5.11	7. 5.14	7. 6. 1	7. 6. 4
2	4.17. 2	4.17. 4	4.17. 6	4.17. 8
1	2. 8. 9	2. 8.10	2. 8.11	2. 8.12
sols. 40	1.12. 6	1.12. 7	1.12. 8	1.12. 8
20	0.16. 3	0.16. 3	0.16. 4	0.16. 4
10	0. 8. 1	0. 8. 1	0. 8. 2	0. 8. 2
9	0. 7. 4	0. 7. 4	0. 7. 4	0. 7. 5
8	0. 6. 6	0. 6. 6	0. 6. 6	0. 6. 7
7	0. 5. 9	0. 5. 9	0. 5. 9	0. 5.10
6	0. 4.12	0. 4.12	0. 4.12	0. 4.13
5	0. 4. 0	0. 4. 0	0. 4. 0	0. 4. 1
4	0. 3. 3	0. 3. 3	0. 3. 3	0. 3. 3
3	0. 2. 6	0. 2. 6	0. 2. 6	0. 2. 6
2	0. 1. 9	0. 1. 9	0. 1. 9	0. 1. 9
1	0. 0.12	0. 0.12	0. 0.12	0. 0. 2

Les sommes cy-dessus sont des florins, patars & pennings, notés flor. f. p. [illegible] Brabant & Zelande, dont le Change est la sixiéme partie desdites sommes.

		A 97⅛. den.	A 97¼. den.	A 97⅜. den.	A 97½. den.
		liv. ſ. d.	liv. ſ. d.	liv. ſ. d.	liv. ſ. d.
florins.	1000	1235. 8. 6	1233.18. 8	1232. 7. 0	1230.15. 5
	900	1111.17. 8	1110.10.10	1109. 2. 4	1107.13.10
	800	988. 6.10	987. 2.11	985.17. 8	984.12. 4
	700	864.15.11	853.15. 2	862.12.11	861.10. 9
	600	741. 5. 6	740. 7. 4	739. 8. 3	738. 9. 4
	500	617.14. 3	616.19. 4	616. 3. 6	615. 7. 8
	400	494. 3. 5	493.11. 5	492.18.10	492. 6. 2
	300	370.12. 7	370. 3. 6	369.14. 2	369. 4. 7
	200	247. 1. 7	246.15.10	246. 9. 5	246. 3. 1
	100	123.10.10	123. 7.11	123. 4. 8	123. 1. 6
	90	111. 3. 9	111. 1. 2	110.18. 3	110.15. 4
	80	98.16. 8	98.14. 4	98. 11. 9	98. 9. 2
	70	86. 9. 7	86. 7. 6	86. 5. 4	86. 3. 1
	60	74. 2. 6	74. 0. 8	73.18.10	73.16.11
	50	61.15. 5	61.14. 0	61.12. 4	61.10. 9
	40	49. 8. 4	49. 7. 3	49. 5.10	49. 4. 7
	30	37. 1. 3	37. 0. 5	36.19. 4	36.18. 5
	20	24.14. 2	24.13. 7	24.12.11	24.12. 4
	10	12. 7.10	12. 6. 9	12. 6. 5	12. 6. 2
	9	11. 2. 5	11. 2. 1	11. 1.10	11. 1. 7
	8	9.17. 8	9.17. 5	9.17. 2	9.16.11
	7	8.13. 6	8.12. 9	8.12. 6	8.12. 4
	6	7. 8. 8	7. 8. 1	7. 7.10	7. 7. 8
	5	6. 3. 6	6. 3. 5	6. 3. 2	6. 3. 1
	4	4.18.20	4.18. 9	4.18. 7	4.18. 6
	3	3.14. 1	3.14. 0	3.13.11	3.13.10
	2	2. 9. 5	2. 9. 4	2. 9. 3	2. 9. 3
	1	1. 4. 8	1. 4. 8	1. 4. 7	1. 4. 7
ſols	10	0.12. 4	0.12. 4	0.12. 3	0.12. 3
	9	0.11. 1	0.11. 1	0.11. 0	0. 11. 0
	8	0. 9.10	0. 9.10	0. 9. 9	0. 9. 9
	7	0. 8. 7	0. 8. 7	0. 8. 6	0. 8. 6
	6	0. 7. 5	0. 7. 5	0. 7. 4	0. 7. 4
	5	0. 6. 2	0. 6. 2	0. 6. 1	0. 6. 1
	4	0. 4.11	0. 4.11	0. 4.10	0. 4.10
	3	0. 3. 9	0. 3. 9	0. 3. 8	0. 3. 8
	2	0. 2. 6	0. 2. 6	0. 2. 6	0. 2. 6
	1	0. 1. 3	0. 1. 3	0. 1. 3	0. 1. 3
deniers :	1	0. 0. 7	0. 0. 7	0. 0. 7	0. 0. 7

Les sommes cy-dessus, sont des livres sols & deniers Tournois ; notés liv. ſ. d.

	A $97\frac{5}{8}$ den.	A $97\frac{3}{4}$ den.	A $97\frac{7}{8}$ den.	A 98 den.
	flor. f. p.	flor. f. p.	flor. f. p.	flor. f. p.
Ecus. 1000	2440.12. 8	2443.15. 0	2446.17. 8	2450. 0. 0
900	2196.11. 4	2199. 7. 8	2202. 3.12	2205. 0. 0
800	1952.10. 0	1955. 0. 0	1957.10. 0	1960. 0. 0
700	1708. 8.12	1710.12. 8	1712.16. 4	1715. 0. 0
600	1464. 7. 8	1466. 5. 0	1468. 2. 8	1470. 0. 0
500	1220. 6. 4	1221.17. 8	1223. 8.12	1225. 0. 0
400	976. 5. 0	977.10. 0	978.15. 0	980. 0. 0
300	732. 3.12	733. 2. 8	734. 1. 4	735. 0. 0
200	488. 2. 8	488.15. 0	489. 7. 8	490. 0. 0
100	244. 1. 4	244. 7. 8	244.13.12	245. 0. 0
90	219.13. 2	219.18.12	220. 4. 6	220.10. 0
80	195. 5. 0	195.10. 0	195.15. 0	196. 0. 0
70	170.16.14	171. 1. 4	171. 5.10	171.10. 0
60	146. 8.12	146.12. 8	146.16. 4	147. 0. 0
50	122. 0.10	122. 3.12	122. 6.14	122.10. 0
40	97.12. 8	97.15. 0	97.17. 8	98. 0. 0
30	73. 4. 6	73. 6. 4	73. 8. 2	73.10. 0
20	48.16. 4	48.17. 8	48.18.12	49. 0. 0
10	24. 8. 2	24. 8.12	24. 9. 6	24.10. 0
9	21.19. 5	21.19.14	22. 0. 7	22. 1. 0
8	19.10. 8	19.11. 0	19.11. 8	19.12. 0
7	17. 1.11	17. 2. 2	17. 2. 9	17. 3. 0
6	14.12.14	14.13. 4	14.13.10	14.14. 0
5	12. 4. 1	12. 4. 6	12. 4.11	12. 5. 0
4	9.15. 4	9.15. 8	9.15.12	9.16. 0
3	7. 6. 7	7. 6.10	7. 6.13	7. 7. 0
2	4.17.10	4.17.12	4.17.14	4.18. 0
1	2. 8.13	2. 8.14	2. 8.15	2. 9. 0
sols. 40	1.12. 9	1.12.10	1.12.10	1. 13. 11
20	0.16. 4	0.16. 4	0.16. 5	0.16. 5
10	0. 8. 2	0. 8. 2	0. 8. 2	0. 8. 3
9	0. 7. 5	0. 7. 5	0. 7. 5	0. 7. 5
8	0. 6. 7	0. 6. 7	0. 6. 7	0. 6. 8
7	0. 5.10	0. 5.10	0. 5.10	0. 5.11
6	0. 4.13	0. 4.13	0. 4.13	0. 4.14
5	0. 4. 1	0. 4. 1	0. 4. 1	0. 4. 1
4	0. 3. 3	0. 3. 3	0. 3. 3	0. 3. 4
3	0. 2. 6	0. 2. 6	0. 2. 6	0. 2. 7
2	0. 1. 9	0. 1. 9	0. 1. 9	0. 1.10
1	0. 0.12	0. 0.12	0. 0.12	0. 0.13

Les sommes cy-dessus, sont des [illegible], patars & penninges, notés flor. f. p. F. B & Z. [illegible] Flandres, Brabant & Zelande, dont le Change est la sixieme partie des susdites sommes.

		A 97 5/8. den.	A 97 3/4. den.	A 97 7/8. den.	A 98. den.
		liv. s. d.	liv. s. d.	liv. s. d.	liv. s. d.
florins.	1000	1229. 3.11	1227.12. 6	1226. 1. 1	1224. 9.10
	900	1106. 5. 6	1104.17. 3	1103. 9. 0	1102. 0.10
	800	983. 7. 2	982. 2. 0	980.16.11	979.11.10
	700	860. 8. 9	859. 6. 9	858. 4. 9	857. 2.10
	600	737.10. 5	736.11. 6	735.12. 8	734.13.11
	500	614.11.11	613.16. 3	613. 0. 6	612. 4.11
	400	491.13. 7	491. 1. 0	490. 8. 5	489.15.11
	300	368.15. 2	368. 5. 9	367.16. 4	367. 6.11
	200	245.16. 9	245.10. 6	245. 4. 2	244.18. 0
	100	122.18. 5	122.15. 3	122.12. 1	122. 9. 0
	90	110.12. 7	110. 9. 9	110. 6.10	110. 4. 1
	80	98. 6. 9	98. 4. 2	98. 1. 8	97.19. 2
	70	86. 0.11	85.18. 9	85.16. 6	85.14. 4
	60	73.15. 0	73.12. 2	73.11. 4	73. 9. 5
	50	61. 9. 2	61. 7. 7	61. 6. 0	61. 4. 6
	40	49. 3. 4	49. 2. 1	49. 0.10	48.19. 7
	30	36.17. 6	36.16. 6	36.15. 8	36.14. 8
	20	24.11. 8	24.11. 1	24.10. 5	24. 9.10
	10	12. 5.10	12. 5. 6	12. 5. 3	12. 4.11
	9	11. 1. 3	11. 0.11	11. 0. 9	11. 0. 5
	8	9.16. 8	9.16. 5	9.16. 3	9.16. 0
	7	8.12. 1	8.11.10	8.11. 8	8.11. 5
	6	7. 6. 6	7. 7. 4	7. 7. 2	7. 7. 0
	5	6. 2.11	6. 2. 9	6. 2. 7	6. 2. 5
	4	4.18. 4	4.18. 2	4.18. 1	4.17.11
	3	3.13. 9	3.13. 8	3.13. 7	3.13. 6
	2	2. 9. 2	2. 9. 1	2. 9. 0	2. 8.11
	1	1. 4. 7	1. 4. 7	1. 4. 6	1. 4. 6
sols	10	0.12. 3	0.12. 3	0.12. 3	0.12. 3
	9	0.11. 0	0.11. 0	0.11. 0	0.11. 0
	8	0. 9.10	0. 9.10	0. 9.10	0. 9.10
	7	0. 8. 7	0. 8. 7	0. 8. 7	0. 8. 7
	6	0. 7. 4	0. 7. 4	0. 7. 4	0. 7. 4
	5	0. 6. 1	0. 6. 1	0. 6. 1	0. 6. 1
	4	0. 4.11	0. 4.11	0. 4.11	0. 4.11
	3	0. 3. 8	0. 3. 8	0. 3. 8	0. 3. 8
	2	0. 2. 5	0. 2. 5	0. 2. 5	0. 2. 5
	1	0. 1. 2	0. 1. 2	0. 1. 2	0. 1. 2
den. de gros	1	0. 0. 7	0. 0. 7	0. 0. 7	0. 0. 7

Les sommes cy-dessus, sont des livres sols & deniers Tournois, notés liv. s. d.

	A 98 1/8. den.	A 98 1/4. den.	A 98 3/8. den.	A 98 1/2. den.
	flor. s. p.	flor. s. p.	flor. s. p.	flor. s. p.
écus. 1000	2453. 2. 8	2456. 5. 0	2459. 7. 8	2462.10. 0
900	2207.16. 4	2210.12. 8	2213. 8.12	2216. 5. 0
800	1962.10. 0	1965. 0. 0	1967.10. 0	1970. 0. 0
700	1717. 3.12	1719. 7. 8	1721.11. 4	1723.15. 0
600	1471.17. 8	1473.15. 0	1475.12. 8	1477.10. 0
500	1226.11. 4	1228. 2. 8	1229.13.12	1231. 5. 0
400	981. 5. 0	982.10. 0	983.15. 0	985. 0. 0
300	735.18.12	736.17. 8	737.16. 4	738.15. 0
200	490.12. 8	491. 5. 0	491.17. 8	492.10. 0
100	245. 6. 4	245.12. 8	245.18.12	246. 5. 0
90	220.15.10	221. 1. 4	221. 6.14	221.12. 8
80	196. 5. 0	196.10. 0	196.15. 0	197. 0. 0
70	171.14. 6	171.18.12	172. 3. 2	172. 7. 8
60	147. 3.12	147. 7. 8	147.11. 4	147.15. 0
50	122.13. 2	122.16. 4	122.19. 6	123. 2. 8
40	98. 2. 8	98. 5. 0	98. 7. 8	98.10. 0
30	73.11.14	73.13.12	73.15.10	73.17. 8
20	49. 1. 4	49. 2. 8	49. 3.12	49. 5. 0
10	24.10.10	24.11. 4	24.11.14	24.12. 8
9	22. 1. 9	22. 2. 2	22. 2.11	22. 3. 4
8	19.12. 8	19.13. 0	19.13. 8	19.14. 0
7	17. 3. 7	17. 3.14	17. 4. 5	17. 4.12
6	14.14. 6	14.14.12	14.15. 2	14.15. 8
5	12. 5. 5	12. 5.10	12. 5.15	12. 6. 4
4	9.16. 4	9.16. 8	9.16.12	9.17. 0
3	7. 7. 3	7. 7. 6	7. 7. 9	7. 7.12
2	4.18. 2	4.18. 4	4.18. 6	4.18. 8
1	2. 9. 1	2. 9. 2	2. 9. 3	2. 9. 4
sols. 40	1.12.11	1.12.12	1.12.13	1.12. 3
20	0.16. 6	0.16. 6	0.16. 6	0.16. 7
10	0. 8. 3	0. 8. 3	0. 8. 3	0. 8. 3
9	0. 7. 5	0. 7. 6	0. 7. 6	0. 7. 6
8	0. 6. 8	0. 6. 9	0. 6.19	0. 6. 9
7	0. 5.11	0. 5.12	0. 5.12	0. 5.12
6	0. 4.14	0. 4.14	0. 4.14	0. 4.14
5	0. 4. 1	0. 4.11	0. 4. 1	0. 4. 1
4	0. 3. 4	0. 3. 4	0. 3. 4	0. 3. 4
3	0. 2. 7	0. 2. 7	0. 2. 7	0. 2. 7
2	0. 1.10	0. 1.10	0. 1.10	0. 1.10
1	0. 0.13	0. 0.13	0. 0.13	0. 0.13

Les sommes cy-dessus, sont des florins, patars & pennings, notés flor. s. p. F. B. & Z. signifie Flandres, Brabant & Zelande, dont le Change est la sixième partie des susdites sommes.

		A $98\frac{1}{8}$ den.	A $98\frac{1}{4}$ den.	A $98\frac{3}{8}$ den.	A $98\frac{1}{2}$ den.
		liv. s. d.	liv. s. d.	liv. s. d.	liv. s. d.
florins.	1000	1222.18. 8	1221. 7. 6	1219.17. 0	1218. 5. 6
	900	1100.12.10	1099. 4. 9	1097.17. 4	1096. 9. 0
	800	978. 7. 0	977. 2. 0	975.17. 8	974.12. 5
	700	856. 1. 1	854.19. 3	853.17.11	852.15.11
	600	733.15. 2	732.16. 6	731.18. 1	730.19. 4
	500	611. 9. 4	610.13. 9	609.18. 6	609. 2. 9
	400	489. 3. 6	488.11. 0	487.18.10	487. 6. 2
	300	366.17. 7	366. 8. 3	365.19. 1	365. 9. 7
	200	244.11. 8	244. 5. 6	243.19. 4	243.13. 1
	100	122. 5.10	122. 2. 9	121.19. 8	121.16. 6
	90	110. 1. 3	109.18. 6	109.15. 8	109.12.10
	80	97.16. 8	97.14. 3	97.11.10	97. 9. 3
	70	85.12. 1	85. 9.11	85. 7. 8	85. 5. 7
	60	73. 7. 6	73. 5. 8	73. 4. 0	73. 1.11
	50	61. 2.11	61. 1. 4	60.19.10	60.18. 3
	40	48.18. 4	48.17. 1	48.15. 8	48.14. 7
	30	36.13. 9	36.12.10	36.12. 0	36.10.11
	20	24. 9. 2	24. 8. 6	24. 7.10	24. 7. 3
	10	12. 4. 7	12. 4. 3	12. 4. 0	12. 3. 8
	9	11. 0. 2	10.19.10	10.19. 7	10.19. 7
	8	9.15. 8	9.15. 5	9.15. 3	9.14. 1
	7	8.11. 0	8.11. 0	8.10.10	8.10. 6
	6	7. 6. 9	7. 6. 7	7. 6. 5	7. 6. 3
	5	6. 2. 3	6. 2. 1	6. 2. 0	6. 1.10
	4	4.17.10	4.17.10	4.17. 7	4.17. 5
	3	3.13. 4	3.13. 4	3.13. 2	3.13. 1
	2	2. 8.11	2. 8.11	2. 8. 9	2. 8. 8
	1	1. 4. 5	1. 4. 5	1. 4. 5	1. 4. 4
sols	10	0.12. 2	0.12. 2	0.12. 2	0.12. 2
	9	0.10. 0	0.10. 0	0.10. 0	0.10. 0
	8	0. 9. 9	0. 9. 9	0. 9. 9	0. 9. 9
	7	0. 8. 6	0. 8. 6	0. 8. 6	0. 8. 6
	6	0. 7. 3	0. 7. 3	0. 7. 3	0. 7. 3
	5	0. 6. 1	0. 6. 1	0. 6. 1	0. 6. 1
	4	0. 4.11	0. 4.11	0. 4.11	0. 4.11
	3	0. 3. 8	0. 3. 8	0. 3. 8	0. 3. 8
	2	0. 2. 5	0. 2. 5	0. 2. 5	0. 2. 5
	1	0. 1. 2	0. 1. 2	0. 1. 2	0. 1. 2
den. de gros	1	0. 0. 7	0. 0. 7	0. 0. 7	0. 0. 7

Les sommes cy-dessus, sont des livres, sols & deniers tournois, notés liv. s. d.

écus,

		A $98\frac{5}{8}$ den. flor. s. p.	A $98\frac{3}{4}$ den. flor. s. p.	A $98\frac{7}{8}$ den. flor. s. p.	A 99 den. flor. s. p.
écus.	1000	2465.12. 8	2468.15. 0	2471.17. 8	2475. 0. 0
	900	2219. 1. 4	2221.17. 8	2224.13.12	2227.10. 0
	800	1972.10. 0	1975. 0. 0	1977.10. 0	1980. 0. 0
	700	1725.18.12	1728. 2. 8	1730. 6. 4	1732.10. 0
	600	1479. 7. 8	1481. 5. 0	1483.18.12	1485. 0. 0
	500	1232.16. 4	1234. 7. 8	1235.18.12	1237.10. 0
	400	986. 5. 0	987.10. 0	988.15. 0	990. 0. 0
	300	739.13.12	740.12. 8	741.11. 4	742.10. 0
	200	493. 2. 8	493.15. 0	494. 7. 8	495. 0. 0
	100	246.11. 4	246.17. 8	247. 3.12	247.10. 0
	90	221.18. 2	222. 3.12	222. 9. 6	222.15. 0
	80	197. 5. 0	197.10. 0	197.15. 0	198. 0. 0
	70	172.11.14	172.16. 4	173. 0.10	173. 5. 0
	60	147.18.12	148. 2. 8	148. 6. 4	148.10. 0
	50	123. 5.10	123. 8.12	123.11.14	123.15. 0
	40	98.12. 8	98.15. 0	98.17. 8	99. 0. 0
	30	73.19. 6	74. 1. 4	74. 3. 2	74. 5. 0
	20	49. 6. 4	49. 7. 8	49. 8.12	49.10. 0
	10	24.13. 2	24.13.12	24.14. 6	24.15. 0
	9	22. 3.13	22. 4. 6	22. 4.15	22. 5. 8
	8	19.14. 8	19.15. 0	19.15. 6	19.16. 0
	7	17. 5. 3	17. 5.10	17. 6. 1	17. 6. 8
	6	14.15.14	14.16. 4	14.16.10	14.17. 0
	5	12. 6. 9	12. 6.14	12. 7. 3	12. 7. 8
	4	9.17. 4	9.17. 8	9.17.12	9.18. 0
	3	7. 7.15	7. 8. 2	7. 8. 5	7. 8. 8
	2	4.18.10	4.18.12	4.18.14	4.19. 0
	1	2. 9. 5	2. 9. 6	2. 9. 7	2. 9. 8
sols.	40	1.12.14	1.12.15	1.12.15	1.13. 0
	20	0.16. 7	0.16. 7	0.16. 8	0.16. 8
	10	0. 8. 3	0. 8. 3	0. 8. 4	0. 8. 4
	9	0. 7. 6	0. 7. 6	0. 7. 6	0. 7. 6
	8	0. 6. 9	0. 6. 9	0. 6. 9	0. 6. 9
	7	0. 5.12	0. 5.12	0. 5.12	0. 5.12
	6	0. 4.14	0. 4.14	0. 4.14	0. 4.15
	5	0. 4. 1	0. 4. 1	0. 4. 1	0. 4. 2
	4	0. 3. 4	0. 3. 4	0. 3. 4	0. 3. 5
	3	0. 2. 7	0. 2. 7	0. 2. 7	0. 2. 7
	2	0. 1.10	0. 1.10	0. 1.10	0. 1.10
	1	0. 0.13	0. 0.13	0. 0.13	0. 0.13

Les sommes cy-dessus, sont des florins, patars & pennings, notés flor. s. p. *F. B. & Z. signifie Flandres, Brabant & Zelande, dont le Change est la sixième partie des susdites sommes.*

R

		A 98 5/8. den. liv. s. d.	A 98 3/4. den. liv. s. d.	A 98 7/8. den. liv. s. d.	A 99. den. liv. s. d.
florins.	1000	1216. 14. 7	1215. 3. 0	1213. 13. 0	1212. 2. 5
	900	1095. 1. 2	1093. 12. 9	1092. 5. 5	1090. 18. 2
	800	973. 7. 9	972. 2. 5	970. 18. 7	969. 13. 9
	700	851. 14. 3	850. 12. 1	849. 10. 11	848. 9. 9
	600	730. 0. 9	729. 1. 9	728. 4. 1	727. 5. 5
	500	608. 7. 4	607. 11. 6	606. 16. 6	606. 1. 2
	400	486. 13. 10	486. 1. 3	485. 8. 11	484. 16. 11
	300	365. 0. 5	364. 10. 11	364. 2. 1	363. 12. 8
	200	243. 6. 11	243. 0. 7	242. 14. 5	242. 8. 8
	100	121. 13. 5	121. 10. 3	121. 7. 7	121. 4. 3
	90	109. 9. 11	109. 7. 3	109. 4. 10	109. 1. 9
	80	97. 6. 9	97. 4. 2	97. 2. 1	96. 19. 4
	70	85. 3. 5	85. 1. 1	84. 19. 4	84. 16. 11
	60	73. 0. 0	72. 18. 2	72. 16. 6	72. 14. 6
	50	60. 16. 9	60. 15. 1	60. 13. 8	60. 12. 1
	40	48. 13. 5	48. 12. 1	48. 11. 1	48. 9. 8
	30	36. 10. 0	36. 9. 1	36. 8. 3	36. 7. 3
	20	24. 6. 8	24. 6. 0	24. 5. 6	24. 4. 10
	10	12. 3. 4	12. 3. 0	12. 2. 9	12. 2. 5
	9	10. 19. 0	10. 18. 9	10. 18. 6	10. 18. 2
	8	9. 14. 8	9. 14. 6	9. 14. 3	9. 13. 11
	7	8. 10. 4	8. 10. 3	8. 9. 11	8. 9. 8
	6	7. 6. 0	7. 5. 9	7. 5. 8	7. 5. 5
	5	6. 1. 8	6. 1. 6	6. 1. 4	6. 1. 2
	4	4. 17. 4	4. 17. 3	4. 17. 1	4. 16. 11
	3	3. 13. 0	3. 12. 10	3. 12. 10	3. 12. 8
	2	2. 8. 8	2. 8. 7	2. 8. 6	2. 8. 5
	1	1. 4. 4	1. 4. 3	1. 4. 3	1. 4. 2
sols	10	0. 12. 2	0. 12. 2	0. 12. 2	0. 12. 1
	9	0. 11. 0	0. 11. 0	0. 11. 0	0. 11. 0
	8	0. 9. 9	0. 9. 9	0. 9. 9	0. 9. 9
	7	0. 8. 6	0. 8. 6	0. 8. 6	0. 8. 6
	6	0. 7. 4	0. 7. 3	0. 7. 3	0. 7. 3
	5	0. 6. 1	0. 6. 1	0. 6. 1	0. 6. 1
	4	0. 4. 11	0. 4. 11	0. 4. 11	0. 4. 11
	3	0. 3. 8	0. 3. 8	0. 3. 8	0. 3. 8
	2	0. 2. 5	0. 2. 5	0. 2. 5	0. 2. 5
	1	0. 1. 2	0. 1. 2	0. 1. 2	0. 1. 2
denier de gros	1	0. 0. 7	0. 0. 7	0. 0. 7	0. 0. 7

Les sommes cy-dessus, sont des livres, sols & deniers Tournois, notés liv. s. d.

	A 99⅛. den.	A 99¼. den.	A 99⅜. den.	A 99½. den.
	flor. f. p.	flor. f. p.	flor. f. p.	flor. f. p.
écus. 1000	2478. 2. 8	2481. 5. 0	2484. 7. 8	2487.10. 0
900	2230. 6. 4	2233. 2. 8	2235.18.12	2238.15. 0
800	1982.10. 0	1985. 0. 0	1987.10. 0	1990. 0. 0
700	1734.13.12	1736.17. 8	1739. 1. 4	1741. 5. 0
600	1486.17. 8	1488.15. 0	1490.12. 8	1492.10. 0
500	1239. 1. 4	1240.12. 8	1242. 3.12	1243.15. 0
400	991. 5. 0	992.10. 0	993.15. 0	995. 0. 0
300	743. 8.12	744. 7. 8	745. 6. 4	746. 5. 0
200	495.12. 8	496. 5. 0	496.17. 8	497.10. 0
100	247.16. 4	248. 2. 8	248. 8.12	248.15. 0
90	223. 0.10	223. 6. 4	223.11.14	223.17. 8
80	198. 5. 0	198.10. 0	198.15. 0	199. 0. 0
70	173. 9. 6	173.13.12	173.18. 2	174. 2. 8
60	148.13.12	148.17. 8	149. 1. 4	149. 5. 0
50	123.18. 2	124. 1. 4	124. 4. 6	124. 7. 8
40	99. 2. 8	99. 5. 0	99. 7. 8	99.10. 0
30	74. 6.14	74. 8.12	74.10.10	74.12. 8
20	49.11. 4	49.12. 8	49.13.12	49.15. 0
10	24.15.10	24.16. 4	24.16.14	24.17. 8
9	22. 6. 1	22. 6. 1	22. 7. 3	22. 7.12
8	19.16. 8	19.17. 0	19.17. 8	19.18. 0
7	17. 6.15	17. 7. 6	17. 7.13	17. 8. 4
6	14.17. 6	14.17.12	14.18. 2	14.18. 8
5	12. 7.13	12. 8. 2	12. 8. 7	12. 8.12
4	9.18. 4	9.18. 8	9.18.12	9.19. 0
3	7. 8.11	7. 8.14	7. 9. 1	7. 9. 4
2	4.19. 2	4.19. 4	4.19. 6	4.19. 8
1	2. 9. 9	2. 9.10	2. 9.11	2. 9.12
sols. 40	1.13. 3	1.13. 4	1.13. 4	1.13. 5
20	0.16. 9	0.16. 9	0.16.10	0.16.10
10	0. 8. 4	0. 8. 4	0. 8. 5	0. 8. 5
9	0. 7. 6	0. 7. 6	0. 7. 7	0. 7. 7
8	0. 6. 9	0. 6. 9	0. 6. 9	0. 6. 9
7	0. 5.12	0. 5.12	0. 5.12	0. 5.12
6	0. 4.15	0. 4.15	0. 4.15	0. 4.15
5	0. 4. 2	0. 4. 2	0. 4. 2	0. 4. 2
4	0. 3. 5	0. 3. 5	0. 3. 5	0. 3. 5
3	0. 2. 7	0. 2. 7	0. 2. 7	0. 2. 7
2	0. 1.10	0. 1.10	0. 1.10	0. 1.10
1	0. 0.13	0. 0.13	0. 0.13	0. 0.13

Les sommes cy-dessus sont des florins, patars & pennings, notés flor. f. p. *F. B. & Z. signifie Flandres, Brabant & Zelande, dont le Change est la sixième partie des susdites sommes.*

		A 99⅛. den.	A 99¼. den.	A 99⅜. den.	A 99½. den.
		liv. ſ. d.	liv. ſ. d.	liv. ſ. d.	liv. ſ. d.
florins.	1000	1210.11.10	1209. 1. 5	1207.11. 0	1206. 0. 8
	900	1089.10. 8	1088. 3. 4	1086.15. 11	1085. 8. 7
	800	968. 9. 6	967. 5. 2	966. 0.10	964.16. 6
	700	847. 8. 4	846. 7. 0	845. 5. 9	844. 4. 6
	600	726. 7. 1	725. 8.10	724.10. 8	723.12. 4
	500	605. 5.11	604.10. 8	603.15. 6	603. 0. 4
	400	484. 4. 9	483.12. 7	483. 0. 5	482. 8. 3
	300	363. 3. 6	362.14. 5	362. 5. 4	361.16. 2
	200	242. 2. 4	241.16. 3	241.10. 2	241. 4. 2
	100	121. 1. 2	120.18. 1	120.15. 1	120.12. 1
	90	108.19. 1	108.16. 3	108.13. 7	108.15. 0
	80	96.16.11	96.14. 6	96.12. 1	96. 9. 8
	70	84.14.10	84.12. 8	84.10. 7	84. 8. 6
	60	72.12. 6	72.10.11	72. 9. 1	72. 7. 3
	50	60.10. 7	60. 9. 0	60. 7. 6	60. 6. 0
	40	48. 8. 6	48. 7. 2	48. 6. 0	48. 4.10
	30	36. 6. 4	36. 5. 5	36. 4. 6	36. 3. 7
	20	24. 4. 3	24. 3. 7	24. 3. 0	24. 2. 5
	10	12. 2. 1	12. 1.10	12. 1. 6	12. 1. 2
	9	10.17.11	10.17. 8	10.17. 4	10.17. 1
	8	9.13. 8	9.13. 6	9.13. 3	9.12.11
	7	8. 9. 5	8. 9. 4	8. 9. 1	8. 8.10
	6	7. 5. 2	7. 5. 1	7. 5. 0	7. 4. 8
	5	6. 1. 1	6. 0.11	6. 0. 9	6. 0. 7
	4	4.16.11	4.16. 9	4.16. 6	4.16. 6
	3	3.12. 7	3.12. 6	3.12. 5	3.12. 4
	2	2. 8. 5	2. 8. 4	2. 8. 3	2. 8. 3
	1	1. 4. 2	1. 4. 2	1. 4. 2	1. 4. 1
patars	10	0.12. 1	0.12. 1	0.12. 1	0.12. 0
	9	0.10.11	0.10.10	0.10.10	0.10.10
	8	0. 9. 8	0. 9. 8	0. 9. 8	0. 9. 8
	7	0. 8. 6	0. 8. 6	0. 8. 6	0. 8. 6
	6	0. 7. 4	0. 7. 4	0. 7. 4	0. 7. 4
	5	0. 6. 0	0. 6. 0	0. 6. 0	0. 6. 0
	4	0. 4.10	0. 4.10	0. 4.10	0. 4.10
	3	0. 3. 7	0. 3. 7	0. 3. 7	0. 3. 7
	2	0. 2. 5	0. 2. 5	0. 2. 5	0. 2. 5
	1	0. 1. 2	0. 1. 2	0. 1. 2	0. 1. 2
den. de gros	1	0. 0. 7	0. 0. 7	0. 0. 7	0. 0. 7

Les sommes cy-dessus, sont des livres, sols & deniers Tournois, notes liv. ſ. d.

	A $99\frac{5}{8}$ den.	A $99\frac{3}{4}$ den.	A $99\frac{7}{8}$ den.	A 100 den.
	flor. s. p.	flor. s. p.	flor. s. p.	flor. s. p.
écus. 1000	2490.12. 8	2493.15. 0	2496.17. 8	2500. 0. 0
900	2241.11. 4	2244. 7. 8	2247. 3.12	2250. 0. 0
800	1992.10. 0	1995. 0. 0	1997.10. 0	2000. 0. 0
700	1743. 8.12	1745.12. 8	1747.16. 4	1750. 0. 0
600	1494. 7. 8	1496. 5. 0	1498. 2. 8	1500. 0. 0
500	1245. 6. 4	1246.17. 8	1248. 8.12	1250. 0. 0
400	996. 5. 0	997.10. 0	998.15. 0	1000. 0. 0
300	747. 3.12	748. 2. 8	749. 1. 4	750. 0. 0
200	498. 2. 8	498.15. 0	499. 7. 8	500. 0. 0
100	249. 1. 4	249. 7. 8	249.13.12	250. 0. 0
90	224. 3. 2	224. 8.12	224.14. 6	225. 0. 0
80	199. 5. 0	199.10. 0	199.15. 0	200. 0. 0
70	174. 6.14	174. 8.12	174.15.10	175. 0. 0
60	149. 8.12	149.12. 8	149.16. 4	150. 0. 0
50	124.10.10	124.13.12	124.16.14	125. 0. 0
40	99.12. 8	99.15. 0	99.17. 8	100. 0. 0
30	74.14. 6	74.16. 4	74.18. 2	75. 0. 0
20	49.16. 4	49.17. 8	49.18.12	50. 0. 0
10	24.18. 2	24.18.12	24.19. 6	25. 0. 0
9	22. 8. 5	22. 8.14	22. 9. 7	22.10. 0
8	19.18. 8	19.19. 0	19.19. 8	20. 0. 0
7	17. 8.11	17. 9. 2	17. 9. 9	17.10. 0
6	14.18.14	14.19. 4	14.19.10	15. 0. 0
5	12. 9. 1	12. 9. 6	12. 9.11	12.10. 0
4	9.19. 4	9.19. 8	9.19.12	10. 0. 0
3	7. 9. 7	7. 9.10	7. 9.13	7.10. 0
2	4.19.10	4.19.12	4.19.14	5. 0. 0
1	2. 9.13	2. 9.14	2. 9.15	2.10. 0
sols. 40	1.13. 4	1.13. 4	1.13. 5	1.13. 5
20	0.16. 9	0.16.10	0.16.10	0.16.11
10	0. 8. 4	0. 8. 5	0. 8. 5	0. 8. 5
9	0. 7. 6	0. 7. 7	0. 7. 7	0. 7. 7
8	0. 6. 9	0. 6. 9	0. 6. 9	0. 6. 9
7	0. 5.12	0. 5.12	0. 5.12	0. 5.12
6	0. 4.15	0. 4.15	0. 4.15	0. 4.15
5	0. 4. 2	0. 4. 2	0. 4. 2	0. 4. 2
4	0. 3. 5	0. 3. 5	0. 3. 5	0. 3. 5
3	0. 2. 7	0. 2. 7	0. 2. 7	0. 2. 7
2	0. 1.10	0. 1.10	0. 1.10	0. 1.10
1	0. 0.13	0. 0.13	0. 0.13	0. 0.13

Les sommes cy-dessus sont des florins, patars & pennings; notés flor. s. p. F. B. & Z. *signifie Flandres, Brabant & Zelande, dont le Change est la sixième partie des susdites sommes.*

		A 99⅝. den.	A 99¾. den.	A 99⅞. den.	A 100. den.
		liv. s. d.	liv. s. d.	liv. s. d.	liv. s. d.
florins.	1000	1204.11. 8	1203. 0. 2	1200.10. 0	1200. 0. 0
	900	1084. 2. 6	1082.14. 2	1080. 9. 0	1080. 0. 0
	800	963.13. 4	962. 8. 2	960. 8. 0	960. 0. 0
	700	843. 4. 2	842. 2. 1	840. 7. 0	840. 0. 0
	600	722.15. 0	721.16. 1	720. 6. 0	720. 0. 0
	500	602. 5.10	601.10. 1	600. 5. 0	600. 0. 0
	400	481.16. 8	481. 4. 1	480. 4. 0	480. 0. 0
	300	361. 7. 6	360.18. 1	360. 3. 0	360. 0. 0
	200	240.18. 4	240.12. 0	240. 2. 0	240. 0. 0
	100	120. 9. 2	220. 6. 0	120. 1. 0	120. 0. 0
	90	108. 8. 3	108. 5. 5	108. 0.11	108. 0. 0
	80	96. 7. 4	96. 4.10	96. 0.10	96. 0. 0
	70	84. 6. 5	84. 4. 2	84. 0. 8	84. 0. 0
	60	72. 5. 6	72. 3. 7	72. 0. 7	72. 0. 0
	50	60. 4. 7	60. 3. 0	60. 0. 6	60. 0. 0
	40	48. 3. 8	48. 2. 5	48. 0. 5	48. 0. 0
	30	36. 2. 9	36. 1.10	36. 0. 4	36. 0. 0
	20	24. 1.10	24. 1. 2	24. 0. 2	24. 0. 0
	10	12. 0.11	12. 0. 7	12. 0. 1	12. 0. 0
	9	10.16.10	10.16. 7	10.16. 1	10.16. 0
	8	9.12. 9	9.12. 5	9.12. 1	9.12. 0
	7	8. 8. 8	8. 8. 4	8. 8. 0	8. 8. 0
	6	7. 4. 7	7. 4. 4	7. 4. 0	7. 4. 0
	5	6. 0. 5	6. 0. 3	6. 0. 0	6. 0. 0
	4	4.16. 4	4.16. 3	4.16. 0	4.16. 0
	3	3.12. 3	3.12. 2	3.12. 0	3.12. 0
	2	2. 8. 2	2. 8. 2	2. 8. 0	2. 8. 0
	1	1. 4. 1	1. 4. 0	1. 4. 0	1. 4. 0
sols	10	0.12. 0	0.12. 0	0.12. 0	0.12. 0
	9	0.10.10	0.10.10	0.10.10	0.10.10
	8	0. 9. 7	0. 9. 7	0. 9. 7	0. 9. 7
	7	0. 8. 5	0. 8. 5	0. 8. 5	0. 8. 5
	6	0. 7. 2	0. 7. 2	0. 7. 2	0. 7. 2
	5	0. 6. 0	0. 6. 0	0. 6. 0	0. 6. 0
	4	0. 4.10	0. 4.10	0. 4.10	0. 4.10
	3	0. 3. 7	0. 3. 7	0. 3. 7	0. 3. 7
	2	0. 2. 5	0. 2. 5	0. 2. 5	0. 2. 5
	1	0. 1. 2	0. 1. 2	0. 1. 2	0. 1. 2
den. de gros	1	0. 0. 7	0. 0. 7	0. 0. 7	0. 0. 7

Les sommes cy-dessus, sont des livres sols & deniers Tournois, notés liv. s. d.

	A $100\frac{1}{8}$.den.	A $100\frac{1}{4}$.den.	A $100\frac{3}{8}$.den.	A $100\frac{1}{2}$.den.
	flor. ſ. p.	flor. ſ. p.	flor. ſ. p.	flor. ſ. p.
écus. 1000	2503. 2. 8	2506. 5. 0	2509. 7. 8	2512.10. 0
900	2252.16. 4	2255.12. 8	2258. 8.12	2261. 5. 0
800	2002.10. 0	2005. 0. 0	2007.10. 0	2010. 0. 0
700	1752. 3.12	1754. 8. 0	1756.11. 4	1758.15. 0
600	1501.17. 8	1503.15. 0	1505.12. 8	1507.10. 0
500	1251.11. 4	1253. 2. 8	1254.13.12	1256. 5. 0
400	1001. 5. 0	1002.10. 0	1003.15. 0	1005. 0. 0
300	750.18.12	751.17. 8	752.16. 4	753.15. 0
200	500.12. 8	501. 5. 0	501.17. 8	502.10. 0
100	250. 6. 4	250.12. 8	250.18.12	251. 5. 0
90	225. 5.10	225.11. 4	225.16.14	226. 2. 8
80	200. 5. 0	200.10. 0	200.15. 0	201. 0. 0
70	175. 4. 6	175. 8.12	175.13. 2	175.17. 8
60	150. 3.12	150. 7. 8	150.11. 4	150.15. 0
50	125. 3. 2	125. 6. 4	125. 9. 6	125.12. 8
40	100. 2. 8	100. 5. 0	100. 7. 8	100.10. 0
30	75. 1.14	75. 3.12	75. 5.10	75. 7. 8
20	50. 1. 4	50. 2. 8	50. 3.12	50. 5. 0
10	25. 0.10	25. 1. 4	25. 1.14	25. 2. 8
9	22.10. 9	22.11. 2	22.11.11	22.12. 4
8	20. 0. 8	20. 1. 0	20. 1. 8	20. 2. 0
7	17.10. 7	17.10.14	17.11. 5	17.11.12
6	15. 0. 6	15. 0.12	15. 1. 2	15. 1. 8
5	12.10. 5	12.10.10	12.10.15	12.11. 4
4	10. 0. 4	10. 0. 8	10. 0.12	10. 1. 0
3	7.10. 3	7.10. 6	7.10. 9	7.10.12
2	5. 0. 2	5. 0. 4	5. 0. 6	5. 0. 8
1	2.10. 1	2.10. 2	2.10. 3	2.10. 4
ſols. 40	1.13. 6	1.13. 7	1.13. 8	1.13. 8
20	0.16.11	0.16.11	0.16.11	0.16.12
10	0. 8. 5	0. 8. 5	0. 8. 5	0. 8. 6
9	0. 7. 7	0. 7. 7	0. 7. 7	0. 7. 8
8	0. 6. 9	0. 6. 9	0. 6. 9	0. 6.10
7	0. 5.12	0. 5.12	0. 5.12	0. 5.13
6	0. 4.15	0. 4.15	0. 4.15	0. 5. 0
5	0. 4. 2	0. 4. 2	0. 4. 2	0. 4. 3
4	0. 3. 5	0. 3. 5	0. 3. 5	0. 3. 6
3	0. 2. 7	0. 2. 7	0. 2. 7	0. 2. 8
2	0. 1.10	0. 1.10	0. 1.10	0. 1.10
1	0. 0.13	0. 0.13	0. 0.13	0. 0.13

Les ſommes cy-deſſus, ſont des florins, patars & pennings, notés flor. ſ. p. F. B. & Z. *ſignifie Flandres, Brabant & Zelande, dont le Change eſt la ſixiéme partie des ſuſdites ſommes.*

		A 100$\frac{1}{8}$. den.	A 100$\frac{1}{4}$. den.	A 100$\frac{1}{8}$. den.	A 100$\frac{1}{2}$. den.
		liv. s. d.	liv. s. d.	liv. s. d.	liv. s. d.
florins.	1000	1198. 10. 1	1197. 0. 2	1195. 10. 4	1194. 0. 8
	900	1078. 13. 1	1077. 6. 2	1075. 19. 4	1074. 12. 7
	800	958. 16. 1	957. 12. 2	956. 8. 3	955. 4. 6
	700	838. 19. 0	837. 18. 1	836. 17. 3	835. 16. 5
	600	719. 2. 0	718. 4. 1	717. 6. 2	716. 8. 5
	500	599. 5. 0	598. 10. 1	597. 15. 2	597. 0. 4
	400	479. 8. 0	478. 16. 1	478. 4. 2	477. 12. [illegible] 3
	300	359. 11. 0	359. 2. 1	358. 13. 1	358. 4. 3
	200	239. 14. 0	239. 8. 0	239. 2. 1	238. 12. 2
	100	119. 17. 0	119. 14. 0	119. 11. 0	119. 8. 1
	90	107. 17. 4	107. 14. 7	107. 11. 11	107. 9. 3
	80	95. 17. 7	95. 15. 2	95. 12. 10	95. 10. 5
	70	83. 17. 11	83. 15. 10	83. 13. 9	83. 11. 8
	60	71. 18. 2	71. 16. 5	71. 14. 7	71. 12. 10
	50	59. 18. 6	59. 17. 0	59. 15. 6	59. 14. 0
	40	47. 18. 10	47. 17. 7	47. 16. 5	47. 15. 3
	3[illegible]	35. 19. 1	35. 18. 2	35. 17. 3	35. 16. 5
	20	23. 19. 5	23. 18. 10	23. 18. 2	23. 17. 7
	10	11. 19. 8	11. 19. 5	11. 19. 1	11. 18. 9
	9	10. 15. 9	10. 15. 6	10. 15. 2	10. 15. 0
	8	9. 11. 10	9. 11. 7	9. 11. 3	9. 11. 1
	7	8. 7. 10	8. 7. 7	8. 7. 4	8. 7. 2
	6	7. 4. 0	7. 3. 8	7. 3. 5	7. 3. 3
	5	5. 19. 10	5. 19. 8	5. 19. 6	5. 19. 4
	4	4. 15. 8	4. 15. 9	4. 15. 7	4. 15. 7
	3	3. 12. 0	3. 11. 10	3. 11. 8	3. 11. 8
	2	2. 7. 10	2. 7. 10	2. 7. 10	2. 7. 9
	1	1. 3. 11	1. 3. 11	1. 3. 11	1. 3. 11
sols	10	0. 11. 11	0. 11. 11	0. 11. 11	0. 11. 11
	9	0. 10. 9	0. 10. 9	0. 10. 9	0. 10. 9
	8	0. 9. 7	0. 9. 7	0. 9. 7	0. 9. 7
	7	0. 8. 4	0. 8. 4	0. 8. 4	0. 8. 4
	6	0. 7. 2	0. 7. 2	0. 7. 2	0. 7. 2
	5	0. 5. 11	0. 5. 11	0. 5. 11	0. 5. 11
	4	0. 4. 9	0. 4. 9	0. . 9	0. 4. 9
	3	0. 3. 7	0. 3. 7	0. 3. 7	0. 3. 7
	2	0. 2. 4	0. 2. 4	0. 2. 4	0. 2. 4
	1	0. 1. 2	0. 1. 2	0. 1. 2	0. 1. 2
den. de gros	1	0. 0. 7	0. 0. 7	0. 0. 7	0. 0. 7

Les sommes cy-dessus, sont des livres sols & deniers Tournois, notez liv. s. d.

écus.

		A 100⅝. den.	A 100¾. den.	A 100⅞. den.	A 101. den.
		flor. f. p.	flor. f. p.	flor. f. p.	flor. f. p.
écus.	1000	2515.12. 8	2518.15. 0	2521.17. 8	2525. 0. 0
	900	2264. 1. 4	2266.17. 8	2269.13.12	2272.10. 0
	800	2012.10. 0	2015. 0. 0	2017.10. 0	2020. 0. 0
	700	1760.18.12	1763. 2. 8	1765. 6. 4	1767.10. 0
	600	1509. 7. 8	1511. 5. 0	1513. 2. 8	1515. 0. 0
	500	1257.16. 4	1259. 7. 8	1260.18.12	1262.10. 0
	400	1006. 5. 0	1007.10. 0	1008.15. 0	1010. 0. 0
	300	754.13.12	755.12. 8	756.11. 4	757.10. 0
	200	503. 2. 8	503.15. 0	504. 7. 8	505. 0. 0
	100	251.11. 4	251.17. 8	252. 3.12	252.10. 0
	90	226. 8. 2	226.13.12	226.19. 6	227. 5. 0
	80	201. 5. 0	201.10. 0	201.15. 0	202. 0. 0
	70	176. 1.14	176. 6. 4	176.10.10	176.15. 0
	60	150.18.12	151. 2. 8	151. 6. 4	151.10. 0
	50	125.15.10	125.18.12	126. 1.14	126. 5. 0
	40	100.12. 8	100.15. 0	100.17. 8	101. 0. 0
	30	75. 9. 6	75.11. 4	75.13. 2	75.15. 0
	20	50. 6. 4	50. 7. 8	50. 8.12	50.10. 0
	10	25. 3. 2	25. 3.12	25. 4. 6	25. 5. 0
	9	22.12. 3	22.13. 6	22.13.15	22.14. 8
	8	20. 2. 8	20. 3. 0	20. 3. 8	20. 4. 0
	7	17.12. 3	17.12.10	17.13. 1	17.13. 8
	6	15. 1.14	15. 2. 4	15. 2.10	15. 3. 0
	5	12.11. 9	12.11.14	12.12. 3	12.12. 8
	4	10. 1. 4	1. 1. 8	10. 1.12	10. 2. 0
	3	7.10.15	7.11. 2	7.11. 5	7.11. 8
	2	5. 0.10	5. 0.12	5. 0.14	5. 1. 0
	1	2.10. 5	2.10. 6	2.10. 7	2.10. 8
sols.	40	1.13. 9	1.13.10	1.13.10	1.13.10
	20	0.16.12	0.16.12	0.16.13	0.16.14
	10	0. 8. 6	0. 8. 6	0. 8. 6	0. 8. 7
	9	0. 7. 8	0. 7. 8	0. 7. 8	0. 7. 8
	8	0. 6.10	0. 6.10	0. 6.10	0. 6.10
	7	0. 5.13	0. 5.13	0. 5.13	0. 5.13
	6	0. 5. 0	0. 5. 0	0. 5. 0	0. 5. 0
	5	0. 4. 3	0. 4. 3	0. 4. 3	0. 4. 3
	4	0. 3. 6	0. 3. 6	0. 3. 6	0. 3. 6
	3	0. 2. 8	0. 2. 8	0. 2. 8	0. 2. 8
	2	0. 1.10	0. 1.10	0. 1.10	0. 1.10
	1	0. 0.13	0. 0.13	0. 0.13	0. 0.13

Les sommes cy-dessus sont des florins, patars & penings [illegible] & Zelande, dont le Change est la [illegible] partie des [illegible] sommes.

		A 100⅝. den. liv. s. d.	A 100¾. den. liv. s. d.	A 100⅞. den. liv. s. d.	A 101. den. liv. s. d.
florins.	1000	1192.11. 0	1191. 1. 4	1189.11.10	1188. 2. 5
	900	1073. 5.11	1071.19. 3	1070.12. 8	1069. 6. 2
	800	954. 0.10	952.17. 1	951.13. 6	950.10. 0
	700	834.15. 8	833.14.11	832.14. 3	831.13. 8
	600	715.10. 7	715.10. 7	71[illegible].12. 9	712.17. 6
	500	596. 5. 6	595.10. 8	59[illegible].15.11	594. 1. 2
	400	477. 0. 5	476. 8. 7	475.16. 9	475. 4.11
	300	357.15. 4	357. 6. 5	356.17. 7	356. 8. 9
	200	238.10. 2	238. 4. 3	237.18. 4	237.12. 5
	100	119. 5. 1	119. 2. 1	118.19. 2	118.16. 3
	90	107. 6. 7	107. 3.11	107. 1. 3	106.18. 7
	80	95. 8. 1	95. 5. 8	95. 3. 4	95. 1. 0
	70	83. 9. 7	83. 7. 5	83. 5. 5	83. 3. 4
	60	71.11. 1	71. 9. 2	71. 7. 6	71. 5. 9
	50	59.12. 7	59.11. 1	59. 9. 7	59. 8. 2
	40	47.14. 1	47.12.11	47.11. 8	47.10. 6
	30	35. 5. 7	35.14. 8	35.13. 9	35.12.11
	20	23.17. 0	23.16. 5	23.15.10	23.15. 3
	10	11.18. 6	11.18. 2	11.17.11	11.17. 7
	9	10.14. 8	10.14. 4	10.14. 1	10.13.11
	8	9.10.11	9.10. 7	9.10. 5	9.10. 2
	7	8. 6.11	8. 6. 8	8. 6. 6	8. 6. 4
	6	7. 3. 1	7. 2.11	7. 2.10	7. 2. 6
	5	5.19. 3	5.19. 1	5.18.11	5.18. 9
	4	4.15. 5	4.15. 3	4.15. 1	5.15. 1
	3	3.11. 4	3.11. 6	3.11. 5	3.11. 4
	2	2. 7. 8	2. 7. 7	2. 7. 6	2. 7. 6
	1	1. 3.10	1. 3.10	1. 3.10	1. 3. 9
sols	10	0.11.11	0.11.11	0.11.11	0.11.11
	9	0.10. 9	0.10. 9	0.10. 9	0.10. 9
	8	0. 9. 7	0. 9. 7	0. 9. 7	0. 9. 7
	7	0. 8. 4	0. 8. 4	0. 8. 4	0. 8. 4
	6	0. 7. 2	0. 7. 2	0. 7. 2	0. 7. 2
	5	0. 5.11	0. 5.11	0. 5.11	0. 5.11
	4	0. 4. 9	0. 4. 9	0. 4. 9	0. 4. 9
	3	0. 3. 7	0. 3. 7	0. 3. 7	0. 3. 7
	2	0. 2. 4	0. 2. 4	0. 2. 4	0. 2. 4
	1	0. 1. 2	0. 1. 2	0. 1. 2	0. 1. 2
den. de gros	1	0. 0. 7	0. 0. 7	0. 0. 7	0. 0. 7

Les sommes cy-dessus, sont des livres sols & deniers Tournois, notés liv. s. d.

	A $101\frac{1}{8}$. den. flor. s. p.	A $101\frac{1}{4}$. den. flor. s. p.	A $101\frac{3}{8}$. den. flor. s. p.	A $101\frac{1}{2}$. den. flor. s. p.
écus. 1000	2528. 2. 8	2531. 5. 0	2534. 7. 8	2537.10. 6
900	2275. 6. 4	2278. 2. 8	2280.12.12	2283.15. 0
800	2022.10. 0	2025. 0. 0	2027.10. 0	2030. 0. 0
700	1769.13.12	1771. 17. 8	1774. 1. 4	1776. 5. 0
600	1516.17. 8	1518.15. 0	1520.12. 8	1522.10. 0
500	1264. 1. 4	1265.12. 8	1267. 3.12	1268.15. 0
400	1011. 5. 0	1012.10. 0	1013.15. 0	1015. 0. 0
300	758. 8.12	759. 7. 8	760. 6. 4	761. 5. 0
200	505.12. 8	506. 5. 0	506. 17. 8	507.10. 0
100	252.16. 4	253. 2. 8	253. 8.12	253.15. 0
90	227.10.10	227.16. 4	228. 1.14	228. 7. 8
80	202. 5. 0	202.10. 0	202.15. 0	203. 0. 0
70	176.19. 6	177. 3.12	177. 8. 2	177.12. 8
60	151.13.12	151.17. 8	152. 1. 4	152.10. 0
50	126. 8. 2	126.11. 4	126.14. 6	126.17. 8
40	101. 2. 8	101. 5. 0	101. 7. 8	101.10. 0
30	75.16.14	75.18. 12	76. 0.10	76. 2. 8
20	50.11. 4	50.12. 8	50.13.12	50.15. 0
10	25. 5.10	25. 6. 4	25. 6.14	25. 7. 8
9	22.15. 1	22.15. 2	22.16. 3	22.16.12
8	20. 4. 8	20. 5. 0	20. 5. 8	20. 6. 0
7	17.13.15	17.14. 6	17.14.13	17.15. 4
6	15. 3. 6	15. 3.12	15. 4. 2	15. 4. 8
5	12.12.13	12.13. 2	12.13. 7	12.13.12
4	10. 2. 4	10. 2. 8	10. 2.12	10. 3. 0
3	7.11.11	7.11.14	7.12. 1	7.12. 4
2	5. 1. 2	5. 1. 4	5. 1. 6	5. 1. 8
1	2.10. 9	2.10.10	2.10.11	2.10.12
sols. 40	1.13.11	1.13.12	1.13.13	1.13.13
20	0.16.14	0.16.14	0.16.14	0.16.15
10	0. 8. 7	0. 8. 7	0. 8. 7	0. 8. 7
9	0. 7. 8	0. 7. 9	0. 7. 9	0. 7. 9
8	0. 6.10	0. 6.10	0. 6.10	0. 6.10
7	0. 5.13	0. 5.13	0. 5.13	0. 5.13
6	0. 5. 0	0. 5. 0	0. 5. 0	0. 5. 0
5	0. 4. 3	0. 4. 3	0. 4. 3	0. 4. 3
4	0. 3. 6	0. 3. 6	0. 3. 6	0. 3. 6
3	0. 2. 8	0. 2. 8	0. 2. 8	0. 2. 8
2	0. 1.10	0. 1.10	0. 1.10	0. 1.10
1	0. 0.13	0. 0.13	0. 0.13	0. 0.13

Les sommes cy-dessus sont des florins, patars & penings, notés flor. s. p. F. B. & Z. signifie Flandres, Brabant & Zelande, dont le Change est la sixième partie desdites sommes.

		A 101⅛. den.	A 101¼. den.	A 101⅜. den.	A 101½. den.
		liv. s. d.	liv. s. d.	liv. s. d.	liv. s. d.
florins.	1000	1186.13. 0	1185. 3. 9	1183.14. 6	1182. 5. 4
	900	1067.19. 9	1066.13. 5	1065. 7. 1	1064. 0.10
	800	949. 6. 5	948. 3. 0	946.19. 7	945.16. 3
	700	830.13. 1	829.12. 8	828.12. 2	827.11. 9
	600	711.19.10	711. 2. 3	710. 4. 8	709. 7. 2
	500	593. 6. 6	592.11.10	591.17. 3	591. 2. 8
	400	47[illegible].13. 2	474. 1. 6	473. 9.10	472.18. 2
	300	355.19.11	355.11. 1	355. 2. 4	354.13. 7
	200	237. 6. 7	237. 0. 9	236.1[illegible].11	236. 9. 1
	100	118.13. 3	118.10. 4	118. 7. 5	118. 4. 6
	90	106.16. 0	106.13. 4	106.10. 8	106. 7.10
	80	94.18. 8	94.16. 3	94.13.11	94.11. 5
	70	83. 1. 4	82.19. 3	82.17. 3	82.15. 0
	60	71. 4. 0	71. 2. 2	71. 0. 6	70.18. 7
	50	59. 6. 8	59. 5. 2	59. 3. 9	59. 2. 3
	40	47. 9. 4	47. 8. 2	47. 7. 0	47. 5. 9
	30	35.12. 0	35.11. 1	35.10. 3	35. 9. 4
	20	23.14. 8	23.11. 1	23.13. 6	23.12.11
	10	11.17. 4	11.17. 0	11.16. 9	11.16. 6
	9	10.13. 7	10.13. 4	10.13. 1	10.12. 9
	8	9. 9.10	9. 9. 7	9. 9. 5	9. 9. 2
	7	8. 6. 1	8. 5.10	8. 5. 9	8. 5. 5
	6	7. 2. 5	7. 2. 2	7. 2. 1	7. 1.10
	5	5.18. 8	5.18. 6	5.18. 4	5.18. 2
	4	4.14.11	4.14.10	4.14. 8	4.14. 6
	3	3.11. 3	3.11. 2	3.11. 0	3.11. 0
	2	2. 7. 6	2. 7. 5	2. 7. 4	2. 7. 4
	1	1. 3. 9	1. 3. 8	1. 3. 8	1. 3. 8
sols	10	0.11.10	0.11.10	0.11.10	0.11.10
	9	0.10. 8	0.10. 8	0.10. 8	0.10. 8
	8	0. 9. 6	0. 9. 6	0. 9. 6	0. 9. 6
	7	0. 8. 3	0. 8. 3	0. 8. 3	0. 8. 3
	6	0. 7. 1	0. 7. 1	0. 7. 1	0. 7. 1
	5	0. 5.11	0. 5.11	0. 5.11	0. 5.11
	4	0. 4. 9	0. 4. 9	0. 4. 9	0. 4. 9
	3	0. 3. 7	0. 3. 7	0. 3. 7	0. 3. 7
	2	0. 2. 4	0. 2. 4	0. 2. 4	0. 2. 4
	1	0. 1. 2	0. 1. 2	0. 1. 2	0. 1. 2
den. de gros	1	0. 0. 7	0. 0. 7	0. 0. 7	0. 0. 7

Les sommes cy-dessus, sont des livres sols & deniers Tournois, notés liv. s. d.

	A 101 $\frac{5}{8}$. den.	A 101 $\frac{3}{4}$. den.	A 101 $\frac{7}{8}$. den.	A 102. den.
	flor. s. p.	flor. s. p.	flor. s. p.	flor. s. p.
écus. 1000	2540. 12. 8	2543. 15. 0	2546. 17. 8	2550. 0. 0
900	2286. 11. 4	2289. 7. 8	2292. 3. 12	2295. 0. 0
800	2032. 10. 0	2035. 0. 0	2037. 10. 0	2040. 0. 0
700	1778. 8. 12	1780. 12. 8	1782. 16. 4	1785. 0. 0
600	1524. 7. 8	1526. 5. 0	1528. 2. 8	1530. 0. 0
500	1270. 6. 4	1271. 17. 8	1273. 8. 12	1275. 0. 0
400	1016. 5. 0	1017. 10. 0	1018. 15. 0	1020. 0. 0
300	762. 3. 12	763. 2. 8	764. 1. 4	765. 0. 0
200	508. 2. 8	508. 15. 0	509. 7. 8	510. 0. 0
100	254. 1. 4	254. 7. 8	254. 13. 12	255. 0. 0
90	228. 13. 2	228. 18. 12	229. 4. 6	229. 10. 0
80	203. 5. 0	203. 10. 0	203. 15. 0	204. 0. 0
70	177. 16. 14	178. 1. 4	178. 5. 10	178. 10. 0
60	152. 8. 12	152. 12. 8	152. 16. 4	153. 0. 0
50	127. 0. 10	127. 3. 12	127. 6. 14	127. 10. 0
40	101. 12. 8	101. 15. 0	101. 17. 8	102. 0. 0
30	76. 4. 6	76. 6. 4	76. 8. 2	76. 10. 0
20	50. 16. 4	50. 17. 8	50. 18. 12	51. 0. 0
10	25. 8. 2	25. 8. 12	25. 9. 6	25. 10. 0
9	22. 17. 5	22. 17. 14	22. 18. 7	22. 19. 0
8	20. 6. 8	20. 7. 0	20. 7. 8	20. 8. 0
7	17. 15. 11	17. 16. 2	17. 16. 9	17. 17. 0
6	15. 4. 14	15. 5. 4	15. 5. 10	15. 6. 0
5	12. 14. 1	12. 14. 6	12. 14. 11	12. 15. 0
4	10. 3. 4	10. 3. 8	10. 3. 12	10. 4. 0
3	7. 12. 7	7. 12. 10	7. 12. 13	7. 13. 0
2	5. 1. 10	5. 1. 12	5. 1. 14	5. 2. 0
1	2. 10. 13	2. 10. 14	2. 10. 15	2. 11. 0
sols. 40	1. 13. 14	1. 13. 15	1. 13. 15	1. 14. 0
20	0. 16. 15	0. 16. 15	0. 16. 15	0. 17. 0
10	0. 8. 7	0. 8. 7	0. 8. 7	0. 8. 8
9	0. 7. 9	0. 7. 9	0. 7. 9	0. 7. 10
8	0. 6. 10	0. 6. 10	0. 6. 10	0. 6. 11
7	0. 5. 13	0. 5. 13	0. 5. 13	0. 5. 14
6	0. 5. 0	0. 5. 0	0. 5. 0	0. 5. 1
5	0. 4. 3	0. 4. 3	0. 4. 3	0. 4. 4
4	0. 3. 6	0. 3. 6	0. 3. 6	0. 3. 6
3	0. 2. 8	0. 2. 8	0. 2. 8	0. 2. 8
2	0. 1. 10	0. 1. 10	0. 1. 10	0. 1. 10
1	0. 0. 13	0. 0. 13	0. 0. 13	0. 0. 13

Les sommes cy-dessus, sont des florins, patars & penings [illegible] Flandres, Brabant & Zelande, dont le change est la même [illegible].

		A $101\frac{5}{8}$. den.	A $101\frac{3}{4}$. den.	A $101\frac{7}{8}$. den.	A 102. den.
		liv. s. d.	liv. s. d.	liv. s. d.	liv. s. d.
florins.	1000	1180.16. 3	1179. 6.11	1177.18. 5	1176. 9. 5
	900	1062.14. 8	1061. 8. 3	1060. 2. 7	1058.16. 5
	800	944.13. 1	943. 9. 6	942. 6. 9	941. 3. 7
	700	826.11. 3	825.10. 9	824.10.11	823.10. 8
	600	708. 9. 8	707.12. 1	706.15. 1	705.17. 7
	500	590. 8. 2	589.13. 6	588.19. 3	588. 4. 8
	400	472. 6. 7	471.14. 9	471. 3. 4	470.17.10
	300	354. 4.10	353.16. 1	353. 7. 6	352.18. 9
	200	236. 3. 3	235.17. 5	235.11. 8	235. 5.10
	100	118. 1. 7	117.18. 8	117.15.10	117.12.11
	90	106.15. 5	106. 2.10	106. 0. 3	105.[illegible]7. 7
	80	94. 9. 3	94. 7. 0	94. 4. 8	94. 2. 3
	70	82.13.11	82.11. 1	82. 9. 1	82. 7. 0
	60	70.16.11	70.15. 2	70.13. 6	70.11. 9
	50	59. 0.10	58.19. 4	58.17.11	58.16. 5
	40	47. 4. 8	47. 3. 6	47. 2. 4	47. 1. 2
	30	35. 8. 6	37. 7. 7	35. 6. 9	35. 5.10
	20	23.12. 4	23.11. 8	23.11. 2	23.10. 7
	10	11.16. 2	11.15.10	11.15. 7	11.15. 3
	9	10.12. 6	10.12. 3	10.12. 0	10.11. 9
	8	9. 8.10	9. 8. 8	9. 8. 6	9. 8. 2
	7	8. 5. 4	8. 5. 1	8. 4.11	8. 4. 8
	6	7. 1. 9	7. 1. 6	7. 1. 5	7. 1. 2
	5	5.18. 1	5.17.11	5.17. 9	5.17. 7
	4	4.14. 5	4.14. 4	4.14. 2	4.14. 1
	3	3.10.10	3.10. 9	3.10. 8	3.10. 7
	2	2. 7. 4	2. 7. 2	2. 7. 1	2. 7. 0
	1	1. 3. 8	1. 3. 7	1. 3. 7	1. 3. 6
sols	10	0.11.10	0.11. 9	0.11. 9	0.11. 9
	9	0.10. 8	0.10. 8	0.10. 8	0.10. 8
	8	0. 9. 6	0. 9. 6	0. 9. 6	0. 9. 6
	7	0. 8. 3	0. 8. 3	0. 8. 3	0. 8. 3
	6	0. 7. 1	0. 7. 1	0. 7. 1	0. 7. 1
	5	0. 5.11	0. 5.10	0. 5.10	0. 5.10
	4	0. 4. 9	0. [illegible] 9	0. 4. 9	0. 4. 9
	3	0. 3. 7	0. 3. 7	0. 3. 7	0. 3. 7
	2	0. 2. 4	0. 2. 4	0. 2. 4	0. 2. 4
	1	0. 1. 2	0. 1. 2	0. 1. [illegible]	0. 1. 2
den. de gros	1	0. 0. 7	0. 0. 7	0. 0. [illegible]	0. 0. 7

Les sommes cy-dessus, sont des [illegible], sols & de[illegible] [illegible], no[illegible] liv. s. d.

	A 102$\frac{1}{8}$.den. flor. s. p.	A 102$\frac{1}{4}$.den. flor. s. p.	A 102$\frac{3}{8}$.den. flor. s. p.	A 102$\frac{1}{2}$.den. flor. s. p.
écus. 1000	2553. 2. 8	2556. 5. 0	2559. 7. 8	2562.10. 0
900	2297.16. 4	2300.12. 8	2303. 8.12	2306. 5. 0
800	2042.10. 0	2045. 0. 0	2047.10. 0	2050. 0. 0
700	1787. 3. 2	1789. 7. 8	1791.11. 4	1793.15. 0
600	1531.17. 8	1533.15. 0	1535.12. 8	1537.10. 0
500	1276.11. 4	1278. 2. 8	1279.13.12	1281. 5. 0
400	1021. 5. 0	1022.10. 0	1023.15. 0	1025. 0. 0
300	765.18.12	766.17. 8	767.16. 4	768.15. 0
200	510.12. 8	511. 5. 0	511.17. 8	512.10. 0
100	255. 6. 4	255.12. 8	255.18.12	256. 5. 0
90	229.15.10	230. 1. 4	230. 6.14	230.12. 8
80	204. 5. 0	204.10. 0	204.15. 0	205. 0. 0
70	178.14. 6	178.18.12	179. 3. 2	179. 7. 8
60	153. 3.12	153. 7. 8	153.11. 4	153.15. 0
50	127.13. 2	127.16. 4	127.19. 6	128. 2. 8
40	102. 2. 8	102. 5. 0	102. 7. 8	102.10. 0
30	76.11.14	76.13.12	76.15.10	76.17. 8
20	51. 1. 4	51. 2. 8	51. 3.12	51. 5. 0
10	25.10.10	25.11. 4	25.11.14	25.12. 8
9	22.19. 9	23. 0. 2	23. 0.11	23. 1. 4
8	20. 8. 8	20. 9. 0	20. 9. 8	20.10. 0
7	17.17. 7	17.17.14	17.18. 5	17. 8.12
6	15. 6. 6	15. 6.12	15. 7. 2	15. 7. 8
5	12.15. 5	12.15.10	12.15.15	12.16. 4
4	10. 4. 4	10. 4. 8	10. 4.12	10. 5. 0
3	7.13. 3	7.13. 6	7.13. 9	7.13.12
2	5. 2. 2	5. 2. 4	5. 2. 6	5. 2. 8
1	2.11. 1	2.11. 2	2.11. 3	2.11. 4
sols. 40	1.14. 1	1.14. 2	1.14. 2	1.14. 3
20	0.17. 0	0.17. 0	0.17. 1	0.17. 1
10	0. 8. 8	0. 8. 8	0. 8. 8	0. 8. 8
9	0. 7.10	0. 7.10	0. 7.10	0. 7.10
8	0. 6.10	0. 6.10	0. 6.10	0. 6.10
7	0. 5.14	0. 5.14	0. 5.14	0. 5.14
6	0. 5. 1	0. 5. 1	0. 5. 1	0. 5. 1
5	0. 4. 4	0. 4. 4	0. 4. 4	0. [illegible] 4
4	0. 3. 6	0. 3. 6	0. 3. 6	0. 3. 6
3	0. 2. 8	0. 2. 8	0. 2. 8	0. 2. 8
2	0. 1.10	0. 1.10	0. 1.10	0. 1.10
1	0. 0.13	0. 0.13	0. 0.13	0. 0.13

Les sommes [illegible] sont des florins, patars & penings [illegible] flor. s. p. F. B. & Z. [illegible] Flandres, Brabant & Zelande, dont le Change est la sixième partie des susdites sommes.

		A 102 1/8 den.	A 102 1/4 den.	A 102 3/8 den.	A 102 1/2 den.
		liv. ſ. d.	liv. ſ. d.	liv. ſ. d.	liv. ſ. d.
florins.	1000	1175. 0. 8	1173. 11. 11	1172. 3. 3	1170. 14. 8
	900	1057. 10. 7	1056. 4. 9	1054. 18. 11	1053. 13. 2
	800	940. 0. 6	938. 17. 7	937. 14. 7	936. 11. 9
	700	822. 10. 6	821. 10. 4	820. 10. 4	819. 10. 4
	600	705. 0. 5	704. 3. 2	703. 6. 0	702. 8. 10
	500	587. 10. 4	586. 15. 11	586. 1. 7	585. 7. 4
	400	470. 0. 3	469. 8. 9	468. 17. 3	468. 5. 10
	300	352. 10. 2	352. 1. 7	351. 12. 11	351. 4. 4
	200	235. 0. 2	234. 14. 4	234. 8. 8	234. 2. 11
	100	117. 11. 1	117. 7. 2	117. 4. 4	117. 1. 6
	90	105. 15. 0	105. 12. 6	105. 9. 11	105. 7. 5
	80	94. 0. 1	93. 17. 9	93. 15. 6	93. 13. 3
	70	82. 5. 1	82. 3. 0	82. 1. 0	81. 18. 11
	60	70. 10. 1	70. 8. 3	70. 6. 7	70. 4. 11
	50	58. 15. 0	58. 13. 7	58. 12. 2	58. 10. 9
	40	47. 0. 0	46. 18. 11	46. 17. 9	46. 16. 8
	30	35. 5. 0	35. 4. 2	35. 3. 4	35. 2. 7
	20	23. 10. 0	23. 9. 5	23. 8. 10	23. 8. 3
	10	11. 15. 1	11. 14. 8	11. 14. 5	11. 14. 1
	9	10. 11. 7	10. 11. 2	10. 11. 0	10. 10. 8
	8	9. 8. 1	9. 7. 9	9. 7. 7	9. 7. 3
	7	8. 4. 7	8. 4. 4	8. 4. 1	8. 3. 10
	6	7. 1. 1	7. 0. 10	7. 0. 8	7. 0. 5
	5	5. 17. 6	5. 17. 4	5. 17. 2	5. 17. 0
	4	4. 1[illegible]. 0	4. 13. 10	4. 13. 9	4. 13. 7
	3	3. 10. 6	3. 10. 4	3. 10. 4	3. 10. 3
	2	2. 7. 0	2. 6. 11	2. 6. 10	2. 6. 9
	1	1. 3. 6	1. 3. 6	1. 3. 5	1. 3. 5
ſols	10	0. 11. 9	0. 11. 9	0. 11. 9	0. 11. 9
	9	0. 10. 7	0. 10. 7	0. 10. 7	0. 10. 7
	8	0. 9. 5	0. 9. 5	0. 9. 5	0. 9. 5
	7	0. 8. 3	0. 8. 3	0. 8. 3	0. 8. 3
	6	0. 7. 1	0. 7. 1	0. 7. 1	0. 7. 1
	5	0. 5. 10	0. 5. 10	0. 5. 10	0. 5. 10
	4	0. 4. 8	0. 4. 8	0. 4. 8	0. 4. 8
	3	0. 3. 6	0. 3. 6	0. 3. 6	0. 3. 6
	2	0. 2. 4	0. 2. 4	0. 2. 4	0. 2. 4
	1	0. 1. 2	0. 1. 2	0. 1. 2	0. 1. 2
den. de gros	1	0. 0. 7	0. 0. 7	0. 0. 7	0. 0. 7

Les ſommes cy-deſſus, ſont des livres, ſols & deniers tournois, notés liv. ſ. d.

écus

	A $102\frac{5}{8}$. den.	A $102\frac{3}{4}$. den.	A $102\frac{7}{8}$. den.	A 103. den.
	flor. s. p.	flor. s. p.	flor. s. p.	flor. s. d.
écus. 1000	2565.12. 8	2568.15. 0	2571.17. 8	2575. 0. 0
900	2309. 1. 4	2311.17. 8	2314.13.12	2317.10. 0
800	2052.10. 0	2055. 0. 0	2057.10. 0	2060. 0. 0
700	1795.18.12	1798. 2. 8	1800. 6. 4	1802.10. 0
600	1539. 7. 8	1541. 5. 0	1543. 2. 8	1545. 0. 0
500	1282.16. 4	1284. 7. 8	1285.18.12	1287.10. 0
400	1026. 5. 0	1027.10. 0	1028.15. 0	1030. 0. 0
300	769.13.12	770.12. 8	771.11. 4	772.10. 0
200	513. 2. 8	513.15. 0	514. 7. 8	515. 0. 0
100	256.11. 4	256.17. 8	257. 3.12	257.10. 0
90	230.18. 2	231. 3.12	231. 9. 6	231.15. 0
80	205. 5. 0	205.10. 0	205.15. 0	206. 0. 0
70	179.11.14	179.16. 4	180. 0.10	180. 5. 0
60	153.18.12	154. 2. 8	154. 6. 4	154.10. 0
50	128. 5.10	128. 8.12	128.11.14	128.15. 0
40	102.12. 8	102.15. 0	102.17. 8	103. 0. 0
30	76.19. 6	77. 1. 4	77. 3. 2	77. 5. 0
20	51. 6. 4	51. 7. 8	51. 8.12	51.10. 0
10	25.13. 2	25.13.12	25.14. 6	25.10. 0
9	23. 1.13	23. 2. 6	23. 2.15	23. 3. 8
8	20.10. 8	20.11. 0	20.11. 8	20.12. 0
7	17.19. 3	17.19.10	18. 0. 1	18. 0. 8
6	15. 7.14	15. 8. 4	15. 8.10	15. 9. 0
5	12.16. 9	12.16.14	12.17. 3	12.17. 8
4	10. 5. 4	10. 5. 8	10. 5.12	10. 6. 0
3	7.13.15	7.14. 2	7.14. 5	7.14. 8
2	5. 2.10	5. 2.12	5. 2.14	5. 3. 0
1	2.11. 5	2.11. 6	2.11. 7	2.11. 8
sols. 40	1.14. 4	1.14. 4	1.14. 5	1.14. 6
20	0.17. 1	0.17. 1	0.17. 2	0.17. 2
10	0. 8. 8	0. 8. 8	0. 8. 9	0. 8. 9
9	0. 7.10	0. 7.10	0. 7.10	0. 7.10
8	0. 6.10	0. 6.10	0. 6.10	0. 6.10
7	0. 5.14	0. 5.14	0. 5.14	0. 5.14
6	0. 5. 1	0. 5. 1	0. 5. 1	0. 5. 1
5	0. 4. 4	0. 4. 4	0. 4. 4	0. 4. 4
4	0. 3. 6	0. 3. 6	0. 3. 6	0. 3. 6
3	0. 2. 8	0. 2. 8	0. 2. 8	0. 2. 8
2	0. 1.10	0. 1.10	0. 1.10	0. 1.10
1	0. 0.13	0. 0.13	0. 0.13	0. 0.13

Les sommes cy-dessus sont des florins, patars & penningues, notées flor. s. p. F. B. & Z. signifie Flandres, Brabant & Zelande, dont le Change est la sixième partie desdites sommes.

	A 102 5/8. den.	A 102 3/4. den.	A 102 7/8. den.	A 103. den.
	liv. ſ. d.	liv. ſ. d.	liv. ſ. d.	liv. ſ. d.
florins. 1000	1169. 6. 2	1167.17. 8	1166. 9. 4	1165. 1. 0
900	1052. 7. 7	1051. 1.11	1049.16. 5	1048.10.10
800	935. 8.11	934. 6. 2	933. 3. 6	932. 0.10
700	818.18. 4	817.10. 4	816.10. 7	815.10. 8
600	701.11. 8	700.14. 7	699.17. 7	699. 0. 7
500	584.13. 1	583.18.10	583. 4. 8	582.10. 6
400	467.14. 6	467. 3. 1	466.11. 9	466. 0. 4
300	350.15.10	350. 7. 4	349.18. 9	349.10. 3
200	233.17. 3	233.11. 6	233. 5.10	233. 0. 2
100	116.18. 7	116.15. 9	116.12.11	116.10. 1
90	105. 4. 8	105. 2. 2	104.19. 7	104.17. 0
80	93.10.11	93. 8. 7	93. 6. 4	93. 4. 0
70	81.17. 0	81.15. 0	81.13. 0	81.11. 0
60	70. 3. 1	70. 1. 5	69.19. 3	69.18. 1
50	58. 9. 4	58. 7.11	58. 6. 6	58. 5. 0
40	46.15. 6	46.14. 4	46.13. 2	46.12. 0
30	35. 1. 7	35. 0. 9	34.19.11	34.19. 0
20	23. 7. 8	23. 7. 2	23. 6. 7	23. 6. 0
10	11.13.11	11.13. 7	11.13. 4	11.13. 0
9	10.10. 7	10.10. 3	10.10. 0	10. 9. 8
8	9. 7. 2	9. 6.11	9. 6. 8	9. 6. 6
7	8. 3. 9	8. 3. 6	8. 3. 4	8. 3. 3
6	7. 0. 4	7. 0. 2	7. 0. 0	6.19. 9
5	5.16.11	5.16.10	5.16. 8	5.16. 6
4	4.13. 7	4.13. 6	4.13. 4	4.13. 3
3	3.10. 2	3.10. 1	3.10. 0	3.10. 0
2	2. 6. 9	2. 6. 8	2. 6. 8	2. 6. 6
1	1. 3. 4	1. 3. 4	1. 3. 4	1. 3. 3
ſols 10	0.11. 8	0.11. 8	0.11. 8	0.11. 8
9	0.10. 6	0.10. 6	0.10. 6	0.10. 6
8	0. 9. 4	0. 9. 4	0. 9. 4	0. 9. 4
7	0. 8. 2	0. 8. 2	0. 8. 2	0. 8. 2
6	0. 7. 0	0. 7. 0	0. 7. 0	0. 7. 0
5	0. 5.10	0. 5.10	0. 5.10	0. 5.10
4	0. 4. 8	0. 4. 8	0. 4. 8	0. 4. 8
3	0. 3. 6	0. 3. 6	0. 3. 6	0. 3. 6
2	0. 2. 4	0. 2. 4	0. 2. 4	0. 2. 4
1	0. 1. 2	0. 1. 2	0. 1. 2	0. 1. 2
den. de gros 1	0. 0. 7	0. 0. 7	0. 0. 7	0. 0. 7

Les ſommes cy-deſſus, ſont des livres ſols & deniers Tournois, notés liv. ſ. d.

	A 103 1/8. den. flor. s. p.	A 103 1/4. den. flor. s. p.	A 103 3/8. den. flor. s. p.	A 103 1/2. den. flor. s. p.
écus. 1000	2578. 2. 8	2581. 5. 0	2584. 7. 8	2587.10. 0
900	2320. 6. 4	2323. 2. 8	2325.18.12	2328.15. 0
800	2062.10. 0	2065. 0. 0	2067.10. 0	2070. 0. 0
700	1804.13.12	1806.17. 8	1809. 1. 4	1811. 5. 0
600	1546.17. 8	1548.15. 0	1550.12. 8	1552.10. 0
500	1289. 1. 4	1290.12. 8	1292. 3.12	1293.15. 0
400	1031. 5. 0	1032.10. 0	1033.15. 0	1035. 0. 0
300	773. 8.12	774. 7. 8	775. 6. 4	776. 5. 0
200	515.12. 8	516. 5. 0	516.17. 8	517.10. 0
100	257.16. 4	258. 2. 8	258. 8.12	258.15. 0
90	232. 0.10	232. 6. 4	232.11.14	232.17. 8
80	206. 5. 0	206.10. 0	206.15. 0	207. 0. 0
70	180. 9. 6	180.13.12	180.18. 2	181. 2. 8
60	154.13.12	154.17. 8	155. 5. 4	155. 5. 0
50	128.18. 2	129. 1. 4	129. 4. 6	129. 7. 8
40	103. 2. 8	103. 5. 0	103. 7. 8	103.10. 0
30	77. 6.14	77. 8.12	77.10.10	77.12. 8
20	51.11. 4	51.12. 8	51.13.12	51.15. 0
10	25.15.10	25.16. 4	25.16.14	25.17. 8
9	23. 4. 1	23. 4.10	23. 5. 3	23. 5.12
8	20.12. 8	20.13. 0	20.13. 8	20.14. 0
7	18. 0.15	18. 1. 6	18. 1.13	18. 2. 4
6	15. 9. 6	15. 9.12	15.10. 2	15.10. 8
5	12.17.13	12. 8. 2	12.18. 7	12.18.12
4	10. 6. 4	10. 6. 8	10. 6.12	10. 7. 0
3	7.14.11	7.14.14	7.15. 1	7.15. 4
2	5. 3. 2	5. 3. 4	5. 3. 6	5. 3. 8
1	2.11. 9	2.11.10	2.11.11	2.12.12
sols. 40	1.14. 6	1.14. 7	1.14. 8	1.14. 9
20	0.17. 3	0.17. 3	0.17. 3	0.17. 3
10	0. 8. 9	0. 8. 9	0. 8. 9	0. 8. 9
9	0. 7.10	0. 7.10	0. 7.10	0. 7.10
8	0. 6.10	0. 6.10	0. 6.10	0. 6.10
7	0. 5.14	0. 5.14	0. 5.14	0. 5.14
6	0. 5. 1	0. 5. 1	0. 5. 1	0. 5. 1
5	0. 4. 4	0. 4. 4	0. 4. 4	0. 4. 0
4	0. 3. 6	0. 3. 6	0. 3. 6	0. 3. 6
3	0. 2. 8	0. 2. 8	0. 2. 8	0. 2. 8
2	0. 1.10	0. 1.10	0. 1.10	0. 1.10
1	0. 0.13	0. 0.13	0. 0.[illegible]	0. 0.13

Les sommes cy-dessus sont des florins, patars & pennings, notés flor. s. p. F. B. & Z. signifie Flandres, Brabant & Zelande, dont le Change est la sixiéme partie desdites sommes.

		A 103⅛. den. liv. f. d.	A 103¼. den. liv. f. p.	A 103⅜. den. liv. f. d.	A 103½. den. liv. f. d.
florins.	1000	1163.12. 9	1162. 4. 7	1160.16. 6	1159. 8. 5
	900	1047. 6. 7	1046. 0. 4	104[illegible].14.10	1043. 9. 7
	800	930.18. 7	929.15. 9	928.13. 6	927.10. 9
	700	814.10.11	813.11. 2	812.11. 7	811.11.11
	600	698. 3. 7	697. 6. 9	696. 9.11	695.13. 1
	500	581.16. 4	581. 2. 3	580. 8. 3	579.14. 2
	400	465. 9. 1	454.17.10	464. 6. 7	463.15. 4
	300	349. 1.10	348.13. 5	348. 5. 0	347.16. 6
	200	232.14. 6	232. 8.10	232. 3. 4	231.17. 8
	100	116. 7. 3	116. 4. 5	116. 1. 8	115.18.10
	90	104.14. 6	104.12. 0	104. 9. 6	104. 7. 0
	80	93. 1. 9	92.19. 7	92.17. 4	92.15. 1
	70	81. 9. 1	81. 7. 1	81. 5. 2	81. 3. 1
	60	69.16. 4	69.14. 8	69.13. 0	69.11. 3
	50	58. 3. 8	58. 2. 2	58. 0.10	57.19. 5
	40	46.10.11	46. 9. 9	46. 8. 8	46. 7. 7
	30	34.18. 2	34.17. 4	34.16. 6	34.15. 7
	20	23. 5. 6	23. 4.10	23. 4. 4	23. 3. 9
	10	11.12. 9	11.12. 5	11.12. 2	11.11.10
	9	10. 9. 6	10. 9. 2	10. 8.11	10. 8. 8
	8	9. 6. 3	9. 5.11	9. 5. 8	9. 5. 6
	7	8. 2.11	8. 2. 9	8. 2. 7	8. 2. 4
	6	6.19. 8	6.19. 6	6.19. 4	6.19. 2
	5	5.16. 4	5.16. 2	5.16. 1	5.15.11
	4	4.13. 1	4.12.11	4.12.10	4.12. 9
	3	3. 9.10	3. 9. 8	3. 9. 7	3. 9. 6
	2	2. 6. 6	2. 6. 6	2. 6. 6	2. 6. 4
	1	1. 3. 3	1. 3. 3	1. 3. 2	1. 3. 2
sols	10	0.11. 7	0.11. 7	0.11. 7	0.11. 7
	9	0.10. 5	0.10. 5	0.10. 5	0.10. 5
	8	0. 9. 3	0. 9. 3	0. 9. 3	0. 9. 3
	7	0. 8. 1	0. 8. 1	0. 8. 1	0. 8. 1
	6	0. 7. 0	0. 7. 0	0. 7. 0	0. 7. 0
	5	0. 5.10	0. 5.10	0. 5.10	0. 5.10
	4	0. 4. 8	0. 4. 8	0. 4. 8	0. 4. 8
	3	0. 3. 6	0. 3. 6	0. 3. 6	0. 3. 6
	2	0. 2. 4	0. 2. 4	0. 2. 4	0. 2. 4
	1	0. 1. 2	0. 1. 2	0. 1. 2	0. 1. 2
den. de gros	1	0. 0. 7	0. 0. 7	0. 0. 7	0. 0. 7

Les sommes cy-dessus, sont des livres sols & deniers Tournois, notés liv. f. d.

	A $103\frac{5}{8}$ den.	A $103\frac{3}{4}$ den.	A $103\frac{7}{8}$ den.	A 104 den.
	flor. s. p.	flor. s. p.	flor. s. p.	flor. s. p.
écus. 1000	2590.12. 8	2593.15. 0	2596.17. 8	2600. 0. 0
900	2231.11. 4	2334. 7. 8	2337. 3.12	2340. 0. 0
800	2072.10. 0	2075. 0. 0	2077.10. 0	2080. 0. 0
700	1813. 8.12	1815.12. 8	1817.16. 4	1820. 0. 0
600	1554. 7. 8	1556. 5. 0	1558. 2. 8	1560. 0. 0
500	1295. 6. 4	1296.17. 8	1298. 8.12	1300. 0. 0
400	1036. 5. 0	1037.10. 0	1038.15. 0	1040. 0. 0
300	777. 3.12	778. 2. 8	779. 1. 4	780. 0. 0
200	518. 2. 8	518.15. 0	519. 7. 8	520. 0. 0
100	259. 1. 4	259. 7. 8	259.13.12	260. 0. 0
90	233. 3. 2	233. 8.12	233.14. 6	234. 0. 0
80	207. 5. 0	207.10. 0	207.15. 0	208. 0. 0
70	181. 6.14	181.11. 4	181.15.10	182. 0. 0
60	155. 8.12	155.12. 8	155.16. 4	156. 0. 0
50	129.10.10	129.13.12	129.16.14	130. 0. 0
40	103.12. 8	103.15. 0	103.17. 8	104. 0. 0
30	77.14. 6	77.16. 4	77.18. 2	78. 0. 0
20	51.16. 4	51.17. 8	51.18.12	52. 0. 0
10	25.18. 2	25.18.12	25.19. 6	26. 0. 0
9	23. 6. 5	23. 6.14	23. 7. 7	28. 8. 0
8	20.14. 8	20.15. 0	20.15. 8	20.16. 0
7	18. 2.11	18. 3. 2	18. 3. 9	18. 4. 0
6	15.10.14	15.11. 4	15.11.10	15.12. 0
5	12.19. 1	12.19. 6	12.19.11	13. 0. 0
4	10. 7. 4	10. 7. 8	10. 7.12	10. 8. 0
3	7.15. 7	7.15.10	7.15.13	7.16. 0
2	5. 3.10	5. 3.12	5. 3.14	5. 4. 0
1	2.11.13	2.11.14	2.11.15	2.12. 0
sols. 40	1.14. 9	1.14.10	1.14.10	1.14.11
20	0.17. 4	0.17. 4	0.17. 5	0.17. 5
10	0. 8.10	0. 8.10	0. 8.10	0. 8.10
9	0. 7.12	0. 7.12	0. 7.12	0. 7.12
8	0. 6.14	0. 6.14	0. 6.14	0. 6.14
7	0. 6. 0	0. 6. 0	0. 6. 0	0. 6. 0
6	0. 5. 2	0. 5. 2	0. 5. 2	0. 5. 2
5	0. 4. 5	0. 4. 5	0. 4. 5	0. 4. 5
4	0. 3. 7	0. 3. 7	0. 3. 7	0. 3. 7
3	0. 2. 9	0. 2. 9	0. 2. 9	0. 2. 9
2	0. 1.11	0. 1.11	0. 1.11	0. 1.11
1	0. 0.13	0. 0.13	0. 0.13	0. 0.13

Les sommes cy-dessus, sont des florins, patars & penings, & ces flor. s. p. F. B. & Z. signifie Flandres, Brabant & Zelande, dont le Change est la sixiéme partie des susdites sommes.

		A 103$\frac{5}{8}$. den.	A 103$\frac{3}{4}$. den.	A 103$\frac{7}{8}$. den.	A 104. den.
		liv. ſ. d.	liv. ſ. d.	liv. ſ. d.	liv. ſ. d.
florins.	1000	1158. 0. 6	1156.12. 7	1155. 4. 9	1153.17. 0
	900	1042. 4. 6	1040.19. 4	1039.14. 3	1038. 9. 3
	800	926. 8. 5	925. 6. 1	924. 3.10	923. 1. 6
	700	810.12. 4	809.12.10	808.13. 4	807.14. 0
	600	694.16. 4	693.19. 7	693. 2.11	692. 6. 2
	500	579. 0. 3	578. 6. 3	577.12. 4	576.18. 6
	400	463. 4. 2	462.13. 0	462. 1.10	461.10.10
	300	347. 8. 2	346.19. 9	346.11. 5	346. 3. 1
	200	231.12. 1	231. 6. 6	231. 0.11	230.15. 5
	100	115.16. 0	115.13. 3	115.10. 6	115. 7. 8
	90	104. 4. 5	103.11.11	103.19. 5	103.17. 0
	80	92.12.10	92.10. 8	92. 8. 5	92. 6. 2
	70	81. 1. 2	80.19. 3	80.17. 5	80.15. 6
	60	69. 9. 7	69. 7.11	69. 6. 4	69. 4. 7
	50	57.18. 0	57.16. 7	57.15. 3	57.13.10
	40	46. 6. 5	46. 5. 4	46. 4. 6	46. 3. 1
	30	34.14.10	34.14. 0	34.13. 1	34.12. 3
	20	23. 3. 2	23. 2. 7	23. 2. 1	23. 1. 6
	10	11.11. 7	11.11. 4	11.11. 1	11.10. 9
	9	10. 8. 5	10. 8. 3	10. 8. 0	10. 7. 9
	8	9. 5. 4	9. 4. 4	9. 4.11	9. 4. 8
	7	8. 2. 1	8. 1.11	8. 1. 9	8. 1. 7
	6	6.18.11	6.18. 9	6.18. 8	6.18. 6
	5	5.15.10	5.15. 8	5.15. 6	5.15. 4
	4	4.12. 8	4.12. 6	4.12. 5	4.12. 4
	3	3. 9. 6	3. 9. 5	3. 9. 4	3. 9. 3
	2	2. 6. 4	2. 6. 3	2. 6. 2	2. 6. 2
	1	1. 3. 2	1. 3. 1	1. 3. 1	1. 3. 1
ſols	10	0.11. 7	0.11. 6	0.11. 6	0.11. 6
	9	0.10. 5	0.10. 5	0.10. 5	0.10. 5
	8	0. 9. 3	0. 9. 3	0. 9. 3	0. 9. 3
	7	0. 8. 1	0. 8. 1	0. 8. 1	0. 8. 1
	6	0. 6.11	0. 6.11	0. 6.11	0. 6.11
	5	0. 5. 9	0. 5. 9	0. 5. 9	0. 5. 9
	4	0. 4. 7	0. 4. 7	0. 4. 7	0. 4. 7
	3	0. 3. 5	0. 3. 5	0. 3. 5	0. 3. 5
	2	0. 2. 4	0. 2. 4	0. 2. 4	0. 2. 4
	1	0. 1. 2	0. 1. 2	0. 1. 2	0. 1. 2
den. de gros	1	0. 0. 7	0. 0. 7	0. 0. 7	0. 0. 7

Les ſommes cy-deſſus, ſont des livres, ſols & deniers Tournois, notés liv. ſ. d.

	A 104⅛. den.	A 104¼. den.	A 104⅜. den.	A 104½. den.
	flor. s. p.	flor. s. p.	flor. s. p.	flor. s. p.
écus. 1000	2603. 2. 8	2606. 5. 0	2609. 7. 8	2612.12. 0
900	2342.16. 4	2345.12. 8	2348. 8.12	2351. 5. 0
800	2082.10. 0	2085. 0. 0	2087.10. 0	2090. 0. 0
700	1822. 3.12	1824. 7. 8	1826.11. 4	1828.15. 0
600	1561.17. 8	1563.15. 0	1565.12. 8	1567.10. 0
500	1301.11. 4	1303. 2. 8	1304.13.12	1306. 5. 0
400	1041. 5. 0	1042.10. 0	1043.15. 0	1045. 0. 0
300	780.18.12	781.17. 8	782.16. 4	783.15. 0
200	520.12. 8	521. 5. 0	521.17. 8	522.10. 0
100	260. 6. 4	260.12. 8	260.18.12	261. 5. 0
90	234. 5.10	234.11. 4	234.16.14	235. 2. 8
80	208. 5. 0	208.10. 0	208.15. 0	209. 0. 0
70	182. 4. 6	182. 8.12	182.13. 2	182.17. 8
60	156. 3.12	156. 7. 8	156.11. 4	156.15. 0
50	130. 3. 2	130. 6. 4	130. 9. 6	130.12. 8
40	104. 2. 8	104. 5. 0	104. 7. 8	104.10. 0
30	78. 1.14	78. 3.12	78. 5.10	78. 7. 8
20	52. 1. 4	52. 2. 8	52. 3.12	52. 5. 0
10	26. 0.10	26. 1. 4	26. 1.14	26. 2. 8
9	23. 8. 9	23. 9. 2	23. 9.11	23.10. 4
8	20.16. 8	20.17. 0	20.17. 8	20.18. 0
7	18. 4. 7	18. 4.14	18. 5. 5	18. 5.12
6	15.12. 6	15.12.12	15.13. 2	15.13. 8
5	13. 0. 5	13. 0.10	13. 0.15	13. 1. 4
4	10. 8. 4	10. 8. 8	10. 8.12	10. 9. 0
3	7.16. 3	7.16. 6	7.16. 9	7.16.12
2	5. 4. 2	5. 4. 4	5. 4. 6	5. 4. 8
1	2.12. 1	2.12. 2	2.12. 3	2.12. 4
sols. 40	1.14.12	1.14.12	1.14.13	1.14.13
20	0.17. 5	0.17. 6	0.17. 6	0.17. 7
10	0. 8.10	0. 8.11	0. 8.11	0. 8.11
9	0. 7.12	0. 7.12	0. 7.12	0. 7.12
8	0. 6.14	0. 6.14	0. 6.14	0. 6.14
7	0. 6. 0	0. 6. 0	0. 6. 0	0. 6. 0
6	0. 5. 2	0. 5. 2	0. 5. 2	0. 5. 2
5	0. 4. 5	0. 4. 5	0. 4. 5	0. 4. 5
4	0. 3. 7	0. 3. 7	0. 3. 7	0. 3. 7
3	0. 2. 9	0. 2. 9	0. 2. 9	0. 2. 9
2	0. 1.11	0. 1.11	0. 1.11	0. 1.11
1	0. 0.13	0. 0.13	0. 0.13	0. 0.13

Les sommes cy-dessus, sont des florins, patars & penings, & ces flor. s. p. F. B. & Z. signifie Flandres, Brabant & Zelande, dont le Change est la sixième partie des susdites sommes.

		A 104 1/6. den. liv. s. d.	A 104 1/4. den. liv. s. d.	A 104 3/8. den. liv. s. d.	A 104 1/2. den. liv. s. d.
florins.	1000	1152. 9. 3	1151. 11. 7	1149. 14. 0	1148. 6. 6
	900	1037. 4. 4	1036. 8. 6	1034. 14. 7	1033. 9. 10
	800	921. 19. 5	921. 5. 4	919. 15. 2	918. 13. 4
	700	806. 14. 6	806. 2. 2	804. 15. 10	803. 16. 8
	600	691. 9. 7	690. 19. 0	689. 16. 5	689. 0. 0
	500	576. 4. 7	575. 15. 9	574. 17. 0	574. 3. 3
	400	469. 19. 8	460. 12. 8	459. 17. 7	459. 6. 8
	300	345. 14. 9	345. 9. 6	344. 18. 2	344. 10. 0
	200	230. 9. 10	230. 6. 4	229. 18. 10	229. 13. 4
	100	115. 4. 11	115. 3. 2	114. 19. 4	114. 16. 8
	90	103. 14. 5	103. 12. 10	103. 9. 5	103. 7. 0
	80	92. 3. 0	92. 2. 7	91. 19. 6	91. 17. 4
	70	80. 13. 6	80. 12. 3	80. 9. 7	80. 7. 8
	60	69. 2. 11	69. 1. 11	68. 19. 7	68. 18. 0
	50	57. 12. 6	57. 11. 7	57. 9. 8	57. 8. 4
	40	46. 2. 0	46. 1. 3	45. 19. 9	45. 18. 8
	30	34. 11. 5	34. 10. 11	34. 9. 9	34. 9. 0
	20	23. 1. 11	23. 0. 7	22. 19. 10	22. 19. 4
	10	11. 10. 6	11. 10. 4	11. 9. 11	11. 9. 8
	9	10. 7. 6	10. 7. 4	10. 6. 11	10. 6. 9
	8	9. 4. 5	9. 4. 3	9. 4. 0	9. 3. 9
	7	8. 1. 4	8. 1. 3	8. 0. 11	8. 0. 10
	6	6. 18. 3	6. 18. 2	6. 17. 11	6. 17. 9
	5	5. 15. 3	5. 15. 2	5. 14. 11	5. 14. 10
	4	4. 12. 3	4. 12. 2	4. 11. 11	4. 11. 11
	3	3. 9. 2	3. 9. 1	3. 8. 11	3. 8. 11
	2	2. 6. 1	2. 6. 1	2. 5. 11	2. 5. 11
	1	1. 3. 0	1. 3. 0	1. 3. 0	1. 2. 11
sols	10	0. 11. 6	0. 11. 6	0. 11. 6	0. 11. 6
	9	0. 10. 4	0. 10. 4	0. 10. 4	0. 10. 4
	8	0. 9. 2	0. 9. 2	0. 9. 2	0. 9. 2
	7	0. 8. 1	0. 8. 1	0. 8. 1	0. 8. 1
	6	0. 6. 11	0. 6. 11	0. 6. 11	0. 6. 11
	5	0. 5. 9	0. 5. 9	0. 5. 9	0. 5. 9
	4	0. 4. 7	0. 4. 7	0. 4. 7	0. 4. 7
	3	0. 3. 5	0. 3. 5	0. 3. 5	0. 3. 5
	2	0. 2. 4	0. 2. 4	0. 2. 4	0. 2. 4
	1	0. 1. 2	0. 1. 2	0. 1. 2	0. 1. 2
den. de gros	1	0. 0. 7	0. 0. 7	0. 0. 7	0. 0. 7

Les sommes cy-dessus, sont des livres, sols & deniers tournois, notés liv. s. d.

écus.

	A $104\frac{5}{8}$. den.	A $104\frac{3}{4}$. den.	A $104\frac{7}{8}$. den.	A 105. den.
	flor. s. p.	flor. s. p.	flor. s. p.	flor. s. p.
écus. 1000	2615.12. 8	2618.15. 0	2621.17. 8	2625. 0. 0
900	2354. 1. 4	2356.17. 8	2359.13.12	2362.10. 0
800	2092.10. 0	2095. 0. 0	2097.10. 0	2100. 0. 0
700	1830.18.12	1833. 2. 8	1835. 6. 4	1837.10. 0
600	1569. 7. 8	1571. 5. 0	1573. 2. 8	1575. 0. 0
500	1307.16. 4	1309. 7. 8	1310.18.12	1312.10. 0
400	10 6. 5. 0	1047.10. 0	1048.15. 0	1050. 0. 0
300	78[illegible].13.12	785.12. 8	786.11. 4	787.10. 0
200	523. 2. 8	523.15. 0	524. 7. 8	525. 0. 0
100	261.11. 4	261.17. 8	262. 3.12	262.10. 0
90	235. 8. 2	235.13.12	235.19. 6	236. 5. 0
80	209. 5. 0	209.10. 0	209.15. 0	210. 0. 0
70	183. 1.14	183. 6. 4	183.10.10	183.15. 0
60	156.18.12	157. 2. 8	157. 6. 4	157.10. 0
50	130.15.10	130.12.12	131. 1.14	131. 5. 0
40	104.12. 8	104.15. 0	104 17. 8	105. 0. 0
30	78. 9. 6	78.11. 4	78.13. 2	78.15. 0
20	52. 6. 4	52. 7. 8	52. 8.12	52.10. 0
10	26. 3. 2	26. 3.12	26. 4. 6	26. 5. 0
9	23.10.13	23.11. 6	23.11.15	23.12. 8
8	20.18. 8	20.19. 0	20.19. 8	21. 0. 0
7	18. 6. 3	18. 6.10	18. 7. 1	18. 7. 8
6	15 13.14	15.14. 4	15.14.10	15.15. 0
5	13. 1. 9	13. 1.14	13. 2. 3	13. 2. 8
4	10. 9. 4	10. 9. 8	10. 9.12	10.10. 0
3	7.16.15	7.17. 2	7.17. 5	7.17. 8
2	5. 4.10	5. 4.12	5. 4.14	5. 5. 0
1	2.12 5	2.12. 6	2.12. 7	2.12. 8
sols. 40	1.14 14	1.14.15	1.14.15	1.15. 0
20	0.17. 7	0.17. 7	0.17. 8	0.17. 8
10	0. 8 11	0. 8.11	0. 8.11	0. 8.12
9	0. 7.12	0. 7.12	0. 7.12	0. 7.14
8	0. 6.14	0. 6.14	0. 6.14	0. 7. 0
7	0. 6. 0	0. 6. 0	0. 6. 0	0. 6. 2
6	0. 5. 2	0. 5. 2	0. 5. 2	0. 5. 4
5	0. 4. 5	0. 4. 5	0. 4. 5	0. 4. 6
4	0. 3. 7	0. 3. 7	0. 3. 7	0. 3. 8
3	0. 2. 9	0. 2. 9	0. 2. 9	0. 2.10
2	0. 1.11	0. 1.11	0. 1.11	0. 1.12
1	0. 0.13	0. 0.13	0. 0.13	0. 0.14

Les sommes cy-dessus sont des florins, patars & penings, [illegible] flor. s. p. [illegible] Flandres, [illegible] & Zelande, dont le Change est la sixiéme partie desdites sommes.

		A 104$\frac{5}{8}$. den. liv. s. d.	A 104$\frac{3}{4}$. den. liv. s. d.	A 104$\frac{7}{8}$. den. liv. s. d.	A 105. den. liv. s. d.
florins.	1000	1148. 6. 6	1145. 19. 1	1145. 11. 9	1242. 17. 1
	900	1033. 9. 10	1032. 5. 2	1031. 0. 7	1028. 11. 6
	800	918. 13. 2	917. 11. 4	916. 9. 5	914. 5. 9
	700	803. 16. 7	802. 17. 5	801. 18. 3	800. 0. 0
	600	688. 19. 11	688. 3. 6	687. 7. 1	685. 14. 3
	500	574. 3. 3	573. 9. 6	572. 15. 10	571. 8. 6
	400	459. 6. 7	458. 15. 7	458. 4. 8	457. 2. 11
	300	344. 9. 11	344. 1. 8	343. 13. 6	342. 17. 2
	200	229. 13. 4	229. 7. 9	229. 2. 4	228. 11. 5
	100	114. 16. 8	114. 13. 11	114. 11. 2	114. 5. 9
	90	103. 7. 0	103. 4. 6	103. 2. 1	102. 17. 1
	80	91. 17. 4	91. 15. 2	91. 13. 0	91. 8. 7
	70	80. 7. 8	80. 5. 9	80. 3. 9	80. 0. 0
	60	68. 18. 0	68. 16. 5	68. 14. 8	68. 11. 5
	50	57. 8. 4	57. 6. 11	57. 5. 7	57. 2. 10
	40	45. 18. 8	45. 17. 6	45. 16. 6	45. 14. 3
	30	34. 9. 0	34. 8. 2	34. 7. 5	34. 5. 9
	20	22. 19. 4	22. 18. 9	22. 18. 2	22. 17. 1
	10	11. 9. 8	11. 9. 5	11. 9. 1	11. 8. 7
	9	10. 6. 9	10. 6. 6	10. 6. 2	10. 5. 8
	8	9. 3. 9	9. 3. 7	9. 3. 3	9. 2. 10
	7	8. 0. 9	8. 0. 7	8. 0. 4	8. 0. 0
	6	6. 17. 9	6. 17. 8	6. 17. 5	6. 17. 2
	5	5. 14. 10	5. 14. 8	5. 14. 7	5. 14. 3
	4	4. 11. 11	4. 11. 9	4. 11. 8	4. 11. 5
	3	3. 8. 11	3. 8. 10	3. 8. 9	3. 8. 6
	2	2. 5. 10	2. 5. 10	2. 5. 10	2. 5. 9
	1	1. 2. 11	1. 2. 11	1. 2. 11	1. 2. 10
sols	10	0. 11. 5	0. 11. 5	0. 11. 5	0. 11. 5
	9	0. 10. 3	0. 10. 3	0. 10. 3	0. 10. 3
	8	0. 9. 2	0. 9. 2	0. 9. 2	0. 9. 2
	7	0. 8. 1	0. 8. 1	0. 8. 1	0. 8. 1
	6	0. 6. 11	0. 6. 11	0. 6. 11	0. 6. 11
	5	0. 5. 9	0. 5. 9	0. 5. 9	0. 5. 9
	4	0. 4. 6	0. 4. 6	0. 4. 6	0. 4. 6
	3	0. 3. 4	0. 3. 4	0. 3. 4	0. 3. 4
	2	0. 1. 2	0. 1. 2	0. 1. 2	0. 1. 2
	1	0. 1. 2	0. 1. 2	0. 1. 2	0. 1. 2
den. de gros	1	0. 0. 7	0. 0. 7	0. 0. 7	0. 0. 7

Les sommes cy-dessus, sont des livres sols & deniers Tournois, notés liv. s. d.

CHANGES QUI SE FONT DES VILLES DE HOLLANDE, ET BRABANT, DANS LES PAYS ETRANGERS.

ET DE

QVELLE MANIERE se peuvent faire ceux de France ausdits Païs.

CHAPITRE X.

DES CHANGES QUI SE FONT des Villes de Hollande, & Brabant, dans les Païs Etrangers, & de quelle maniere se peuvent faire ceux de France ausdits Païs.

Que la Ville d'Amsterdam a plus des correspondances dans les Païs étrangers que les autres Villes.

J'Ay dit au Chapitre V. page 44. que comme la plûpart des Villes de France, n'ont pas directement leurs correspondances dans les Royaumes & Etats étrangers, pour y faire les Changes, qu'il faut en avoir en quelques Royaumes ou Etats étrangers, qui en ayent en d'autres, or je n'en trouve point qui ait plus des correspondances que la Ville d'Amsterdam (capitale de Hollande,) c'est pourquoy je feray voir en ce Chapitre de quelle maniere se font les Changes de ladite Ville, sur les Royaumes, & Païs étrangers, afin que ceux qui font un commerce considerable des Lettres de Change puissent se regler sur iceux, pour les Reductions d'un Païs à l'autre, & pouvoir connoitre par ce moyen les profits & pertes, que l'on peut faire suivant le cours du Change, & l'égalité de l'une monnoye à l'autre.

Je fais voir à même temps de quelle maniere l'on peut agir pour faire des *Traites* ou *Remises* sur les Païs étrangers, lorsqu'il s'agiroit de *tirer* ou *remettre* directement sur iceux, afin que les moins intelligens sçachent de quelle façon il y faut proceder, n'ayant pas voulu en donner les Reductions ou Changes tous faits, comme j'ay fait à *l'égard des traites & remises qui se font de France*, en *Angleterre*, *Hollande*, *Flandres*, *Brabant* & *Zelande*, & desdits Païs en *France*; me contentant de donner les Instructions (cy-aprés sur ce sujet) qui donneront toutes les connoissances necessaires, concernant les Changes.

POUR LE CHANGE DE HOLLANDE EN ANGLETERRE.

LEs *traites* & *remises* qui se font ordinairement de la Ville d'Amsterdam, (ou autres Villes de la Hollande) sur Londres, (ou autres Villes d'Angleterre) se font, dis-je, par schellings & deniers de gros, le schelling valant 1. sol de gros, qui vaut 6. sols, le sol de gros composé de 12. deniers de gros, & le denier de gros de 16. pennings, que l'on donne en Hollande, pour avoir des livres, sols & deniers Sterlins en Angleterre, desquels l'on a une fois plus & une autre fois moins, selon que le Change se trouve haut ou bas, lequel roule ordinairement, depuis 34. schellings jusques à 37. en augmentant toujours d'un denier de gros, dont les 12. (comme j'ay déja dit) font 1. schelling, ou sol de gros valant 6. sols (ou 6. stuyvers.)

1. liv. Sterl. à 34. schellings, fait en Hollande, 10. flor. 4. sols.
1. liv. Sterl. à 34. schell 1. denier . . . . 10. flor. 4. sols 8. penn.
1. liv. Sterl. à 34. schell. 2. deniers . . . . 10 flor. 5. sols.

Et ainsi en augmentant d'un denier de gros, jusques à 37. schellings par livre Sterlin.

72. deniers ou 6. sols Sterlin sont égaux à 120. deniers de gros, ou à 3. florins l'une & l'autre monnoye, en fait du Change sont aussi égales à 1. écu de France, comme l'on peut voir aux Tables des Tarifs placées aux pages 65 & 108. par ce moyen l'on pourra reduire les schellings & deniers de gros, en livres sols & deniers Sterlins.

POUR LE CHANGE DE HOLLANDE EN ESPAGNE.

LEs *traites* & *remises* se font d'Amsterdam, (ou autre Ville de Hollande ou bien d'Anvers) sur les Villes d'Espagne par deniers de gros, (le denier de gros ne valant que 8. pennings qui est la moitié d'un sol) depuis 114. jusques à 130. deniers de gros, que l'on donne en Hollande ou Brabant, pour avoir des Ducats en Espagne, selon que le Change se trouve haut ou bas.

1. Ducat à $114\frac{1}{2}$. den. de gros donne en Hollande, 2. flor. 17. s. 4. penn.
1. Ducat à $114\frac{3}{4}$. den. . . . . 2. flor. 17. s. *6*. penn.
1. Ducat à 115. den. . . . . 2. flor. 17. s. 8. penn.

Et ainsi en augmentant de $\frac{1}{4}$. de denier de gros, qui fait 2. pennings, jusques a 130. deniers de gros.

Dans la Castille l'on se sert pour monnoye de Change,

Des Ducats . .	valant . .	11. Reales 1. Maravadis.
La Reale	valant . .	34. Maravadis.
Ainsi le Ducat, fait . .		375. Maravadis.

POUR LE CHANGE DE FRANCE EN ESPAGNE.

RArement voit on faire des *traites* ou *remises* directement de France en Espagne, à cause de la perte considerable qu'il y auroit pour la France, c'est pourquoy il est necessaire d'avoir correspondance en Hollande, où à Anvers (comme j'ay dit au commencement de ce Chapitre) à cause dequoy je n'en ay pas composé des Tables ou Reductions *toutes faites*, comme j'ay fait à l'égard du Change de France en Angleterre, Hollande, Flandres, Brabant & Zelande.

Je ne resteray pas pourtant de faire voir, comme quoi il faut opperer en faisant des traites ou remises qui se pourroient faire directement.

Il faut reduire les livres Tournois en écus de *6*0. sols, & les multiplier par le prix du Change, le produit donnera des Maravadis, qu'il faut reduire en Ducats en divisant le produit par 375. Maravadis.

1. Ducat est égal à 110. deniers de gros, ou à 55. sols de Hollande, l'une & l'autre monnoye en fait du Change, sont autant qu'un écu de France, ou 55. sols Tournois.

M. Savary dans son parfait Negociant de la premiere édition page 22*9*. dit que le Ducat est composé de 325. Maravadis.

Et M. Barreme ne met que 374. Maravadis au Ducat, en quoi l'un & l'autre se sont trompés.

POUR LE CHANGE DE HOLLANDE EN PORTUGAL.

LEs *traites* & *remises* se font d'Amsterdam (ou autres Villes de Hollande ou d'Anvers) sur Lisbonne capitale de Portugal, (ou autres Villes dudit Royaume) par deniers de gros, depuis 67. jusques à 78. ou 80. deniers de gros que l'on donne en Hollande, pour avoir des Croisades à Lisbonne, desquelles l'on a plus ou moins, selon que le Change se trouve haut ou bas.

1. Croisade à 67. den. de gros, vaut en Hollande	1. flor. 13. sols 8. p.
1. Croisade à $67\frac{1}{4}$. den.	1. flor. 13. sols 10. p.
1. Croisade à $67\frac{1}{2}$. deniers	1. flor. 13. sols 12. p.

Et ainsi en augmentant de $\frac{1}{4}$. de denier de gros, (qui fait 2. pennings) jusques à 80. deniers de gros.

En Portugal l'on se sert pour monnoye de Change.

De Croisades	valant	. . .	400. Reés.
Des Piastres de Billon . .	valant	. . .	600. Reés.
Du Teston	valant	. . .	100. Reés.

30. deniers de gros, ou 15. sols au pair, font 1000. Rées, ou 2. Croisades.

POUR LE CHANGE DE FRANCE EN PORTUGAL.

A Cause de la perte considerable qu'il y auroit a faire venir l'Argent directement de *Portugal* en *France*, qui va quelquefois de 20. à 30. pour cent de perte, l'on se sert des correspondances d'Amsterdam ou d'Anvers, là où se font directement les *traites* & *remises* pour *France*, c'est pourquoy je n'en ay pas composé des Tables pour trouver les Reductions toutes faites, mais seulement dirai-je que pour faire le Change par Regle, il faut reduire les livres Tournois en écus de 60. sols Tournois, & les multiplier par le prix du Change, & le produit donnera des Reés, lesquels étans divisés par 400. viendra des Croisades.

400. Reés sont égaux en valeur à 60. sols Tournois.
400. Reés sont égaux en valeur à 50. sols, ou sols d'Hollande.

POUR LE CHANGE DE HOLLANDE A HAMBOURG.

D'Amfterdam à Hambourg les *traites* & *remifes* fe font ordinairement a tant de fols lubs par Daelder.

1. Daelder	vaut . . .	32. fols lubs.
32. Sols lubs	font	2. marcs.
Le Marc	vaut	16. fols lubs.
1. Richedale . .	fait	48. fols lubs, ou 3. marcs.

De forte que lefdites *traites* ou *remifes* fe font depuis 32. jufques à 34. fols lubs, pour un Daelder defquels on donne la valeur en Hollande, felon que le Change eft haut ou bas.

1. Daelder à 32. fols lubs, donne en Hollande	1. flor. 12. fols.
1. Daelder à 32. fols lubs $\frac{1}{2}$. penn. . . .	1. flor. 12. f. 8. penn.
1. Daelder à 32. fols lubs $\frac{2}{16}$.	1. flor. 12. f. 9. penn.

Et ainfi en augmentant d'un penning jufques à 34. fols lubs, remarqués que flor. fignifie florins, f. fols, penn. pennings.

POUR LE CHANGE DE FRANCE A HAMBOURG.

LA plus grande partie des *traites* ou *remifes* qui fe font de *France* fur *Hambourg*, fe negocient pour Amfterdam, depuis 45. à 48. fols lubs pour un écu.

Pour faire le Change de Hambourg, il faut reduire les livres Tournois en écus, & les multiplier par le nombre des fols lubs, (ou parties d'iceux) du cours du Change, & le produit donnera des fols lubs, (que l'on nomme fchellings) lefquels étans divifés par 16. l'on aura des marcs lubs, qui étans divifés par 3. l'on aura des Richedales de 48. fols lubs ou 3. marcs.

La monnoye de Banque vaut ordinairement 6. 7. à 8. pour cent plus que la monnoye de *Caiffe*, comme j'ay dit à page 50.

Ils nomment les fols lubs, fchellings, compofés de 2. feicling, & le feicling, 2. dreling.

POUR

POUR LE CHANGE DE HOLLANDE A FRANCFORT.

LEs *traites* & *remises* se font d'Amsterdam (ou autres Villes de Hollande) sur Francfort par florins (chaque florin valant 20. sols ou 40. deniers de gros) depuis 80. à 88. deniers de gros, que l'on donne en Hollande pour avoir des Creutsers à *Francfort*, desquels l'on a plus ou moins, selon que le Change se trouve haut ou bas.

1. Creutser à 80. deniers, fait en Hollande 2. flor. 0. sols 0. penn.
1. Creutser à 80. den. $\frac{1}{8}$. . . . . . . 2. flor. 0. sols 1. penn.
1. Creutser à 80. den. $\frac{1}{4}$. . . . . 2. flor. 0. sols 2. penn.

Et ainsi en augmentant d'un $\frac{1}{8}$. denier de gros, (qui est 1. penning) jusques à 88. deniers de gros.

Notés que le florin vaut 65. Creutsers.

POUR LE CHANGE DE FRANCE A FRANCFORT.

A Francfort (en Allemagne) ils se servent pour leur monnoye de Change de Florins & Creutsers (comme j'ay dit cy-dessus) faisant le Florin de 65. Creutsers.

Pour faire la Reduction de leur monnoye à la nôtre; il faut multiplier le nombre des écus que l'on veut *tirer* ou *remettre* par le prix du Change, & diviser le produit par 65. pour avoir des florins.

Le Sieur Barreme dans son Tarifs & comptes faits, page 362. ne met que 60. Creutsers pour un florin, en quoy il s'est trompé; ce qui sera par avis.

POUR LE CHANGE DE HOLLANDE A VENISE.

LEs *traites* & *remises* se font d'Amsterdam (ou autres Villes de Hollande) sur Venise par deniers de gros, que l'on donne en Hollande, pour avoir des Ducats à Venise, desquels l'on reçoit plus ou moins selon le cours du Change ; & ce depuis $94\frac{1}{8}$. jusques à $102\frac{1}{4}$. deniers de gros par Ducat, qui d'ordinaire se compte pour 24. gros.

1. Ducat à $94\frac{1}{8}$. deniers de gros, fait en Hollande 2. flor. o s. 1. penn.
1. Duçat à $94\frac{1}{4}$. . . . . 2. flor. o. s. 2. penn.
1. Ducat à $94\frac{3}{8}$. . . . . 2. flor. o. s. 3. penn.

Et ainsi en augmentant d'un $\frac{1}{8}$. denier de gros qui est 1. penning, jusques à $102\frac{1}{4}$. deniers de gros.

Notés que flor. signifie florins s. sols, penn. pennings.

POUR LE CHANGE DE FRANCE A VENISE.

J'Ay dit au Chapitre V. page 44. qu'à l'égard des *traites* & *remises* que l'on peut faire sur Venise, il faut avoir correspondance à Lion ; qui a les siennes audit Venise.

On se sert à Venise pour monnoye de Change (comme j'ay dit cy-dessus) de Ducats & de gros, le Ducat étant composé de 24. gros.

Pour en faire la Reduction en nôtre monnoye ; il faut multiplier les écus de 60. sols Tournois, par le prix du Change & divisés le produit par 24. pour avoir des Ducats.

1. Ducat au pair ne vaut en Hollande, que 50. sols.
1. Ducat au pair ne vaut en France, que 50. sols.

1. sol de Venise, vaut 5. deniers de France, ou environ.

Les Lettres de Change se payent à Venise en monnoye de *Banco Delgiro*, comme il se pratique à Amsterdam.

POUR LE CHANGE DE HOLLANDE EN BRABANT.

LEs *traites* & *remises* se font d'Amsterdam, (ou autre Ville de Hollande) sur Anvers, (capitale du Brabant) par livres de gros, avec profit ou avec perte : Sçavoir

Avec profit depuis $\frac{1}{4}$. pour cent livres de gros; jusques à 2. pour cent, comme cy-dessous.

100.liv. de gros à $\frac{1}{4}$. pour cent,	fait en Hollande	601.flor.	10.s.o.p.
100.liv. . . à 1. pour cent	. . . . . .	606.flor.	o.s.o.p.
100.liv. . . à 2. pour cent	. . . . . .	612.flor.	o.s.o.p.

Avec perte depuis $\frac{1}{4}$. pour cent livres de gros, jusques à 2. pour cent, comme cy-dessous.

100.liv.de gros à $\frac{1}{4}$.pour cent,	fait en Hollande	598.flor.	10.s.	o.p.
100.liv.de gros à 1.pour cent	. . . . .	594.flor.	1.s.	3.p.
100.liv.de gros à 2.pour cent	. . . . .	588.flor.	4.s.	12.p.

On peut continuer depuis $\frac{1}{4}$. jusques à 2. pour cent, en augmentant d'un huitiéme, qui vaut 2.sols 8.pennings de gros.

Quoy que j'aye expliqué au Chapitre IX. page 104. la valeur des livres, sols & deniers de gros, je ne resterai pas de dire ici que la livre de gros vaut 6. florins ou 20. schellings, 1.schelling 6. sols ou 12. deniers de gros, & 1.sol 2 deniers de gros, ce qui est à l'égard d'Anvers, se peut aussi entendre pour *Flandres*, *Zelande*, *Cologne*, où l'on negocie par livres de gros, qui en voudra sçavoir davantage n'a qu'à voir le susdit Chapitre IX.

Notés que flor. signifie florins, que nous appellons livres, s. sols ou patars, penn. pennings, ou le seiziéme d'un sol ou patar, puisqu'il en faut 16. pour composer le patar ou sol.

POUR LE CHANGE DE FRANCE A ROME.

PAr les raisons que j'ay alleguées au Chapitre V. page 44. il faut avoir correspondance à Lion, pour les sommes que l'on veut tirer ou remettre à *Rome*; ce n'est pas qu'on ne puisse tirer ou remettre directement sur ladite Ville sans cette correspondance, car il y a divers Banquiers à Paris & à Tolose, qui ont correspondance à Rome pour y faire le Change, auquel l'on doit proceder comme cy-dessous.

Il faut sçavoir que ceux de *Rome* se servent pour monnoye de Change d'écus d'Estampes, de Jules, & Bayoques.

L'écu d'Estampes . . . } vaut { . . . 15. Jules.
Le Jule . . . . } vaut { . . . 10. Bayoques.

Pour faire le Change.

IL faut reduire les livres Tournois en écus, & les multiplier par le prix du Change, ce qui viendra seront des écus d'Estampes qu'il faut diviser par 100. & ce qui restera le faudra encore multiplier par 15. & diviser par 100. & finalement multiplier ce dernier reste par 10.

Exemple.

L'on desire remettre à Rome . . . . . 1434. écus de 60. s. T.
Multipliés les par le cours du Change, supose de 57. écus d'Estamp.

10038
7170

Divisés par 100. en coupant les 2. dern. figur. 817|38. écus d'Estamp.
Multipliés les 38. écus restans par 15

190
38

Divisés par 100. en coupant les 2. dern. figur. 5|70. Jules.
Multipliés les 70. par 10. 10

Divisés finalement les 700. comme dessus . . 7|00. Bayoques.

De sorte que pour 1434. écus de 60. sols Tournois, ou 4312. livres, à 57. écus d'Estampes pour un écu de 60. sols, l'on auroit à Rome 817. écus d'Estampes 5. Jules, & 7. Bayoques.

CHAPITRE XI.

DE L'EXCOMPTE OU RABAT.

Tant pour le Change ou Agio de Banque, que pour l'Interêt & de leur difference, avec les Instructions pour faire l'un & l'autre par Regle.

J'Ay dit au Chapitre VI. page 48. que l'Excompte est le Rabais, & la diminution qu'on a convenu de faire au debiteur, s'il paye avant l'écheance, lequel Rabais ou diminution est quelquefois de 2. 3. 4. 5. 10. 15. ou 20. pour cent par mois, pour un payement, ou pour un année, suivant que l'on en demeure d'accord.

Quelques-uns se servent du terme de *Disconte* ou *Disconter*, *Rabat* ou *Rabattre*, pour signifier *Excompte* ou *Excompter.*

l'On se sert plus en Hollande qu'en France des Excomptes ou Rabats, car dans la plus grande partie des achats, ou vente des Marchandises qui se font, c'est aux conditions de $\frac{12}{\text{mois}}$ d'Excompte ou Rabat, qui est 8. pour cent, $\frac{15}{\text{mois}}$ est 10. pour cent, $\frac{18}{\text{mois}}$ est 12. pour cent, & ainsi des autres à proportion.

l'Agio ou *Change* duquel j'ay parlé au Chapitre VI. page 51. est proprement un Excompte ou Rabat en certaines occasions, comme je ferai voir ensuite de cecy, l'on doit pourtant faire difference entre les Regles du *Change* (ou *Agio*) & les Regles d'interêt, & celles *d'Excompte* ou *Rabat*, parceque le *Change* (ou *Agio*) avance & l'Excompte recule, à quoy plusieurs personnes ne prennent pas garde, soit par ignorance ou par malice, faisant l'Excompte ou Rabat de telle façon, qu'il y a perte ou profit pour l'une ou pour l'autre des parties, se contentant de tirer le Change (ou Agio) de la somme de la- Voyez page 170.

quelle on demande l'Excompte ou Rabat, & ayant rabatu le Change ou Agio de cette même somme, le reste disent-ils, est ce qu'il faut payer de net, ce qui n'est ni juste ni raisonnable, parce que si le Crediteur Rabat à son Debiteur, le Change ou Agio de la somme entiere, le Crediteur Rabat ou Excompte, le Change du Change qu'il ne reçoit pas, & ainsi il perd; Je m'en vay en donner des

Exemples.

Le Change ou Agio avance, & l'Excompte recule. Voyés la page suivante.

SUpposés qu'un Banquier, Marchand ou Negociant, voulut avoir une Lettre de Change sur Paris, (ou autre Ville) de la somme de 1000. livres Tournois, à raison de 10. pour cent pour le Change (ou Agio) l'on demande combien il faudroit qu'il payât au Banquier, Marchand ou Negociant, qui luy fourniroit la Lettre de Change; faisant la Regle du Change, il viendroit 1100. livres qu'il faudroit payer, ainsi le Change (ou Agio) avance de 100. livres.

Et au contraire l'Excompte ou Rabat recule, car supposés que quelqu'un eût acheté pour 1000. livres de Marchandise à la charge de l'Excompte ou Rabat, à raison de 10. pour cent par an, le Debiteur ne payeroit que 909. livres 1. sol 9. deniers $\frac{90}{110}$. ainsi l'Excompte ou Rabat recule de 90. livres 18. sols 2. deniers $\frac{20}{110}$. que ledit Debiteur gaigneroit pour l'avance qu'il fait de son Argent à son Creancier, par les deux Exemples, l'on voit que

Pour le Change de 1000. livres, à 10. pour cent on doit payer . . . . 1100. livres.

Et au Contraire.

Pour l'Excompte ou Rabat de 1000. livres l'on ne doit que . . . . 909. liv. 1. sol 9. den. $\frac{90}{110}$.

La difference seroit de . . . . . . 90. liv. 18. sols 2. den. $\frac{20}{110}$.

Or en ôtant le Change (ou Agio) l'Excompte ou Rabat, se trouveroit faux, puis que l'on voit que le Change (ou Agio.)

De . . . . . . 1000. livres à 10. pour cent, est 100. livres.
Lesquelles . . . 100. liv. étant ôtées des 1000. livres.

Ne reste que . . . 900. liv. à payer, cependant il y doit avoir pour l Excompte 909. livres 1. sol 9. deniers $\frac{90}{110}$.

Pour faire la Regle d'Excompte ou Rabat.

Dittes

Si 110. ne doivent que 100. combien doit on payer pour 1000. livres.

La Regle étant faite en la maniere accoûtumée, viendra au quatriéme terme 909. livres 1. sol 9. deniers $\frac{90}{110}$. qu'il faudra payer pour les 1000. livres, comme j'ay fait voir cy-dessus.

POUR FAIRE LA PREUVE.

SUpposés que quelqu'un donne 909. livres 1. sol 9. den. $\frac{90}{110}$. à Interêt pour un an, à raison de 10. pour cent, procedés y par la Regle du *Change* ou *Agio* : disant

Si 100. donnent 10. combien donneront 909. liv. 1. s. 9. den. $\frac{90}{110}$.
La Regle faite viendra pour l Interêt . 90. liv. 18. s. 2. den. $\frac{20}{110}$.

Les deux sommes jointes ensemble font 1000. livres, qu'il faudroit payer en principal ou Interêt, ou bien pour Change ou Agio.

Pour faire la Regle du Change ou Interêt.

Dittes

Si 100. livres donnent 10. combien donneront 1000. livres.
La Regle faite viendra au quatriéme terme . 100. livres.

Les deux sommes jointes ensemble, font . 1100. livres.

Comme j'ay fait voir à la page precedente.

REDUCTION

DE LA MONNOYE DE FRANCE, en celle de Hollande, & par contre celle de Hollande en Monnoye de France, soit de la Monnoye de Caisse ou de Banque.

IL est bien important que les Banquiers, Marchands & Negocians, sçachent faire les Reductions des Monnoyes de France en Hollande, & de Hollande en France, tant à cause de la difference qu'il y a entre la Monnoye de Caisse ou courante, & celle de Banque, pour sçavoir ce que l'une ou l'autre Monnoye doivent donner en l'un ou en l'autre Païs; & connoître parce moyen les profits ou pertes qui se peuvent faire, dequoy je donnerai les Exemples suivans.

Il faut sçavoir en premier lieu que l'on ne peut pas reduire la Monnoye de France, en Monnoye de Banque de Hollande, que l'on ne sçache à quel prix est le cours de l'Agio (ou Change) de Banque qui change continuellement, comme j'ay dit au Chapitre VI. car aujourd'huy il sera à un prix, & demain (s'il faut ainsi dire) à un autre, ce que l'on ne peut pas sçavoir en France, que quelques jours aprés suivant la distance des lieux, pendant lequel temps il peut avoir augmenté ou diminué de prix, c'est pourquoy nous ne pouvons en France reduire nôtre Monnoye en celle de Banque, sans sçavoir le cours de l'Agio de Banque, c'est pourquoy ne le sçachant pas il faut reduire nôtre Monnoye, en la Monnoye de Caisse (ou courante de Hollande) qui se pratique en la maniere suivante.

Pour

POUR REDUIRE LA MONNOYE de France, en Monnoye Courante de Hollande.

SUpposés vouloir reduire 3540. livres 12. sols Tournois en monnoye courante de Hollande, qui font 1180. écus 12. sols, pour cét effet regardés à la Table des Tarifs, que les 100. florins monnoye de Hollande, donnent 20. livres Tournois plus que nôtre monnoye, pour laquelle somme il faut donner en France 120. livres Tournois ou 40. écus qui ne produisent en Hollande que 100. florins, veu qu'ils ne s'employent ausdits Païs ordinairement que pour 50. sols de leur monnoye, comme j'ay dit au Chapitre IX. page 100. cela connu, dittes par Regle de Trois.

Si 120. donnent 20. combien 3540. livres 12. sols Tournois.

La Regle faite selon les preceptes viendra 590. livres 2. sols. Lesquelles étans distraites des 3540. livres 12. sols, restera 2950. florins 10. sols, que l'on recevroit en Hollande pour ladite somme.

POUR REDUIRE LA MONNOYE courante de Hollande, en Monnoye de France.

SI l'on veut sçavoir le contraire de la Regle cy-dessus; supposés qu'un Banquier Marchand ou Negociant, vous envoye un compte de l'achat ou vente, qu'il peut avoir fait de quelques Marchandises, revenant à la somme de 2950. florins 10. sols en monnoye courante, & que vous veuïllés sçavoir combien ladite somme fairoit de monnoye de France.

Pour cét effet l'on peut encore se servir de la Table des Tarifs. Considerant que 100. florins donnent 20. livres Tournois de benefice en *France*, & que 50. sols de Hollande en font 60. en France, cela connu, dittes par Regle de Trois.

Si 100. donnent 20. combien donneront 2950. florins 10. sols.

La Regle faite, viendra 590. livres 2. sols Tournois. Lesquelles étans ajoûtées aux 2950. florins 10. sols, viendra 3540. livres 12. sols, que ladite somme fairoit en France, ce qui sert de preuve à la precedente Reduction.

POUR REDUIRE LA MONNOYE de Caisse ou monnoye courante de Hollande, en monnoye de Banque.

CEtte Reduction est importante à tous ceux qui font commerce en Hollande, où les Lettres de Change se payent en Banque, (c'est a dire celles qui sont payables dans la Ville d'Amsterdam, car aux autres Villes elles se payent en monnoye de Caisse (ou courante) & les Marchandises qui s'achérent de la Compagnie des Indes, comme j'ay dit au Chapitre VI. page 47.

Or je suppose vouloir reduire les 2950. florins 10. sols sus mentionnés de monnoye de Caisse en monnoye de Banque, & que l'Agio de Banque fut à 4. pour cent, pour cét effet agissant par la Regle de Trois dittes.

Si 104. donnent 100. combien 2950. flor. 10. sols.

La Regle faite, selon les preceptes ordinaires, viendra 2837. florins 0. sols 6. pennings $\frac{16}{104}$. monnoye de Banque.

Il faut observer que s'il reste des sols à diviser, qu'il faut les multiplier par 16. pour avoir des pennings, de sorte que l'Agio de ladite somme seroit 113. florins 9. sols 9. pennings $\frac{88}{104}$. de monnoye de Caisse ou difference entre la monnoye de Caisse à celle de Banque.

POUR REDUIRE LA MONNOYE *de Banque de Hollande, en Monnoye de Caiſſe ou Courante.*

QUe ſi l'on deſire reduire la monnoye de Banque en monnoye de Caiſſe, l'on y procedera en la maniere ſuivante diſant par Regle de Trois.

Si 100. donnent (par Exemple) 4. combien 2837. florins 0. ſols 6. pennings $\frac{16}{104}$.

La Regle faite ſelon les preceptes, viendra 113. florins 9. ſols 9. pennings $\frac{80}{104}$. leſquels joints avec les 2837. florins 0. ſols 6. pennings $\frac{16}{104}$. aurés 2950. florins 10. ſols monnoye de Caiſſe; ainſi l'on faira pour toutes autres Reductions, ſoit qu'il y ait des huitiémes ou non.

Il faut ſçavoir qu'en Banque l'on ne paye jamais des pennings, (dont les 16. font un ſol, comme j'ay déja dit au Chapitre VI.) mais lors que le nombre excede 8. pennings (qui eſt la moitié d'un ſol) ils mettent un ſol, ſi le nombre eſt au deſſous de 8. ils ne mettent rien, ainſi ce que l'on pert d'un côté on le profite de l'autre, ce qui ſera par avis.

J'ay jugé a propos devoir mettre icy les ſuſdites Reductions, parce que l'un eſt un Excompte ou Rabat, & l'autre eſt l'Agio de Banque ou Change, interêt ou benifice que l'on reçoit, ou que l'on donne ſur les Lettres de Change, qui ſe tirent ou ſe remettent d'un Païs à l'autre.

INSTRUCTIONS
POUR LES TRAITES OU REMISES de France en Hollande, & de Hollande en France, payables dans Amsterdam.

QUoi que j'aye traité assés amplement des traites & remises qui se font journellement de *France* en *Hollande*, & de *Hollande* en *France*, je n'ay pas instruit les moins intelligens de qu elle maniere ils les doivent écrire sur leurs livres, pour sçavoir ce qu'ils doivent faire bon à leurs correspondans de Hollande, ou ce que ceux de Hollande leur doivent faire bon en monnoye dudit Païs; ce que j'éclairciray en cét endroit, quoi que je l'aye reservé pour un Ouvrage plus considerable.

J'ay cy-devant dit, que les Lettres de Change qui sont tirées de France en Hollande payables dans Amsterdam, s'acquittent en monnoye de Banque, la monnoye de laquelle vaut plus que la monnoye de Caisse (ou courante) suivant que l'Agio, (ou Change) se trouve haut ou bas, qui ne va pas au dela de 5. pour cent, & s'il l'excede c'est bien rarement, ainsi il est important que ceux qui tirent ou remettent des Lettres sur leurs correspondans de Hollande, ou que ceux de Hollande leur tirent ou remettent pour leur compte, sçachent ce que peut donner de benefice ou de perte, la somme que l'on tire ou remet ou qui est tirée ou remise, & pour en avoir connoissance.

Supposés qu'un Banquier, Marchand ou Negociant de France, veüille tirer sur son correspondant de Hollande une Lettre de Change de 600. écus à $97\frac{1}{8}$. deniers de gros par écus payable dans Amsterdam pour le compte propre du tireur lequel devra donner credit sur ses livres, au correspondant de Hollande.

De la traite des 600. écus à 97⅛. deniers, qui fait 1467. flor. 7. ſ. 8. p.
Et à ſuitte :

Pour l'Agio de Banque à

Je laiſſe en blanc le prix de l'Agio, parce qu'une perſonne de France ne peut pas ſçavoir à quel prix ſera le cours de l'Agio, lorſque la Lettre ſe payera laquelle on tire ordinairement à 2. uſances.

Que ſi au contraire un correſpondant de Hollande, tire ſur celui de France 600. écus à 97⅛. deniers, qui eſt . . . . . 1467. flor. 7. ſ. 8. p.
Et que l'Agio de Banque ſoit à 4. pour cent l'Agio ſera 58. flor. 11. ſ.

Le tout faira monnoye de Caiſſe ou courante . . 1522. flor. 18. ſ. 8. p.

Pour laquelle ſomme celui de France, devra payer à l'ordre de celui de Hollande 600. écus qui font 1800. livres Tournois, & il rendra debiteur celui de Hollande des 1522. florins 18. ſols 8. pennings, que ladite ſomme de 600. écus lui aura fait toucher en monnoye de Caiſſe, pourveu que cela ſoit pour le compte de celui ſur lequel la traite eſt faite, que ſi le correſpondant de Hollande, lorſqu'il tire ſur ſon correſpondant de France, ne lui marque pas par la Lettre d'avis à combien de deniers de gros il a tiré ſur lui (comme il arrive bien ſouvent, ne mettant dans la Lettre autre choſe, ſi non de payer tel nombre d'écus de 60. ſols piece) pour lors en rendant debiteur le tireur, l'on ne peut pas mettre le nombre des florins que peuvent donner le nombre des écus, ſi l'on ne ſçait pas à combien des deniers de gros a été faite la traite, ni l'Agio de Banque par conſequent ; mais on laiſſe le tout en blanc pour le remplir dés que l'on en a avis, comme auſſi bien de ce à quoi revient l'Agio des traites, que l'on fait de France en Hollande.

Que ſi au contraire un Banquier Marchand ou Negociant de France, remet pour ſon compte à ſon correſpondant de Hollande 600. écus à 97⅛. denier par écu, celui de Hollande recevra en Banque . . . . 1467. flor. 7. ſ. 8. p.

De laquelle ſomme le tireur le devra rendre debiteur.

Ensemble de l'Agio de Banque, que ladite somme lui donnera suivant le cours, lors du payement de la Lettre ce qui demeurera en blanc sur le livre du tireur, pour le remplir lorsque celui de Hollande, lui aura fait sçavoir a quel prix a été le cours de l'Agio, lorsque la Lettre aura été acquittée.

Mais si le correspondant de Hollande, remet à celui de France même somme de 600. écus à $97\frac{5}{8}$. deniers, ce dernier devra crediter sur ses livres le premier, tant du provenu des 600. écus à $97\frac{5}{8}$. deniers que de l'Agio, suivant qu'il lui en aura marqué le cours.

Lors qu'un Marchand ou Negociant de France, tire sur son correspondant de Hollande, pour quelque somme qu'il peut avoir fournie pour lui, pour lors le tireur ne fait que crediter ledit correspondant de la traite faite sur lui, sans qu'il soit de besoin de sçavoir combien ladite somme pourra faire en monnoye de Hollande, il en est de même des traites que l'on fait pour le même sujet sur l'Angleterre & Païs étrangers, & eux font le semblable à nôtre égard.

La plus grande partie des traites ou remises qui se font sur la Hollande, ou de Hollande en France, se payent dans Amsterdam en monnoye de Banque, comme les traites ou remises sur Rotterdam, Leyde, Haerlem & autres, que si les traites ou remises se doivent payer en monnoye de Caisse (ou courante) en ce cas les traites ou remises, se font à plus grand nombre des deniers de gros, comme à 101. 102. 103. & jusques à 105. deniers de gros par écu, ou bien à 17. ou à 18. pour cent de difference.

Que si ceux sur lesquels sont tirées des Lettres de Change payables dans Amsterdam, n'ont pas d'argent ou de compte en la Banque de ladite Ville, ils en peuvent acheter de quelqu'un qui y en a au prix ou cours de l'Agio de Banque, dequoy il se fait un commerce considerable, comme j'ay déja dit au Chapitre VI. page 49. ou bien si l'on n'en veut point acheter, il faut reduire la monnoye de Banque en monnoye de Caisse ou courante, suivant le cours de l'Agio de Banque, laquelle reduction se fait en la maniere que j'ay montré aux pages precedentes.

Voila ce qui j'ay creu être obligé de dire au sujet des traites & remises qui se peuvent faire de France en Hollande, & de Hollande en France.

Je m'en vay faire voir a present le moyen duquel l'on se peut servir pour faire les Excomptes ou Rabats par la division pour certains nombres & non pour tous, la division ne pouvant s'y accomoder.

l'On peut sçavoir au moyen de la division ce que l'on gaigne en donnant son Argent au Change ou à l'interêt, comme il se verra à la page suivante.

MOYEN

POUR FAIRE L'EXCOMPTE OU Rabat par la division, pour voir ce que l'on profite ou ce que l'on pert en Excomptant.

A.	1. Pour cent, il faut diviser la somme	par .	101.
A.	$1\frac{1}{4}$.	par .	81.
A.	2.	par .	51.
A.	$2\frac{1}{2}$.	par .	41.
A.	4.	par .	26.
A.	5.	par .	21.
A.	$6\frac{1}{4}$.	par .	17.
A.	10.	par .	11.
A.	20.	par . .	6.

MOYEN

POUR FAIRE L'EXCOMPTE DE l'Interêt d'une somme, au moyen de la division.

SI l'Interêt d'une somme est au denier	12. divisés	par 13.
Si à	15. . .	par 16.
Si à	16. . .	par 17.
Si à	18. . .	par 19.
Si à	20. . .	par 21.
Si à	22. . .	par 23.
Si à	25. . .	par 26.

Et ainsi de tous autres.

EXCOMPTES

EXCOMPTES OU RABATS tous faits.

Contenus en 4. Tables.

Au moyen desquelles & de l'Addition, l'on trouve le profit & la perte, que l'on fait en Excomptant.

DAns les pages precedentes j'ay donné les Instructions necessaires au sujet de *l'Excompte*, faisons voir a present, ce que les sommes peuvent profiter ou perdre à tant par cent par an, pour sçavoir par ce moyen ce que l'on doit payer, ou reçevoir pour 3. 6. 9. mois ou tel autre temps que l'on voudra.

Exemple.

Supposés vouloir payer à un Marchand ou Negociant 1500. liv. Tournois pour des Marchandises de luy achetées à un an de terme à condition de 8. pour cent d'Excompte, si vous payés comptant.

Pour trouver la somme qu'il faut Excompter, regardés à la Table de la page 183. & trouverés que

Pour 1000.liv. à 8.pour cent, l'on ne devra que 925.l.19.s.4.d.
Pour 500.liv. . . . . que 462.l.19.s.8.d.

Ainsi Pour 1500.livres à 8.pour cent, l'on ne devra que 1388.l.19.s.

De sorte que l'on trouvera au moyen de l'Addition que les 1500. livres, ne donneront que . . . . 1388.liv.19.sols.
Et la perte ou l'Excompte sera . . . . . . 111.liv. 1.sol.

1500.livres.

Voila le moyen de trouver l'Excompte tout fait, l'on pratiquera la même chose pour tous autres Excomptes. Considerant que si l'Excompte d'un an de la somme de 1600. livres, est 111. livres 1. sol, que celuy de 3. mois en est le quart celuy de 6. mois la moitié, & celuy de 9. mois les trois quarts, & ainsi des autres.

Ce que l'on pert en Excomptant se trouve aux pages 182. & 184.

CE QUE L'ON DOIT PRATIQUER à l'égard du Change (ou Agio.)

JE n'ay pas jugé a propos devoir donner des Tables pour les Changes (ou Agio) parce que cela feroit inutile, étant tres-facile de trouver le *Change* ou *Agio*, d'une fomme à tant par cent, fuivant les Inftructions que j'ay données à la page 169. comme par Exemple, fi l'on veut fçavoir le Change de la fomme de 1000. livres à 3. pour cent le Change eft 30. livres parce qu'à 1000. il y à 10. fois cent, lefquels étans multipliés par 3. donnent 30. livres, de forte que celui qui voudroit avoir ou reçevoir 1000.livres en une Ville, pour lefquelles il deût donner 3. pour cent, pour le Change (ou Agio) il faudroit donner en tout 1030.livres, & ainfi pour toutes autres fommes fuivant qu'il feroit convenu pour le prix du Change.

Mais fi un Marchand ou Negociant, avoit par Exemple une Lettre de Change (ou Billet) de 1000. livres qu'il voulut negocier à 3. pour cent de fa perte, il ne faudroit pas pratiquer ce que plufieurs pratiquent mal à propos, comme j'ay dit à la page 168. car fi l'on ôte 30. livres de 1000. livres, l'on ne reçevroit que 970. livres, cependant au lieu de 30. livres il ne faudroit diftraire ou excompter que 29. livres 2. fols 6. deniers & quelque chofe de plus; & celui qui bailleroit la Lettre ou Billet, devroit reçevoir 970. livres 17. fols 6 deniers, au lieu de 970. livres, ce qui fervira d'avis pour les moins intelligens.

Les sommes qui sont en marge, donnent celles qui sont dans les Colomnes.

	A 1. pour cent.	A 2. pour cent.	A 3. pour cent.	A 4. pour cent.	A 5. pour cent.
livres 1000	990. 2. 0	980. 7.10	970.17. 5	961.10. 9	952.17. 8
900	891. 1. 9	882. 7. 0	873.15. 8	865. 7. 8	857.11.11
800	792. 1. 8	784. 6. 3	776.13.11	769. 4. 7	762. 6. 2
700	693. 1. 5	686. 5. 6	679.12. 2	673. 1. 7	667. 0. 4
600	594. 1. 3	588. 4. 9	582.10. 5	576.18. 6	571.14. 7
500	495. 1. 0	490. 3.11	485. 8. 9	480.15. 4	476. 8.10
400	396. 0. 9	392. 3. 1	388. 7. 0	384.12. 3	381. 3. 1
300	297. 0. 7	294. 2. 4	291. 5. 3	288. 9. 2	285.17. 4
200	198. 0. 5	196. 1. 7	194. 3. 6	192. 6. 2	190.11. 6
100	99. 0. 3	98. 0.10	97. 1. 9	96. 3. 1	95. 5. 9
90	89. 2. 3	88. 4. 9	87. 7. 9	86.10. 9	85.15. 2
80	79. 4. 3	78. 8. 8	77.13. 5	76.18. 6	76. 4. 7
70	69. 6. 2	68.12. 7	67.19. 5	67. 6. 2	66.14. 0
60	59. 8. 2	58.16. 6	58. 5. 1	57.13.11	57. 3. 6
50	49.10. 1	49. 0. 5	48.10. 8	48. 1. 6	47.12.10
40	39.12. 1	39. 4. 4	38.16. 8	38. 9. 2	38. 2. 3
30	29.14. 1	29. 8. 3	29. 2. 4	28.16.11	28.11. 9
20	19.16. 0	19.12. 2	19. 8. 4	19. 4. 7	19. 1. 2
10	9.18. 0	9.16. 1	9.14. 0	9.12. 4	9.10. 7
9	8.18. 3	8.16. 7	8.14. 7	8.13. 1	8.11. 6
8	7.18. 4	7.16.10	7.15. 3	7.13.11	7.12. 6
7	6.18. 8	6.17. 4	6.15. 9	6.14. 7	6.13. 5
6	5.18. 9	5.17. 7	5.16. 5	5.15. 5	5.14. 4
5	4.19. 0	4.18. 0	4.17. 0	4.16. 2	4.15. 3
4	3.19. 3	3.18. 6	3.17. 7	3.16.11	3.16. 3
3	2.19. 4	2.18. 9	2.18. 3	2.17. 9	2.17. 2
2	1.19. 6	1.19. 3	1.18. 9	1.18. 5	1.18. 1
1	0.19. 9	0.19. 6	0.19. 5	0.19. 3	0.19. 0

Les sommes qui sont en marge, perdent celles qui sont dans les Colomnes.

	A 1. pour cent.	A 2. pour cent.	A 3. pour cent.	A 4 pour cent.	A 5. pour cent.
livres 1000	9.18. 0	19.12. 2	29. 2. 7	38. 9. 3	47. 2. 4
900	8.18. 3	18.13. 0	26. 4. 4	34.12. 4	42. 8. 1
800	7.18. 5	15.13. 9	23. 6. 1	30.15. 5	37.13.10
700	6.18. 7	13.14. 6	20. 7.10	26.18. 5	32.19. 8
600	5.18. 9	11.15. 3	17. 9. 7	23. 1. 6	28. 5. 5
500	4.19. 0	9.16. 1	14.11. 3	19. 4. 8	23.11. 2
400	3.19. 3	7.16.11	11.13. 0	15. 7. 9	18.16.11
300	2.19. 5	5.17. 8	8.14. 9	11.10.10	14. 2. 8
200	1.19. 7	3.18. 7	5.16. 6	7.13.10	9. 8. 6
100	0.19. 9	1.19. 2	2.18. 3	3.16.11	4.14. 3
90	0.17. 9	1.15. 3	2.12. 3	3. 9. 3	4. 4.10
80	0.15. 9	1.11. 4	2. 6. 7	3. 1. 6	3.15. 5
70	0.13.10	1. 7. 5	2. 0. 7	2.13.10	3. 6. 0
60	0.11.10	1. 3. 6	1.14.11	2. 6. 1	2.16. 6
50	0. 9.11	0.19. 7	1. 9. 4	1.18. 6	2. 7. 2
40	0. 7.11	0.15. 8	1. 3. 4	1.10.10	1.17. 9
30	0. 5.11	0.11. 9	0.17. 8	1. 3. 1	1. 8. 3
20	0. 4. 0	0. 7.10	0.11. 8	0.15. 5	0.18.10
10	0. 2. 0	0. 3.11	0. 6. 0	0. 7. 8	0. 9. 5
9	0. 1. 9	0. 3. 5	0. 5. 5	0. 6.11	0. 8. 6
8	0. 1. 8	0. 3. 2	0. 4. 9	0. 6. 1	0. 7. 6
7	0. 1. 4	0. 2. 8	0. 4. 3	0. 5. 5	0. 6. 7
6	0. 1. 3	0. 2. 5	0. 3. 7	0. 4. 7	0. 5. 8
5	0. 1. 0	0. 2. 0	0. 3. 0	0. 3.10	0. 4. 9
4	0. 0. 9	0. 1. 6	0. 2. 5	0. 3. 1	0. 3. 9
3	0. 0. 8	0. 1. 3	0. 1. 9	0. 2. 3	0. 2.10
2	0. 0. 6	0. 0. 9	0. 1. 3	0. 1. 7	0. 1.11
1	0. 0. 5	0. 0. 6	0. 0. 7	0. 0. 9	0. 1. 0

Les sommes qui sont en marge, donnent celles qui sont dans les Colomnes.

	A 6. pour cent.	*A 7. pour cent.*	*A 8. pour cent.*	*A 9. pour cent.*	*A 10. pour cent.*
livres 1000	943. 8. 0	934. 11. 8	925. 18. 5	917. 8. 8	909. 1. 10
900	849. 1. 3	841. 2. 6	833. 6. 8	825. 13. 10	818. 3. 8
800	754. 14. 5	747. 13. 4	740. 14. 9	733. 19. 0	727. 5. 6
700	660. 7. 6	654. 4. 2	648. 3. 0	641. 4. 1	636. 7. 3
600	566. 0. 9	560. 15. 0	554. 11. 1	550. 9. 2	545. 9. 1
500	471. 14. 0	467. 5. 10	462. 19. 3	458. 14. 4	454. 10. 11
400	377. 7. 3	373. 16. 8	370. 7. 5	366. 19. 6	363. 12. 9
300	283. 0. 5	280. 7. 6	277. 15. 6	274. 4. 7	272. 14. 7
200	188. 13. 6	186. 18. 4	185. 3. 9	183. 9. 9	181. 16. 4
100	94. 6. 9	93. 9. 2	92. 11. 10	91. 14. 10	90. 18. 2
90	84. 18. 0	84. 2. 3	83. 6. 8	82. 11. 4	81. 16. 4
80	75. 9. 4	74. 15. 4	74. 1. 6	73. 7. 10	72. 14. 6
70	66. 10. 8	65. 8. 5	64. 16. 4	64. 4. 4	63. 12. 8
60	57. 12. 0	56. 1. 6	55. 11. 2	55. 0. 10	54. 10. 10
50	47. 3. 4	46. 14. 7	46. 5. 11	45. 17. 5	45. 9. 1
40	37. 14. [illegible]	37. 7. 8	37. 0. 9	36. 13. 11	36. 7. 3
30	28. 16. 0	28. 0. 9	27. 15. 7	27. 10. 5	27. 5. 5
20	18. 17. 4	18. 13. 10	18. 10. 4	18. 7. 0	18. 3. 8
10	9. 8. 8	9. 6. 11	9. 5. 2	9. 3. 6	9. 1. 10
9	8. 9. 10	8. 8. 2	8. 6. 8	8. 5. 2	8. 3. 8
8	7. 11. 0	7. 9. 6	7. 8. 2	7. 6. 10	7. 5. 6
7	6. 12. 1	6. 10. 9	6. 9. 8	6. 8. 6	6. 7. 3
6	5. 13. 2	5. 12. 0	5. 11 2	5. 10. 2	5. 9. 0
5	4. 14. 4	4. 13. 5	4. 12. 7	4. 11. 9	4. 10. 11
4	3. 15. 6	3. 14. 9	3. 14. 1	3. 13. 5	3. 12. 9
3	2. 16. 7	2. 16. 0	2. 15. 7	2. 15. 1	2. 14. 6
2	1. 17. 9	1. 17. 5	1. 17. 0	1. 16. 8	1. 16. 5
1	0. 18. 10	0. 18. 8	0. 18. 6	0. 18. 4	0. 18. 2

Les sommes qui sont en marge, perdent celles qui sont dans les Colomnes.

	A 6. pour cent.	*A 7. pour cent.*	*A 8. pour cent.*	*A 9. pour cent.*	*A 10. pour cent.*
livres 1000	56.12. 0	65. 8. 4	74. 1. 6	82.11. 4	90.18. 2
900	50.18. 9	58.17. 6	66.13. 4	74. 6. 2	81.16. 4
800	45. 5. 7	52. 6. 8	59. 5. 3	66. 1. 0	72.14. 6
700	39.12. 5	45.15.10	51.17. 0	58.15.11	63.12. 9
600	33.19. 3	39. 5. 0	45. 8.11	49.10.10	54.10.11
500	28. 6. 0	32.14. 2	37. 0. 9	41. 5. 8	45. 9. 1
400	22.12. 9	26. 3. 4	29.12. 7	33. 0. 6	36. 7. 3
300	16.19. 7	19.13. 6	22. 4. 6	25.15. 5	27. 5. 5
200	11. 6. 5	13. 1. 8	14.16. 5	16.10. 3	18. 3. 8
100	5.13. 3	6.10.10	7. 8. 2	8. 5. 2	9. 1.10
90	5. 2. 0	5.17. 9	6.13. 4	7. 8. 8	8. 3. 8
80	4.10. 8	5. 4. 8	5.18. 6	6.12. 2	7. 5. 6
70	3. 9. 4	4.11. 7	5. 3. 8	5.18. 8	6. 7. 4
60	2. 8. 0	3.18. 6	4. 8.10	4.19. 2	5. 9. 2
50	2.16. 8	3. 5. 5	3.14. 1	4. 2. 7	4.10.11
40	2. 5. 4	2.12. 4	2.19. [illegible]	3. 6. 1	3.12. 9
30	1. 4. 0	1.19. 3	2. 4. 5	2. 9. 7	2 14. 7
20	1. 2. 8	1. 6. 2	1. 9. 8	1.13. 0	1.16. 4
10	0.11. 4	0.13. 1	0.15.10	0.16. 6	0.18. 2
9	0.10. 2	0.11.10	0.13. 4	0.14.10	0.16. 4
8	0. 9. 0	0.10. 6	0.11.10	0.13. 2	0.1[illegible]. 6
7	0. 7.11	0. 9. 3	0.10. 4	0.11. 6	0.11. 9
6	0. 6.10	0. 8. 0	0. 8.10	0. 9.10	0.12. 0
5	0. 5. 8	0. 6. 7	0. 7. 5	0. 8. 3	0. 9. 1
4	0. 4. 6	0. 5. 3	0. 5. 9	0. 6. 7	0. 7. 3
3	0. 3. 5	0. 4. 0	0. 4. 5	0. 4.11	0. 5. 6
2	0. 2. 3	0. 2. 7	0. 3. 0	0. 3. 4	0. 3. 7
1	0. 1. 2	0. 1. 4	0. . 6	0. 1. 8	0. 1.10

Table des principales Matieres par lettre Alphabetique.

FIN.

www.ingramcontent.com/pod-product-compliance
Ingram Content Group UK Ltd.
Pitfield, Milton Keynes, MK11 3LW, UK
UKHW022018170726
13837UKWH00001B/254

9 782329 50918